동아시아 발전과 유교 문화

동아시아 발전과 유교 문화

국 민 호

전남대학교출판부

| 머리말 |

1970년대 말까지 한국의 경제 및 사회발전을 설명하는 주된 흐름은 고전적 시장경제론을 바탕으로 하는 고전경제학이론과 서구적 발전단계를 추종하는 근대화론이었다. 그러나 1980년대 초부터 한국 사회에 불기 시작한 민주화 바람과 당시 지적 호기심 속에서 일기 시작한 마르크스 서적의 붐은 주류 시장경제론에 도전하는 새로운 비판이론들이 범람하는 계기가 되었다. 당시 비판적 사회적 분위기를 대변하는 새로운 이론은 교조적 마르크스 이론에 충실한 변혁이론과 그의 변형으로 남미와 아프리카의 경제적 현실에 대한 분석 과정에서 제시된 종속이론과 세계체제론이었다. 1980년대 당시 한국의 주류 경제학자들은 신고전주의 경제학적 관점을 고수하였고 주류 사회과학자들은 근대화론을 이론적 바탕으로 삼았다. 민주화 운동을 통해 성장한 신진 비판 세력과 운동권 학자들은 장기간 지속된 군부독재정권을 교체하기 위해서는 사회주의 변혁이론이 대안이라고 생각하였으며, 비판적인 제도권 사회학자들은 종속이론과 세계체제론을 선호하였다. 그러나 대안적 비판이론들은 1990년대 초 소련 및 동구권 사회주의 국가들의 붕괴 및 남미 국가들의 경제정책 실패로 그 설명력을 상실하였다.

그러나 서구의 신고전주의 주류경제학도 하나의 절대적인 이론체계가 존재한 것은 아니다. 서구의 고전적 자유주의 시장이론은 이미 20세기 초 1,2차 세계대전을 통해 그 적실성을 상실한 바 있다. 1차 세계대전 이후 고전적 자유주의 시장원리의 실패에 대한 도전으로 나타난 세 가지 대안은 독일의 파시즘, 소련의 사회주의, 미국의 뉴딜정책(케인즈주의) 이었다. 그러나 제2차 세계대전 과정에서 파시즘은 몰락하였고, 이후 자본주의 진영에서는 케인즈주의 경제정책이, 사회주의 진영에서는 소련식 사회주의 경제정책이 실시되었다. 그러나 복지 국가의 역할을 강조하던 케인즈주의는 1970년대에 들어와 그 수명을 다하면서 자본주의 진영의 경제정책은 크게 세 갈래로 나뉘어졌다. 하나는 미국과 영국을 중심으로 한 고전적 시장자유주의의 부활이고(신자유주의), 다른 하나는 유럽을 중심으로 한 복지국가론이고, 마지막 하나는 일본과 동아시아 국가들을 중심으로 한 발전국가들이었다.

1970년대는 상대적으로 미국 경제가 침체하면서 전 세계적으로 커다란 구조조정을 거치던 시기였다. 베트남 전쟁의 패배와 경기침체라는 국내외적 위기 속에서 미국은 제조업 중심에서 정보통신사업으로의 거대한 변화를 시도하였다. 그 과정에서 미국은 국가의 역할을 강조한 케인즈주의를 과감히 버리고 경제에 대한 국가의 간섭을 최소로 하면서 금융자본의 자율을 최대한 보장하는 새로운 자유주의 시장경제 즉, 신자유주의 체제로 전환하였다. 그러나 1970-80년대 내내 유럽과 동아시아 제조업의 강세 속에서 미국의 목소리는 상대적으로 작았다. 전후 자본주의의 번영기에 유럽 국가들은 적극적인 복지국가 정책으로 번영을 구가하였다. 그러나 사회민주주의라는 이름으로 번영을 구가하던 서유럽 복지국가들은 1980년대에 들어와 과도한 세금과 이에 따른 기업들의 생산성 저하, 국민들의 과도한 복지 의존과 나태, 그리고 새로운 일자리 창출 한계에 따른 높은 실업률로 커다란 몸살을 앓게 되었다. 상대적으로 일본을 중심으로 한 동아시아 국가들은 제조업에 강세를 보이며 1980년대에도 연평균 10퍼센트에 가까운 높은 경제성장률을 보이며 고도 경제성장을 구가하였다. 당시 일본식 노사관계, 도요타의 적기 생산 체제 등의 일본 경영시스템은 전 세계적 표준으로 연구 대상이 되었다. 비록 1990년대에 들어와 일본이 장기침체에 들어가게 되지만 한국을 비롯한 동아시아신흥공업국들은 1990년대에도 고도 경제성장을 지속하였다. 한국의 경우, 1960년대 초만 해도 세계 최빈국이었지만 1990년대 초가 되면 국민총생산이 세계 11위에 이르는 경제 강국으로 급부상하였다.

1990년대 초 필자는 미국을 비롯한 서유럽 국가들이 장기적 경기침체에서 헤어나지 못하고 있고, 소련을 비롯한 사회주의 국가들이 붕괴되는 가운데 유독 동아시아의 조그만 국가들이 지속적으로 고도 경제성장을 지속하는 이유가 무엇일까 하는 데에 관심을 갖게 되었고, 나아가 이들의 경제성장을 설명할 수 있는 이론 틀을 찾아보고자 하였다. 당시 서구 학자들 간에는 이미 이러한 현상에 관심을 갖고 연구를 시작한 학자들이 있었다. 찰머스 존슨, 앨리스 암스덴, 에즈라 보겔, 피터 에반스, 마뉴엘 카스텔, 로버트 웨이드, 스테판 해거드, 게리 제라피, 첸둥쳉, 문정인 같은 학자들이 1980년대 초부터 동아시아 국가들의 고도 경제성장에 관심을 보이며 다각적인 연구를 해오고 있었다. 동아시아 국가의 발전에 대한 이들의 공통적인 관심은 국가의 지도력과 역할이었다. 이들의 주장은 이후 '발전국가론'이라는 하나의 이론적인 주장으로 정립되었다. 필자는 1995년 이들 학자들의 대표적인 글을 묶어 단행본으로 한국의 독자들에게 소개한 바 있다.

동아시아 경제발전을 설명하는데 있어서 일부 학자들은 문화적 변수로서 유교의 역할을 중시하였다. 우연히도 동아시아신흥공업국들은 (일본과 중국까지 포함하여) 모두 유교권 국가들이었다. 허만 칸, 피터 버거, 타이 홍차오, 애드워드 챈과 같은 문화학자들은 동아시아 국가들의 급속한 경제발전이 유교 문화적 전통과 밀접한 관계가 있음을 보여주려 하였다. 이들 동아시아 국가들의 공통된 특징으로 높은 교육열, 노동자들의 순응적 성격과 성실성 및 근면성, 전통적인 가족 중심주의 및 가족에 대한 희생정신, 국가 중심적 사고 및 국가의 권위주의적 속성, 그리고 높은 질서의식 등이 거론되었다. 국내에서는 유석춘, 함재봉, 최석만, 국민호 등의 소장 학자들이 이러한 견해를 적극

수용하였고, 특히 함재봉과 유석춘은 유교자본주의론까지 주장하였다. 이후 유교에 흥미를 느낀 일부 사회과학자들은 유교 경전을 더욱 깊게 파고들면서 현대 사회 발전에 영향을 미치는 유교 문화적 전통을 재발견하려는 노력을 하였다. 한편 1994년 김대중과 리콴유의 아시아적 가치 논쟁을 계기로 각계의 학자들이 경제발전에 대한 유교의 역할에 큰 관심을 갖게 되었다. 이는 아시아적 가치론으로 발전하면서 유교 경전에 나와 있는 유교적 원리의 현대적 적용에 고민하면서 경제 및 사회발전과의 연관을 시도하였다. 뚜웨이 밍이나 이승환 같은 인문과학자들이 이에 적극적으로 동참하여 논쟁을 빛냈다.

한국을 비롯한 동아시아 국가들의 발전을 설명하는 이론 틀로서 발전국가론은 많은 관심을 받았다. 이는 소련 사회주의가 붕괴되고, 남미 종속이론이 남미 발전을 설명하지 못하고, 서구 복지국가가 실업문제에서 헤어나지 못하고, 미국의 신자유주의가 아직 큰 힘을 발휘하지 못하는 상황에서 하나의 대안적 설명 틀로 주목을 받은 것이다. 발전국가론은 동아시아 국가들이 지속적으로 발전해야만 그 이론 틀이 힘을 발휘하는 것이었다. 그러나 1997년 갑자기 닥친 IMF 경제위기는 이미 지속되고 있는 일본의 장기침체와 함께 1990년대 동아시아의 고도 경제성장을 설명하던 발전국가론, 유교자본주의론, 아시아적 가치론 모두에게 치명타를 안겨주었다. 아시아 경제위기는 결국 미국 주도의 세계화 정책인 신자유주의에 대항하던 마지막 보루였던 동아시아 국가들의 빗장을 활짝 열어 제치는 계기가 되었고 이후 동아시아 국가들은 전면적인 경제개방 및 경제자유화를 추진할 수밖에 없게 되었다. 이는 결국 미국의 신자유주의 체제가 동아시아 전역에 확산되는 결과를 가져왔고, 동시에 전 세계적으로 신자유주의 시대가 도래했음을 알리는 계기가 되었다.

그렇다면 더 이상 발전국가론적 설명은 불가능한 것인가? 유교는 동아시아 발전에 대해 그 설명력을 다했는가? 동아시아 발전의 특이성을 설명하는 아시아적 가치란 더 이상 존재하지 않는가? 서구적 가치는 범세계적으로 통용되는 보편적 가치인가? 한국의 경제 및 사회발전을 설명하는 근거를 어디에서 찾을 것일까? 필자는 한국을 비롯한 동아시아 발전을 설명하는데 유교 문화적 전통은 일정 정도 중요한 부분을 설명해준다고 본다. 오늘날 동아시아 경제 및 사회 발전이 신자유주의적 경쟁 구도에서 자유로울 수 없다는 점을 인정하면서도 무한경쟁과 보편성을 추구하는 서구적 가치에 대해 동아시아 나름대로의 발전을 가능케 하는 독특한 문화와 가치는 여전히 중요할 것이다. 필자는 동아시아가 서구와 경쟁하고 또 서구를 넘어서기 위해서는 서구와 경쟁할 수 있는 독특하고 경쟁력 있는 문화적 요소와 가치체계를 찾아내고 발전시켜야 한다고 본다. 문화의 독자성이 조금이라도 남아 있다면 우리는 그 부분을 더욱 계승 발전시켜 독창적인 우리의 문화 및 가치체계를 창출해야 할 것이다. 어른에 대한 공경과 효 문화, 가족에 대한 희생정신과 끝

없는 교육열, 동아시아 국가에서 발견되는 높은 질서의식과 사회적 안정, 국민들의 국가에 대한 의존과 신뢰, 강한 국가 등은 서구가 갖지 못한 동아시아의 고유한 문화적 특성이라 생각된다. 이러한 동아시아의 독특한 문화 및 가치체계와 동아시아의 급속한 경제발전과의 연관 관계를 여러 각도에서 살펴보고자 한 것이 이 책의 주된 집필 목적이다.

이 책은 크게 2부분으로 나누어진다. 1부는 1장에서 5장까지로 동아시아 발전에 영향을 미치는 유교 문화적 전통의 내용이 무엇이고 이것이 어떻게 동아시아 경제발전에 영향을 미치는가를 밝혀보려 하였다. 2부는 6장에서 9장까지로 한국, 대만, 중국의 근대화와 산업화 과정을 구체적으로 살펴보고자 하였다.

이 책의 1장은 2007년 "동아시아 발전과 아시아적 가치－한국의 사례를 중심으로"라는 제목으로 『동양사회사상』 제15집에 게재한 글이다. 이 글에서는 아시아적 가치가 무엇인가 하는 것과 왜 아시아적 가치를 연구하는가 하는 점을 밝히고 이를 한국의 경제 및 사회발전과 연계시켜 살펴보았다. 2장은 2005년 "제사를 통해 본 '효孝 문화'의 유교적 전통과 전망"이라는 제목으로 『동양사회사상』 제12집에 게재한 글을 다소 수정 보완한 글이다. 효 문화를 단지 유교적 제사 및 풍습으로만 이해할 것이 아니라 그 속에 들어 있는 합리성과 효율성이 무엇인가를 살펴보고자 하였다. 3장은 2004년 "한국의 시민사회와 유교문화"라는 제목으로 『동아시아 문화와 사상』 11권에 발표한 글을 재편집한 글이다. 필자는 한국의 시민사회운동의 한계와 문제점을 지적하고 실제 한국인들이 사회운동에 참여하게 되는 배경과 목적이 무엇일까를 좀 더 솔직하게 진술하고자 하였다. 4장은 2002년 "동아시아 발전과 한국의 근대화와 아시아적 가치"라는 제목으로 『東아시아 발전사회학』에 발표한 글을 바탕으로 대폭 수정하여 쓴 글이다. 필자는 일제시대에 진행된 한국의 근대화의 한계점에 대해 논의한 후에 해방 이후 미국을 중심으로 한 서구 사상이 한국에 소개되면서 한국의 전통적 가치와 어떻게 갈등하게 되고, 이것이 동아시아 발전에 어떻게 영향을 미쳤는지를 설명하고자 하였다. 5장은 2006년 "유교문화와 중국의 정치·경제"라는 제목으로 『유교문화와 동아시아 경제』(경북대학교출판부)에 실린 글의 일부를 수정 보완한 글이다. 이 글에서 필자는 전통 사회에서 사회주의 중국에 이르기까지 중국 사회를 관통하여 흐르는 유교 문화적 유산을 설명하고자 하였다. 6장은 2002년 "일제 식민지 시기 한국의 산업화와 유제"라는 제목으로 『동양사회사상』 제5집에 발표한 글이다. 이 글은 발전국가론에서 거의 논의가 되지 않았던 일제 시기의 근대화 및 산업화 과정을 살펴보고 해방 후 한국의 산업화 과정에서 나타난 일제 식민지 유산에 대해 논의하였다. 7장은 1999년 "일본의 대만지배"라는 제목으로 『전통과 현대』 제10호에 발표한 글이다. 똑같이 일본의 식민 지배를 경험했으면서도 한국과 달리 농업 생산에 치우친 대만의 식민지 경제의 특징을 살펴보았다. 나아가 대만의 사례를 일제하 한국의 경우와 비교함으로써 일제 식민지 정책의 본질이 무엇인가를 찾아보고자 하였다. 8장은 2006년 "유교문화와 중국의 정치 · 경제"라는 제목으로 『유교문화와 동아시아 경제』(경북대학교출판부)에 발표된 글의 일부를 수정 보완한 글이다. 이 주제는 필자가 중국 사회 변화를 계속 추적하면서 글을 써오는 주제로 중국 사회주의 시장경제의 성격 규명과 그 체제가 어떻게 발전해 왔고 또 변화해 갈지에 대한 견해를 정리하였다. 마지막으로 9장은 이 책을 위해 준비한 글로, 한국의 산업정책이 IMF 경제위기의 원인이 되기보다는 도리어 산업정책의 포기가 IMF 경제위기의 원인이 되었음을 밝혀보려 하였다. 이를 통해 일반적으로 제기된 발전국가 및 산업정책에 대해 갖고 있는 오해를 풀어보고자 하였다.

오늘날 전 세계적으로 신자유주의가 대세를 이루며 경제를 무한경쟁과 불확실성으로 몰아넣고 있다. 1997년에 경험한 금융위기의 가능성은 언제 어디서나 항시 존재하고 있으며 서브프라임 모기지론과 같이 우리가 모르고 전혀 예기치 못했던 사건이 터지면 세계 경제 자체가 휘청거리고 그 과정에서 한국과 같이 경제 전체가 시장경제에 연루된 나라는 더 큰 타격을 입는다. 세계 경제는 갈수록 불확실해지고 국내 기업들은 더욱 더 세계 경제에 직접적으로 연루되는 가운데 경제에 대한 국가의 역할은 더욱 줄어들고 있다. 이러한 세계화와 불확실성 속에서 어떻게 우리는 우리의 정체성을 지키고 살아갈 수 있을까? 남아있는 마지막 영역은 문화적 영역이 아닐까 하는 관점에서 전통 문화의 중요성을 강조하면서 머리말을 마치고자 한다.

2007년 8월 30일

용봉동 캠퍼스에서 저자 씀

| 차례 |

머리말 ——— 5

1부. 유교 문화적 전통과 동아시아 발전

제1장 동아시아 발전과 아시아적 가치

Ⅰ. 문제제기 _____ 20

Ⅱ. 아시아적 가치의 성립과 발전 _____ 23

Ⅲ. 아시아적 가치의 내용 _____ 41

Ⅳ. 서구적 가치와 아시아적 가치의 비교 고찰 _____ 51

Ⅴ. 동아시아 발전론의 한계와 대안 _____ 57

Ⅵ. 맺는말 _____ 64

제2장 효孝 문화의 유교적 전통과 한국사회

Ⅰ. 문제제기 _____ 71

Ⅱ. 이론적 함의 _____ 74

Ⅲ. 효 문화의 유교적 전통 _____ 77

Ⅳ. 제사를 통해 본 효 문화의 실천 _____ 86

Ⅴ. 토론 및 결론 _____ 102

제3장 한국의 시민사회운동과 유교 문화적 전통

Ⅰ. 문제제기 _____ *110*

Ⅱ. 한국의 시민사회운동에 대한 고찰 _____ *116*

Ⅲ. 한국 시민사회와 유교 문화적 전통 _____ *135*

Ⅳ. 결론 _____ *147*

제4장 한국의 근대화와 산업화 과정에 나타난 유교 문화적 전통

Ⅰ. 문제제기 _____ *157*

Ⅱ. 근대화와 한국의 경제발전 _____ *159*

Ⅲ. 미국식 발전모델과 서구적 가치 _____ *173*

Ⅳ. 동아시아 발전모델과 아시아적 인권 _____ *187*

Ⅴ. 결론 _____ *194*

제5장 중국의 정치 문화 속에 나타난 유교 문화적 전통

Ⅰ. 문제제기 _____ *201*

Ⅱ. 관료적 지배 _____ *203*

Ⅲ. 중앙집권적 사회 _____ *209*

Ⅳ. 중국의 정치지도자 _____ *215*

Ⅴ. 문제점 _____ *219*

Ⅵ. 나오는 글 _____ *221*

2부. 동아시아의 근대화, 산업화, 경제발전

第6장 일제 식민지 시기 한국의 근대화와 산업화

Ⅰ. 문제제기 _____ 230

Ⅱ. 근대화와 산업화 _____ 234

Ⅲ. 일제 초기 식민지 정책: 토지조사사업과 지주제 발달 _____ 237

Ⅳ. 일제의 경제정책과 산업화 _____ 247

Ⅴ. 식민지 유제 _____ 258

第7장 일본의 대만지배와 대만 농업의 산업화

Ⅰ. 문제제기 _____ 267

Ⅱ. 일제 식민지 지배 이전의 대만의 역사와 농업 발전 _____ 272

Ⅲ. 일본의 대만지배와 대만 농업의 산업화 _____ 277

Ⅳ. 종합 및 토론 _____ 288

第8장 사회주의 시장경제와 중국의 경제발전

Ⅰ. 문제제기 _____ 295

Ⅱ. 사회주의 시장경제로의 전환과 그 특징 _____ 296

Ⅲ. 사회주의 시장경제의 발전과 문제점 _____ 316

Ⅳ. 맺는말 _____ 322

제9장 한국의 산업정책과 IMF 외환위기

Ⅰ. 문제제기 _____ *326*

Ⅱ. 발전국가와 산업정책 _____ *327*

Ⅲ. 한국의 산업정책에 대한 이해 _____ *330*

Ⅳ. 한국의 IMF 경제위기와 산업정책 _____ *353*

Ⅴ. 결론 _____ *362*

색 인 _____ *368*

1부

유교 문화적 전통과 동아시아 발전

제1장
동아시아 발전과 아시아적 가치

I. 문제제기

1980년대 중반 이후 한국 사회과학계에서는 한국을 비롯한 아시아 경제성공에 대한 관심이 고조되면서 '동아시아 발전론', '유교민주주의', '유교자본주의'에 대한 연구가 활발해졌다. 그 가운데 전통적인 유교 문화에 대한 재발견/재인식이 추진되었고 그것은 곧 '아시아적 가치' 논쟁으로 확산되었다. 그 후 학계에서 '동아시아 발전론', '유교민주주의론', '유교자본주의론', 그리고 '아시아적 가치론'은 동전의 양면으로 인식되었다. 즉, 이들 모두는 1980년대 아시아 국가들의 눈부신 경제 발전을 설명하는 이론적 시도들로서, 이들은 특히 동아시아 경제발전을 동아시아의 문화적 유산인 유교와 연관시켜 설명하려 하였다.

이들 이론들은 그동안 동아시아 사회에서 거의 비판 없이 받아들인 서구 문화의 보편성에 대해 심각한 의문을 제기하고, 대안으로 유교 문화의 특수성을 강조하였다. 이들 주장들은 동아시아 경제발전을 서구 문화의 보편성에 따른 것으로 보기 보다는 유교 문화의 특수성에 기인하는 것으로 보고, 20세기 후반에 나타난 동아시아 국가들의 급속한 경제성장에 유교 문화적 전통이 중요한 역할을 하였음을 보여주려 하였다.

1997년 아시아 경제위기는 동아시아 경제 발전을 유교 문화적 속성으로 설명하던 한국의 사회과학자들에게 커다란 충격을 주었다. 실제로, 당시 한국 사회의 경제적 여건 자체가 이러한 경제위기를 예측할 수 없을 정도로 비관적인 상황이 아니었던 만큼, 너무나 갑작스럽게 대두된 한국의 경제위기는 한국 사회 전반에 더욱 커다란 충격을 안겨주었다. 국민경제의 파탄이라는 극한의 상황에까지 몰렸던 1997년 한국의 경제위기는 지난 30여 년 간 지속적인 고도 경제성장 과정을 통해 형성된 국민들의 자긍심과 경제적 낙관론을 여지없이 무너뜨리면서 한국 사회 전반에 커다란 상실감을 안겨주었다.

이러한 경제적 상황 변화는 학계에도 커다란 영향을 미쳐, 그동안 서구 문화와의 차이를 강조하면서 동아시아 문화의 특수성 속에서 동아시아 경제발전의 단초를 찾아오던 동아시아 발전론들이 크게 타격을 받았다. 특히 유교 문화의 특수성을 통해 동아시아 경제성장에 대한 사상적 바탕을 제공해오던 '아시아적 가치론'은 아시아적 가치의 존재 자체가 의문시되기 까지 이르렀다. 마치 1990년대 초 소련 및 동구권 국가들의 붕괴로 마르크스주의 사회주의 이론이 그 설명력을 상실했듯이 1997년 한국의 경제위기는 그 동안 낙관적으로 한국 경제발전의 특이성을 설명해오던 '동아시아 발전론'과 '아시아적 가치론'의 이론적 설명력의 한계를 보여주었다. 또한 사회주의 몰락 후 소련과 동구권에서 자유주의 시장 논리에 기반한 신자유주의가 대세가 되었듯이, 2000년대 한국의 경제발전에 대한 설명에서도 신자유주의가 대세로 자리 잡아가고 있는 것처럼 보인다.

이러한 일련의 경험들은 사회과학 이론의 성쇠가 주변의 정치 및 경제 환경 변화에 얼마나 민감하고 취약한가를 잘 보여준다. 이제 경제위기가 발생한지도 만 10년이 되었다. 경제위기 이후 지난 10년을 돌이켜 볼 때, 한국의 경제 발전을 설명해 줄 수 있는 독자적인 발전이론이 존재 가능한지와 아울러 동아시아의 독특한 발전이론에 대한 논쟁이 아직 생명력을 갖고 있는지에 대해 진지하게 재검토 할 필요성이 제기되고 있다.

여기서 지적하고 싶은 흥미로운 사실은 아시아 경제위기 이후에도 세계경제에서 동아시아가 서구 선진국들과 경쟁할 수 있고 또 실질적으로 경쟁하고 있는 유일한 지역이고, 한국은 여전히 세계에서 11-13위 권을 오르내리는 경제 강국이라는 점이다. 비록 최근에 예외적으로 브라질과 인도가 급속한 경제성장을 보이고 있지만 이들의 영토와 자원, 그리고 인구 규모로 보아 이들이 이제 와서 한국과 총 경제성장 규모를 놓고 서열을 다툰다는 것은 도리어 늦은 감이 든다.

이 시점에서 우리는 다시 한 번 무엇이 전후에 한국의 경이로운 경제성장을 가능케 하였고 또 경제위기 이후에 경제위기를 빠르게 극복하고 또 다시 급속한 경제성장을 가능하게 하였는지에 대해 생각하지 않을 수 없다. 이는 물론 여러 가지 변수들로 설명할 수 있겠지만 이 글에서는 유교라는 문화적 변수를 중심으로 살펴보고자 한다. 왜냐하면 급속한 경제성장을 이룩한 동아시아 국가들이 모두 유교 문화권 국가들이라는 공통점이 있기 때문이다. 이 글에서는 유교 문화의 영향을 강조하는 '아시아적 가치'를 중심으로 동아시아 경제성장과 유교와의 관계를 살펴보고자 한다.[1)]

Ⅱ. 아시아적 가치의 성립과 발전

한국은 지난 30여 년 동안 서구에서 발달한 자본주의를 수용하여 놀라운 경제성공을 이룩하였고 아울러 정치적 측면에서도 서구 국가들에 버금가는 정치적 민주화를 이룩하였다. 한국을 비롯한 동아시아 국가들은 서구 학자들이 예측하였던 것보다 더욱 눈부신 경제성장을 이룩하였고 정치/사회적으로도 서구 민주주의 사회들과 비교될 정도로 안정적이고 질서 있는 사회체제를 이룩하였다.

그러나 현재 한국 사회 내부에서는 과거에 미처 경험하지 못

1) 만약 동아시아 국가들의 고도 경제성장과 이것이 세계 경제에 끼치는 거대한 영향력이 없었다면 우리가 특별히 유교 문화에 관심을 갖지 않았을 것이고 '아시아적 가치'라는 말도 전혀 주목 받지 못했을 것이다. 따라서 유교 문화에 대한 연구는 그것이 동아시아의 경제발전에 끼친 영향이라는 주제에서 자유로울 수 없다.

했던 많은 갈등과 혼란을 경험하고 있다. 아울러 사회 전반에 걸쳐 권위가 약화되면서 사회질서가 흔들리고 있다. 한국 사회는 그 동안 물질적 성장과 정치적 민주화에 있어서 커다란 진전을 보았지만 급속히 쏟아져 들어온 서구 사상, 즉 자본주의, 사회주의, 민주주의, 민족주의, 페미니즘 등의 정치 이념과 자유, 평등, 민주화, 인권, 계급과 같은 정치사상을 조화롭게 받아들이지 못하고 일부 이념과 사상을 편협하게 수용하면서 현재 한국사회에는 배금주의와 이기주의, 극단적 개인주의, 사회적 무관심, 가족 해체 등이 더욱 팽배해져 가고 있다.

한국 사람들은 한편으로는 전통적인 유교 문화의 영향에서 크게 벗어나지 못하면서도 다른 한편으로는 서구의 이념과 사상을 적극적으로 수용하고 추구하였다. 그 결과 사회 전반에 걸쳐 이상과 실천 사이의 간격이 크게 벌어져 있다. 특히 현 노무현 정부에 들어와 정치 지도자들에게 한층 엄격한 도덕성을 요구하다보니 능력 있는 사람보다는 문제가 적은 사람이 책임이 막중한 위치에 등용되는 경향이 나타나고 있으며, 그 자신은 실천할 수 없는 높은 도덕적 기준을 정치 및 사회적 지도층에게 강요하여 대리 만족을 즐기는 경향까지 나타나고 있다. 이러한 가운데 남을 판단하는데 엄격한 잣대를 들이대면서도 자신에게는 예외주의를 적용하는 사례들이 자주 나타나면서 사회적 냉소주의가 만연되어가고 있다. 이러한 이념과 현실의 불일치로부터 나타나는 한국 사회의 이중적 성격을 보여주는 단면은 재벌이나 부자들의 부 자체 및 부의 축적과정에 대해 매우 비판적이면서도 자기 자신은 모든 수단을 동원해 어떻게 해서든지 부자가 되고 싶어 하고, 자기 자식은 재벌 기업에 입사하기를 바라는 사례에서 잘 나타난다.

오늘날 한국 사람들은 이상적인 아시아적 가치규범과 이상적인 서구의 가치규범 모두를 지도자나 엘리트들에게 요구한다. 사람들은 사회적 지도층에게 유교적 전통의 높은 도덕성과 이상적인 서구의 가치 규범 모두를 요구한다. 즉, 한국 사람들은 한편으로는 유교적 전통의 높은 도덕성을 실현하고 싶어 하고 다른 한편으로는 자유민주주의, 보편적 인권, 완전한 평등, 대등한 노사관계 등 높은 실천을 담보하는 이상적인 서구의 가치들을 현실 사회에서 실현시킬 것을 주창해왔다. 이 과정에서 증폭되는 이념과 현실 간의 괴리는 냉소주의를 만연시켰으며 사회적 혼란과 갈등을 증폭시켜 왔다. 비록 한국이 짧은 기간 동안에 고도 경제성장과 정치적 민주화를 이룩하였지만, 그만큼 시민들의 기대와 욕구도 증대되었고, 여기서 나타나는 욕구와 현실간의 격차는 사회적 갈등의 원초적 원인이 되고 있다.

그동안 한국 사회과학계의 주도적인 경향은 이러한 문제들이 서구 시민사회나 민주주의적 가치 속에서만 실현될 수 있다고 보는 것이었다. 그러나 오늘날 학자들 사이에 이에 대한 회의가 조금씩 증폭되면서 나타나고 있다. 일부 학자들은 오늘날 한국에서 만연하고 있는 문제들의 대부분이 서구화 과정에서 나타난 문제라고 보고, 이러한 문제들에 대한 대안이나 해결책을 더 이상 서구적 가치 속에서 찾는 것은 모순이라는 생각을 가졌다. 그들은 서구화 과정에서 나타나는 문제들에 대한 해결책은 서구적 가치보다 도리어 우리의 고유한 문화 전통 즉 유교 문화적 전통 속에서 찾을 수 있다고 보았으며, 이러한 노력에서 나온 것이 '아시아적 가치'론이다.

우리가 이 글에서 추구하는 것은 아시아 사람들의 사고와 행동에 영향을 미치는 아시아 특유의 가치 구조가 존재하느냐 하는 것과, 이것이 유교 문화적 전통 및 유학 사상과 어떻게 연계되느냐 하는 것이다. 다음으로 이것이 동아시아 경제발전과 어떻게 연계되는가를 살펴보는 것이다. 즉, 서양의 문화적 특성과 구별되는 동아시아적 문화적 특성을 밝혀보고, 이것이 한국인의 사고와 행동에 어떤 영향을 미치는가를 살펴본 후에, 이러한 문화적 특성이 경제발전 및 사회발전에 어떤 영향을 끼치게 되는가를 살펴보고자 한다.

1. 동아시아 경제발전과 아시아적 가치

오늘날 한국인들에게 종교를 물었을 때 '유교'라고 답하는 사람은 거의 없다. 그러나 '효'(孝)와 같은 유교의 가르침을 실천하겠냐고 물었을 때 대부분의 한국인들은 '그렇다'라고 답한다. 실제로 한국 사회에서 부모에게 효도하는 것은 당연한 덕목으로 되어있고, 부모에게 불경스러운 사람은 지탄의 대상이 되고 있다. 이렇듯 한국을 비롯한 동아시아 사람들에게 효와 같은 유교적 교리는 실천의 덕목이다. 따라서 대다수 동아시아 사람들은 '실천적 유교인'이라고 말할 수 있다(최준식, 1995:3).

그렇다면 오늘날 유교가 우리의 실제 생활에서 어떤 작용을 하고 있는 것일까? 1980년대 동아시아 국가들의 급속한 경제성장을 설명하는 가운데 일부 학자들에 의해 유교가 동아시아 경제발전에 중요한 역할을 했다는 주장이 강하게 대두되었다. 일본 및 동아시아 국가들의 유교 윤리가 동아시아 경제발전에 많은 발전 가능성을 제공했다는 칸(Herman Kahn, 1979)의 주장을 시작으로 학자들 사이에서 유교와 경제발전간의 관계가 깊이 있게 논의되었다. 이들은 흔히 유교의 특징으로 논의되는 노동의 기피나 상인 및 상행위에 대한 천시 현상은 유교사회뿐만 아니라 서양을 포함한 사회 전반에 보편적인 관행이었으며 이러한 관행은 사회 체제가 변화해감에 따라 급속히 변화해갔다고 보았다. 특히 20세기 중반 이후에 동아시아에 자본주의 체제가 일반화됨에 따라 유교문화의 현세지향적 성격은 재빨리 동아시아 사회를 자본주의 체제에 적합하도록 변모시켰다고 보았다. 현세지향적인 유교적 소양을 지닌 동아시아의 정치 지도자들은 유교 윤리를 통해 관료 엘리트들에게 국가 발전 및 경제성장에 대한 막중한 책무와 책임감을 고취시켰고, 일반 국민들에게는 국가에 충성하고 공동체에 헌신하도록 하는 사회적 합의를 도출시켰고, 나아가 사회 전반에 근검절약을 통한 저축의식을 함양시켰다.

이렇듯 동아시아 국가들의 경제발전을 설명하는 새로운 관점으로 유교적 역할을 강조한 서구의 학자들은 동아시아 국가들이 갖고 있는 문화적 공통인자로서의 유교적 규범에 초점을 맞추었다(Kahn, 1979; Berger, 1983, 1984; McFaquhar, 1980; Morishima, 1982; Tai, 1989; Wu & Tai, 1989; Wong, 1989; Levy, 1992). 이들은 전근대사회에서는 유교가 경제발전에 부정적 영향을 미쳤을지라도 자본주의적 사회체제 하에서의 유교는 도리어 경제성장에 긍정적으로 작용하고 있음을 보여주려 하였다. 이들 중 버거(Peter Berger)는 동아시아 국가들의 급속한 경제발전을 동아시아 사회가 서구적 합리성과 개인주의를 따랐기 때문에 얻어진 것이 아니라, 도리어 이들 동아시아 국가들에게 공통적으로 확산되어 있는 유교적 이념과 가치관에 연유하는 행동양식의 결과로 이루어진 것이라고 보았다(Berger, 1983). 타이(Tai Hong-Chao)는 동아시아 경제발전은 이 지역의 고유문화에서 형성된 비개인주의적 자본주의의 결과라고 보고 이를 '동아시아 발전모델'이라고 지칭하였다(Tai, 1989). 더 나아가 맥파콰르(Roderick McFaquhar)는 서구의 개인주의는 초창기 산업화에 적합했던 반면, 대량산업화 시기인 현대에서는 유교적 집단주의가 더 잘 들어맞을 것이라고까지 주장하였다(McFaquhar, 1982:71). 이들 문화학자들은 서구 중심의 보편적 경제원리를 동아시아 사회의 경제발전에 적용시키는 것을 거부하고 동・서간 문화적 차이에 따른 국가별 경제행위의 차이를 주장했다.

유교 사회의 특징 중 하나는 정부 또는 국가에 대한 국민들의 인식이다. 정부의 역할에 대해 비판적인 서구와는 다르게 유교적 정치 전통은 국가의 역할을 긍정적으로 볼 뿐만 아니라 바람직한 사회를 건설하고 인간다운 삶을 영위하는데 있어서 국가의 역할이 매우 중요하다고 보았다. 유교 사회에서 국가는 위민사상과 민본주의에 입각해서 국민들의 안위와 복지를 책임지는 한편 윤리적, 도덕적 모범으로 존재하였다. 유교적 국가는 하나의 가족, 하나의 유기체로 간주되고 그 속에서 구성요들 사이에 조화와 보완적 관계를 전제로 한다(이영찬, 2001:431-432). 따라서 유교적 전통에서 국가는 국민의 생활에 간섭할 수 있고 국민들도 국가에 각종 요구를 할 수 있는 것이다. 한국의 산업화 초기에 국가와 국민간의 유기적 관계에 대한 이해도 이러한 유교 문화적 전통에서 볼 때 이해가 가능한 것이다(국민호, 2002: 261-262).

타이는 동아시아 경제발전을 설명하는 모델로서 '정서적 모델'(The Affective Model)을 제시했다. 정서적 모델 역시 집단지향을 높이 여긴다. 동아시아에서 개인을 묶어주는 기본적인 사회집단은 가족으로 모든 사람들은 상호간에 일종의 가족주의적 관계를 견지한다. 가족은 국가의 작은 단위이고 이의 확대된 형태가 국가라는 것이 유교의 근본 가르침이다. 가족은 영속적이며 개인은 전 생애를 통해 가족에 대한 충성과 의무를 지닌다. 타이는 이러한 가족관계가 흔히 기업집단에까지 확산된다고 주장한다. 여기서 핵심이 되는 윤리 덕목은 '조화'(harmony)다. 조화란 인간과 자연, 그리고 인간 상호간에 좋은 관계를 유지하는 것을 말한다. 타이는 조화가 집단결속을 위협하는 자기 자신만의 이익을 추구하는 개인주의를 억제시킨다고 보았다(Tai, 1989: 14-18). 타이는 동아시아 사회의 전통적인 감정적 관계, 집단 결속, 조화를 강조하면서 정서적인 인간관계 측면을 강조했다. 그는 동아시아에서 모든 인간관계 및 행동의 중심을 가족주의적 관계로 보았다.

유교 문화의 영향력은 특히 윤리적 규범과 그의 실천에서 찾을 수 있다. 즉 상호 협동과 복종을 통한 집단의식의 고취, 검약에 따른 높은 저축율, 가족을 통한 집단에의 헌신, 그리고 궁극적으로는 인간과 인간, 인간과 자연간의 조화로운 사회건설 노력이 그것이다. 이들 중 유교 윤리적 영향이 실천적으로 나타난 부분이 '강한 국가', '가족주의', 그리고 '교육에의 강조'이다. 유교를 강조하는 학자들은 전반적으로 유교의 핵심교리인 군신유의(君臣有義)가 강한 추진력을 가진 국가를 만들어내었고, 부자유친(父子有親)이 집단주의의 기초가 되는 강한 가족주의를 만들어 내었으며, 동시에 교육에 대한 강조는 산업화 초기에 값싸고 훈련된 양질의 노동력을 제공하여 경제성장의 기틀을 마련했다고 본다. 동아시아 경제 발전은 유교 윤리의 규범적인 유산인 협동과 복종, 그리고 조화 속에서 이루어졌는데, 이를 통해 동아시아 사람들은 전반적으로 조직체계에 무리 없이 적응하고 상호 협동하는 조화로운 인간관계를 만들어 갔다고 본다(Leung, 1987:80).

실제에 있어서 동아시아의 전통적 가족주의는 가족 성원들에게 가족 구성원의 안녕과 가족의 번영을 지상과제로 여기게 하였으며, 가족 성원들은 가족을 위해 기꺼이 자신을 헌신해왔다. 부모의 자식에 대한 투자와 헌신 그리고 희생은 사회발전에 중요한 원동력이 되었다. 특히 유교적 가족 특유의 성격인 자녀교육에 대한 헌신은 국민 개개인의 경쟁력 강화에 중요한 공헌을 하였다. 산업화 초기에 가족의 생계를 책임진 가장은 끊임없이 현세의 자신을 희생해가면서 가족의 미래를 위해 저축하였으며, 자식은 장성한 후 부모를 기꺼이 돌봄으로써 국가의 사회적 비용을 덜어주었다. 비록 현재 이러한 특성이 약화되는 경향이 나타나고 있으나, 아직까지 동아시아 사회의 대표적인 추세에는 이러한 가족관계가 지속되고 있다. 이를 통해 유교 사회에서는 근검절약, 순종, 헌신, 저축, 협동, 조화 등의 유교적 덕목들이 자연적으로 재현되고 있다.

산업화 초기에 동아시아의 기업들은 이러한 가족주의를 확대 적용하여 집단적 결속을 강화하여 부를 이룩하였다. 또한 국가는 빈곤퇴치와 경제성장이라는 구호 아래 유교적 덕목들을 통해 민족주의를 고양시켜 사회적 합의를 이룩할 수 있었고, 동시에 국민들의 절대적인 순종과 협동 하에 강력한 경제정책을 수행하고 급속한 경제성장을 이룩할 수 있었다.

문화학자들의 주장에 따르면, 서구 자본주의 국가들은 산업혁명과 자본주의 발전의 선두주자로서 서구적 자유민주주의 이데올로기를 바탕으로 근대화 및 산업발전을 주도해갔으나, 이들 서구 사회발전의 핵심 요소인 자유민주주의는 후발주자로서의 동아시아 국가들이 산업화 초기에 산업발전을 추진하기에는 너무 동떨어진 가치규범이었다. 따라서 가족주의가 강했던 당시 동아시아 국가들은 개인주의의 발전을 통한 서구식 산업화를 추진하기보다는 집단과 협동을 중시하는 유교적 가차규범에 따른 발전을 추구하였다. 즉 동아시아 국가들은 산업화를 인간중심적인 유교 문화와 연계시킴으로써 거의 유래를 찾아보기 힘들 정도의 급속한 산업화 및 경제성장을 이룩했다는 것이다 (Tai, 1989:26-27).

요약해보면, 동아시아 국가들은 비록 전근대사회에서는 자생적인 산업화를 창출하는데 실패했으나 근대화와 함께 자본주의 체제가 도입되고 동시에 서구로부터 기술 이전이 가능해지자 큰 비용을 들이지 않으면서도 빠른 속도로 산업화를 이룩할 수 있었다. 이를 가능하게 한 것은 유교 문화적 전통 속에 잠재한 여러 가치들이 긍정적으로 작동했기 때문이다. 20세기 중반 이후에 동아시아 국가들이 지금까지 미처 경험하지 못한 물질생산의 기회에 직면하자 이들 국가들의 유교적 특성들, 특히 현세지향적 성격이 자본주의 체제와 결합되어 동아시아의 경제 발전을 급속히 확대시켰다.

2. 아시아적 가치의 기원과 현황

아시아적 가치에 대한 연구는 동아시아의 경제발전으로 인해, 그동안 위축되었던 아시아인들의 자긍심이 회복되는 과정에서, 아사아의 고유한 문화적 가치에 대한 관심, 특히 유교 문화적 가치에 대한 관심이 고조되면서 시작되었다. 경제발전을 통해 한껏 여유를 되찾은 동아시아 정치인과 지식인들은 과거 서양 문화의 우월성이 일방적으로 강요되던 때와는 달리 서양 문화의 한계와 문제점을 깊이 인식하게 되었고 그에 대한 대안을 아시아의 문화적 전통, 특히 유교 문화적 가치와 전통 속에서 찾아보고자 하였다.[2)]

아시아적 가치에 대한 관심은 1980년대에 들어와 고조되었는데 이는 동아시아의 급속한 경제성장을 가능케 한 원인을 아시아 특유의 문화적 가치와 전통에서 찾아보고자 함으로써 시작

2) 대부분의 경우 아시아적 가치를 말할 때 이는 유교적 가치를 의미한다. 물론 아시아에는 유교 외에도 불교 도교 등 여러 종교가 있었으나 유교가 수천 년 동안 동아시아의 지배적인 정치 및 사회사상이었던 만큼 유교적 가치를 아시아적 가치라 칭하고 있다. 그러나 '아시아적 가치'는 학문적으로 엄밀하게 합의된 개념이 아니다. 이에 대해서는 학자마다 정의가 다르고 많은 학자들이 이의 존재조차 부정하고 있다. 그러면서도 현실적 쟁점으로 보면 분명 아시아의 독특한 가치가 존재하고 있는 것이 사실이다. 따라서 아시아적 가치는 항상 논쟁의 소지가 될 수 있는 개념이라 할 수 있다.

되었다. 아시아적 가치 논쟁이 절정에 이르렀던 시기는 1990년대 초 소련 및 동구권 사회주의의 갑작스런 몰락으로 인한 자본주의 사회의 주도권 싸움에서 비롯되었다. 소련 사회주의의 갑작스런 몰락으로 냉전 후 세계질서의 두 핵심 이데올로기 중 하나였던 사회주의가 몰락하자 '신자유주의' 이데올로기로 무장한 채 자본주의 세계질서의 핵심으로 부상한 미국과 '발전국가'란 국가 중심의 이데올로기로 무장한 채 새로운 강자로 부상한 동아시아 국가들과의 심리적 대결이 시작되었다(전제국, 1999:190).

1980년대는 일본과 동아시아의 세기였다라고 말할 수 있다. 상대적으로 정체의 늪에서 허우적거리던 미국과 달리 일본을 비롯한 동아시아 국가들은 1980년대에도 연평균 10%의 고도경제성장을 지속해온 터라 당시 동아시아 국가들의 자부심은 거의 극에 달해 있었다. 이 과정에서 일부 동아시아 국가들은 그 동안 등한시했던 유교 문화적 전통에 대한 자긍심을 회복하고, 이를 바탕으로 차 세기의 주인공이 되는 꿈을 꾸었다(전제국, 1999:191).

아시아적 가치에 대한 논쟁이 일반의 관심을 끌게 된 것은 김대중과 리콴유의 논쟁 때문일 것이다. 이들의 논쟁의 쟁점은 리콴유가 말한 '효율적 국가관리론'을 김대중이 '독재정권 합리화론'이라고 비판한데서 잘 나타나 있다. 1994년 싱가포르의 전임 수상인 리콴유는 "문화는 숙명이다"라고 주장하면서 유교 문화적 유산에서 나오는 동아시아의 독특한 “도덕주의”, “질서의식”, “가족”, “인간관계” 등이 동아시아의 급속한 경제발전을 이끈 핵심적 요인이라고 주장했다. 리콴유는 서구적 가치의 보편성과 서구식 발전모델의 우월성을 부인하고 서구적 가치관의 위선과 한계를 지적하였다. 그리고 이에 대한 대안으로 아시아적 가치의 우월성을 주장하면서 아시아적 가치 논쟁에 불을 지폈다(리콴유, 1999). 이에 대해 김대중은 “문화는 숙명인가”라는 글에서 리콴유의 주장을 민주주의를 거부하는 것을 정당화하기 위한 주장이라고 비판했다. 김대중은 동양의 전통사상도 서구와 같이 민주주의 이념을 담고 있으며, 아시아 민주주의에 대한 가장 큰 장애는 문화적 전통이 아니라 권위적 지도자들의 민주주의에 대한 저항이라고 주장했다(김대중, 1999). 그러나 김대중의 주장을 살펴보면 김대중도 아시아 전통문화에 대한 긍정적 평가를 하고 있음을 볼 수 있다.

이후 아시아적 가치론은 동아시아 발전모델과 동일시되면서 동아시아의 경제발전에 힘입어 더욱 힘을 발휘하였다. 이는 이후에 ‘민주주의와 인권’문제로 논쟁의 범위가 확산되면서 정치 · 경제 · 사회 · 문화의 다방면의 영역으로 그 논쟁이 확산되어 갔다.

아시아적 가치에 대한 견해 차이는 홍콩의 마지막 총독이었던 크리스 패튼과 싱가포르의 전 수상인 리콴유의 주장에서 잘 대비된다. 패튼은 그의 저서인 『동양과 서양 : 중국, 권력, 그리고 아시아의 미래』에서 홍콩 시민들의 경제적, 정치적 미래에 대한 걱정과 함께 중국 정부의 부패와 무능, 중국 독재체제에 대해 강력한 경고를 보냈다. 대표적인 영국 보수당 정객이었던 패튼은 자유주의 시장경제의 우월성과 민주주의의 중요성을 일관되게 주장하였다. 그의 책에서 그는 '아시아적 가치'는 일고의 가치도 없는 주장에 불과하며 중국이나 싱가포르 같은 독재정권들이 현 체제를 유지하기 위해 내놓은 궤변에 불과하다고 보았다(함재봉, 2000:72).

이에 반하여 리콴유는 그의 저서 『리콴유 자서전』과 『일류국가의 길』을 통해 아시아의 발전은 서구 모델을 따라가기보다는 '동아시아적 특성'을 유지하고 유교 문화적 특성을 발전시켜 나갈 때 미래가 있음을 역설하였다. 그는 특히 오늘날의 미국 사회는 결코 동아시아의 이상적 미래가 될 수 없음을 명확히 했다. 그는 사회 발전에서 가장 중요한 것은 '사회 질서'라고 보았다. 그가 볼 때 현대 미국 사회는 총기 · 마약 · 폭력이 난무하는 무질서의 대명사였다. 특히 모든 사람들이 자기가 원하는 대로 행동할 수 있는 권리의 무분별한 확장은 학교폭력을 일상화 시켰고 이는 바로 학교 질서의 붕괴, 나아가서 사회 질서의 붕괴로 이어지고 있다고 보았다(리콴유, 1999:24). 리콴유는 현재 '아시아적 가치'의 가장 강력한 주창자로 인식되고 있는데, 그는 동아시아의 특유한 가치관 속에서 오늘날 동아시아의 고도 경제성장이 가능했다고 주장하는 반면 서구적 가치의 위선과 한계를 설명하는데 전력을 다하였다(국민호, 2002:258).

그러나 한편에서는 아시아적 가치의 발굴과 그에 대한 긍정적 평가 작업이 이루어지고 있었는데 비해 다른 한편에서는 아시아적 가치에 대한 비판도 거세게 진행되었다. 우선적으로 아시아적 가치는 서구, 특히 미국 학자들에게 공격의 대상이었다. 미국은 세계전략의 차원에서 신자유주의의 확산을 추구하였다. 신자유주의는 정부의 간섭을 최소한으로 줄이는 것을 목표로 국제적 자유무역을 추구하는 것이다. 따라서 국가의 강한 역할을 강조하는 아시아적 발전모델과 이의 이론적 근거인 아시아적 가치는 신자유주의의 확산에 커다란 걸림돌이 되었다. 이에 대한 정책의 일환으로 미국은 동아시아 억누르기 정책을 시행하였고, '인권', '자유무역주의', 그리고 '군사력'을 무기로 동아시아식 무역체제와 정치체제 및 군사안보에 대해 끊임없는 비판을 가하였다(전제국, 1999:191). 카터 행정부는 인권외교를 통해서 그리고 클린턴 행정부는 통상압력을 통해 한국 정부에 거센 압력을 가했다.

그러나 아시아적 가치에 대한 비판은 한국 국내 비판적 학자들에게 더욱 거셌다. 그들은 우선 현대 자본주의 또는 자유민주주의 사회에서 유교 문화 자체를 거론하는 것조차 보수와 반동의 표현이라고 보았다. 이들은 민주주의와 인권 같은 서구적 가치는 절대적이고 보편적인 가치인데 비해 아시아 가치론자들이 내세우는 아시아적 가치란 것은 이미 역사 속에 파묻혀 더 이상 실존하지 않는 역사적 유물일 뿐으로 단지 인위적으로 축조된 허상에 불과한 것이라고 보았다(전제국, 1999:194-197). 실제적으로 한국에서는 다른 동아시아 국가들에 비해 아시아적 가치와 같은 동아시아 특유의 문화나 가치와 같은 동아시아 담론에 대한 관심이 상대적으로 낮았다. 한국에서 '아시아적 가치'에 대한 논의는 극히 제한된 영역에서 다루어졌을 뿐이고, 자유, 평등, 시민사회 등과 같은 서구 근·현대 사상에 심취해있는 비판적 사회과학도들에게는 그러한 논의조차 비판의 대상이 되었다.

전반적으로 한국의 학계에서 아시아적 가치 담론에 대한 시각은 비판적이었다. 이는 한국의 역사적·정치적 상황과 무관치 않다. 한국 사회에서 일제 식민지 경험은 전통 문화와 전통적 지식인에 대한 혐오로 이어졌다. 이어 미국에 의한 식민지로부터의 해방은 서구 문화의 무분별한 수입과 선호로 이어졌다. 나아가 군사정권의 독재와 그에 대한 민주화투쟁 과정은 자유와 민주주의, 시민사회, 또는 사회주의와 계급, 평등 등과 같은 서구 사상에 대한 환상을 가져왔다. 자본주의, 사회주의, 시민사회, 자유, 평등, 계급, 인권 등의 서구적 가치 속에서 전통적 가치 및 유교 문화는 설 자리가 없었다. 1990년대 초 이미 민주화투쟁의 성과로 문민정부의 탄생을 경험한 당시 한국 사회의 관심은 민주주의, 민주화, 자유와 평등 등과 같은 서구적 가치와 구호였지, 질서와 인간관계 등 전통적 가치를 재발견하려는 아시아적 가치 논쟁은 관심의 대상이 아니었다(문지영, 2003:85).

다른 한편으로, 아시아적 가치 논쟁은 서양 학자들이 만들어 놓은 담론을 무비판적으로 수용하는 것으로 이는 '역 오리엔탈리즘'적 발상으로 서양 학문에 대한 종속을 심화시키는 비주체적 행위라는 비판이 이어졌다(함재봉, 2000:108-109).

그러나 동아시아 사회에는 여전히 서구적 가치와 이데올로기로서는 설명되어질 수 없는 영역이 너무나 많다. 우리만의 독특한 선비정신과 의리의식, 가족주의(집단주의), 연고주의 등은 서구적 도구로 설명되지 않는다. 이러한 영역은 보수 반동의 영역이므로 무시되어야 하는 것인가? 이런 영역은 항상 사회발전과 진보에 역행하는 것인가? 필자의 생각으로는 아시아적 가치 논쟁이 그렇게 비판의 대상이 된다는 것은 역으로 서구 사상이나 이데올로기로서는 설명되지 않으면서도 설명이 필요한 많은 영역이 여전히 우리 사회에 존재하고 있음을 보여주는 반증으로 보여진다. 이러한 영역에 대한 설명은 서구적 가치가 아닌 아시아적 가치가 해야 할 것이다.

1997년 아시아 경제위기는 아시아 발전모델이나 그렇지 않아도 취약하게 발달했던 아시아적 가치 논쟁에 치명타를 안겨주었다. 한국의 경우, 1997년의 경제위기 속에서 IMF의 구제금융으로 겨우 경제적 파탄을 모면하였을 때, 지난 30여 년 동안 지속된 경제성장 과정에서 축적되어왔던 경제에 대한 자부심과 한국 고유의 문화적 가치에 대한 자긍심 모두가 큰 상처를 입었다. 특히 1990년 사회주의권 몰락을 통해 숨죽이고 있던 비판 세력들은 한국의 경제위기를 계기로 활기를 되찾았다. 모든 비난의 초점은 지난 30여 년간 한국의 경제적 성공을 이끈 박정희 시대의 경제정책과 그 결과물인 재벌에 모아졌다. 지난 시절에 한국의 경제기적을 이룩한 박정희 정권의 산업정책이 재벌의 방만한 경제 운영과 함께 경제위기의 주범으로 인식되어 비판의 핵심 대상으로 떠오른 것이다. 따라서 당시 비판의 주안점은 발전국가의 핵심 내용이었던 산업정책의 폐지와 재벌 해체였다. 이러한 분위기 속에서 박정희 정권 시절의 경제성장을 긍정적으로 평가하는 동아시아 발전모델의 대표적인 이론인 '발전국가론'과 유교적 전통과 가치를 강조하는 '아시아적 가치론'은 타도의 대상이 되었다.

그러나 아시아 경제위기 이후 10년이 지난 현재에 이르러 한국이 다시 국가경쟁력을 회복하고 예전의 경제적 지위를 되찾게 되고, 이에 더해 박정희 시대의 경제정책과 경제성장에 대한 긍정적 재평가가 유행처럼 일어나면서 아시아적 가치에 대한 관심도 다시 살아나고 있다. 특히 1997년 경제위기 이후 신자유주의적 시장경제가 대세가 되면서 과연 자유민주주와 시장경제로 대변되는 서구적 가치가 동아시아 미래 발전의 유일한 대안일 것인가 하는 가치논쟁이 다시 관심의 대상이 되고 있다.

Ⅲ. 아시아적 가치의 내용

유교는 그 시작부터 현세에 있는 긴장과 대립을 절대적으로 극소화시킨 합리적인 종교다(베버, 1990:325). 유교의 교리에 의하면 현세는 있을 수 있는 세계 중 최선의 사회이며, 이 세계 속에서 인간 본성은 윤리적으로 선하며 인간은 원칙적으로 서로 동일한 성질을 지닌 것으로 간주된다. 따라서 현세에 대한 적극적인 긍정과 현세에 대한 적응이 유교 윤리의 주된 내용이었다(베버, 1990:326). 이렇듯 현세에 대한 긍정과 현세지향적 성격이 유교적 가치 즉 아시아적 가치의 우선적인 특성이다.

유교인이 지향하는 바는 궁극적으로 올바른 인간이 되는 것이다. 유교의 가르침에서 가장 중요한 내용은 참된 인간을 만드는 것이다. 유교의 가르침에 따르면, 인간은 돈이 아무리 많아도, 권세가 아무리 높아도, 인기가 아무리 높다 해도 그 보다 먼저 인간이 되어야 한다고 가르친다. 유교 문화의 가장 핵심적인 부분은 인仁이라는 개념의 이해로부터 시작하는 것이 좋을 것 같다. 인은 유학의 가치체계에서 가장 높은 등급의 덕목으로 간주하는 것으로, 인은 유교 사회에서 통합적 기능을 수행하면서, 다른 모든 윤리규범에 '의미'를 심어주는 것이다(뚜 웨이밍, 1999:127).

공자는 "너 자신을 이기고 예禮로 돌아가는 것이 인仁이다"(克己復禮爲仁)라고 하였다. 여기서 극기克己란 자신의 욕망과 투쟁하라는 뜻 보다는 윤리적 절차에 따라 자신을 실현하라는 말로, '자기 수양'(修身)과 동일한 의미이다(뚜 웨이밍, 1999: 126-127). 복례復禮란 예절에 복종하라는 의미의 수동적 복종이 아니라 자신을 예에 동일화 시키겠다는 의미로 능동적인 참여를 뜻하는 말이다(뚜 웨이밍, 1999:127). 중국의 송대 이후 발달한 신유학에서 인은 형이상학적 정당화에 사용되며, 예는 기본적으로 사회적 관계를 나타낸다고 말할 수 있다. 그러나 그러한 일반화는 명확하다고 볼 수 없다. 왜냐하면 유학자들의 주된 관심은 이러한 범주들 간의 조화이지 긴장이 아니기 때문이다(뚜 웨이밍, 1999:129). 인과 예는 상호 독립적일 수 없는 것으로, 인은 항상 예보다 우선한다[3].

유학자는 항상 사회적 맥락에서 도덕적 자기 수양을 실천한

---

3) 유교에서 사람의 도덕성을 의미하는 인은 흔히 도덕적 자기 수양을 통해 도달하는 인간 최고의 경지로 묘사된다. 모든 인간이 어느 정도 인을 실현하기는 하지만, 이는 더욱 온전하게 인을 실현하는 과정에 있을 뿐이지 어느 누구도 완벽한 경지에 도달할 수는 없다. 이렇듯 신유학에서는 인을 생성의 과정으로 보는데 이는 인을 목적을 위한 수단으로 보기보다는 내적으로 끊임없이 계속되는 의식적이면서도 도덕적인 노력으로 보기 때문이다. 유교의 인간관계에서 인은 매우 중요한 요소다. 그러나 인은 본래 인간관계에 대한 개념이 아니다. 인은 외부로부터 획득되는 것이 아니라 오히려 내적인 원리다. 인은 사람이 스스로 소유한 것이고 스스로 실현할 수밖에 없는 덕목이다. 따라서 내적 도덕성으로서의 인은 외부의 예에 의한 절차로 발생되는 것이 아니다. 인은 예에 의미를 제공하는 더 높은 자리에 위치한 개념인 것이다. 그런 의미에서 인은 기본적으로 개인의 자기 소생, 자기완성, 자기 실행과 관련된다. 인은 통합적 개념으로 유학의 다른 중요한 개념들에게 의미를 제공할 뿐만 아니라 다른 개념들의 특성들을 포괄적 전체로서 통일하기도 한다(뚜 웨이밍, 1999:129-131).

다. 그는 세상과의 관련성을 무시할 수 없다. 유학자가 나아갈 방향은 이 세상이고, 이 세상에서의 활동이 자기 달성에 본질적 가치가 있다고 생각한다. 인은 자신을 외부 세계로 드러내기 위한 창이 필요하다. 창이 없다면 인은 질식당할 것이다. 인과 떨어질 수 없는 불가분의 관계를 갖는 덕목이 예다. 예는 인을 특정한 사회적 맥락 안에서 외부로 구체화시키는 것이다. 인은 추상적인 것으로, 존재론적 필요에 의해 다양한 세계로 차등화되어 나타난다. 신유학자들은 주어진 사회적 조건에서 자신의 내적 역량을 실천해야만 했다. 인이 실 생활에서 구체적으로 드러나는 것이 예인데, 예의 진정한 의미는 실천성과 실용성에 있다. 그러나 인이 없는 예는 공허한 형식에 불과할 것이며, 자각적인 개선을 불가능하게 만들며, 진실한 인간의 성서를 파괴하는 사회적 강압으로 타락하기 쉽다(뚜 웨이밍, 1999:132-136).

유교 사회에서 예는 조상숭배에서 사회윤리에 건전한 영향력을 발휘한다. 맹자는 묵가의 보편적 사랑 이론이 사실상 보편적 무차별성으로 인도된다고 보고 묵가의 보편적 사랑을 호되게 공격하였다. 유학자들은 인간이 근본의 중요성을 이해하지 못하면 결코 지엽적인 것을 이해할 수 없다고 보았다. 자신의 부모와 처자식을 사랑하지 못하는 사람이 어떻게 이웃과 국가를 사랑한다고 말할 수 있는가? 이러한 유학의 분파주의적 경향은 실천가능성을 염두에 둔 것이다. 유학의 이상인 인은 분파주의적이기 보다는 보편적인 성격을 지니지만, 인이 구체적으로 실현되는 실제 과정에서는 차별을 추구하는 사상이 예 안에 들어 있다. 따라서 예는 인이 어떤 과정을 통해 현실화되는지를 드러내는 차별화의 원리로 생각할 수 있다. 유학자는 항상 사회적 관계의 맥락에서 도덕적 자기 수양을 실천하게 되는데 이것이 예로 나타나는 것이다(뚜 웨이밍, 1999:133-134).

유교적 관점에서 볼 때, 인간은 모든 사람을 폭넓게 사랑할 수는 없다. 우리는 사회적 친소관계에 따라 사랑을 차별적으로 하는 것이 당연하다. 유교에서는 부모와 처자식을 가장 사랑한다. 형제에 대한 사랑은 그 보다 약간 적을 것이다. 백부와 숙모에 대한 사랑은 그보다 약간 더 적어진다. 모르는 사람들에 대한 사랑은 더욱 더 적어진다. 이런 식으로 사랑은 자기와 친한 정도에 따라 정비례한다. 이러한 관점에서 볼 때 유교 문화권 사람들은 기독교 문화권의 보편적 사랑, 즉 박애博愛와는 다른 생각을 보이고 있다. 유교에서는 세상의 모든 사람을 두루 동등하게 사랑하기보다는 사람을 사회적 관계에 따라 구별하는 별애別愛가 더 크게 받아들여지고 있다. 즉, 유교에서도 모든 사람에 대한 사랑을 강조하고 있으나 그 사랑의 정도가 친소관계에 따라 차이가 나는 것을 당연시 한다는 것이다(국민호, 2005:116). 그러나 유학자들은 이러한 차별주의가 보편주의와 상반된다고 생각하지 않는다. 사회적인 관계를 중시하는 유교적 입장에서 보편주의는 실천가능성이 희박한 것으로, 도리어 차별화의 원리를 통해 동심원적으로 사랑을 확장시켜 결국에는 대동大同 사회에 이르게 된다고 본다. 따라서 유교에서 예의 실천은 차별화의 원리를 통해 잘 드러난다고 볼 수 있다.

위에서 보듯이, 유교의 핵심 교리인 인의 주된 내용은 극기복례克己復禮로 우선적으로 자신의 인격을 닦고 다음으로 예에 맞는 실천을 통해 남을 편안하게 해주는 것이다. 즉, 유교인은 자기의 인성을 가꾸는 것을 제일의 목표로 삼았다. 맹자의 교리에 따라 성선설을 신봉하는 유교는 하늘로부터 받은 이 선한 성품을 외부의 바람직하지 않은 힘으로부터 잘 보존하고 닦는 데 많은 노력을 기울였다(최준식, 1995:94-123). 이렇듯 유교는 현실세계에서의 자기 개발 및 수양을 추구하는 종교였다. 유교인은 자기수양을 통해 내적 깨달음을 추구하였다.

하늘이 준 이 선한 성품을 온진하게 보존하기 위해 절대적으로 필요한 것이 교육이었다. 따라서 유교에서는 교육과 배움이 특히 강조되었다. 유교에서 결정적으로 중요시 여기는 것은 출생성분이 아니라 이러한 배움과 수양의 차이, 나아가 교양의 차이였다. 적어도 유교 윤리 하에서 국가와 사회가 요구하는 배움의 길은 누구나 노력하면 도달할 수 있는 것으로, 국가의 행정이 선하다고 가정될 경우, 모든 사람은 자신의 성공/실패의 원인을 자기 자신에서부터 찾지 않으면 안 되었다. 오래된 고전에 입각한 철학적·문헌적 교양은 자기완성을 위한 보편적 수단이었으며, 교양의 부족은 모든 부덕의 근원이었다(베버, 1990:325). 이렇듯 유교 문화에서는 교육이 특히 강조되었다. 오늘날 같이 개인의 인적자원이 중요해진 시기에 국민들의 교육 수준은 사회발전에 결정적인 역할을 하고 있다.

유교의 핵심 교리인 인의 실천 덕목은 효孝와 의義이다. 이 가운데서 효는 특히 중요하다. 동아시아에서 도의道義의 핵심은 바로 효이며, 유교의 참된 이상은 부모에 대한 사랑(孝)을 가족, 이웃, 남에게까지 확장시켜 결국에는 사해 모든 사람들을 사랑하여 그 안에 편안한 대동大同 세계를 만드는 것이다(최준식, 1995:94-116). 유교 교리의 또 다른 측면은 의의 준수다. 의는 도덕적으로 옳게 해야 함을 말한다. 그러나 의가 아무리 엄격하고 공평하다 할지라도 가족, 특히 부모와 관계될 때는 부모가 먼저다. 이러한 바탕 하에서 유교문화에 효를 정점으로 하는 독특한 가족주의가 형성되었다. 유교에서의 관계는 가족관계에서부터 시작하였고 가족 공동체는 언제나 삶의 중심이 되었다. 가족을 중시하는 유교는 가족을 가장 원초적인 사회적 단위로 보았다. 가족관계에서도 가장 중요한 것은 자식이 부모에 대해 행하는 효孝다. 가족의 모든 일은 가족간의 화목을 출발점으로 삼았다[4]. 유교적 삶에서 '가' 家는 개인에 우선하고 시간을 초월하는 독자적 조직으로 존재한다. 가족 성원으로서의 개인은 '가'속에서 태어나고 '가' 속에서 생활하다 '가' 속에서 죽는다. '가'는 가족에 의해서 구성되는 것이 아니라 가족 이전에 전제되는 것이다. 따라서 유교 전통에서는 가족 구성원의 개인적 삶

4) 이를 표현한 문구가 '가화만사성(家和萬事成)'이다.

보다 '가'의 존속이 우선되었다(최봉영, 1997:163-164).

전통적 유교 윤리적 측면에서 볼 때, 사람이 살아가는 올바른 길은 이 세계의 영원한 질서, 즉 도道에 순응하는 것이며, 따라서 우주의 조화로부터 생기는 공동생활이라는 사회적 요구에 순응하는 것이다. 이것은 특히 세속적 권력의 확고한 질서에 경건하게 따르는 것을 의미한다. 유교의 이상적인 인간, 즉 '군자'의 '우아함과 위엄'은 전통적인 의무의 수행 속에서 표현되었다. 따라서 모든 생활 속에서 의례상의 예절이 중심적인 덕이었고 유교인의 자기완성의 목표였다. 덕에 대한 보답으로 유교인이 기대하는 것은 현세에서의 장생長生, 건강健康, 부富였으며, 죽은 다음에 기대하는 것은 평판이 좋은 이름을 남기는 것이었다. 유교에서 죄를 구성하는 것 중 가장 중요한 것은 전통적인 권위, 즉 부모, 조상, 직급상의 상급자에 대한 위반이었다. 달리 말하면 전통적인 권위에 대한 위반, 전통적인 관습과 의식 및 확고한 사회적 인습에 대한 침해가 죄를 구성하는 주된 내용이었다. 이 가운데 부모에 대한 불효는 가장 큰 죄악이었다.

이러한 전통과 예절에 대한 강조는 사람들을 윤리적으로 행동하고 사회 질서에 순응토록 하는 전통으로 작용했다. 이러한 전통과 예절에 대한 강조는 인간사에서 관계關係를 중요시하는 결과를 가져왔다. 유교 윤리는 그 가장 강한 동기를 자연발생적인 '인물'의 조합이라는 범위 내에서 발전시켰다. 유교적 인간의 의무 내용은 언제 어느 곳에서나 살아있건 죽었건 간에 구체적인 인간, 즉 주어진 질서에 의해 그에 가까운 인간에 대한 경건이지 결코 초 세속적인 신에 대한 경건은 아니었다. 유교적 인간관계 원리는 개인의 객관적이고 보편적인 임무에서 나오는 것이 아니라 내적으로 그의 씨족 성원 또는 그와 결합되어 있는 인물과의 관계 속에서 결정되는 것이다. 유교 윤리는 인간을 주어진 정의적 관계 속에 놓고 단지 이 관계만을 윤리적으로 빛나게 하였기 때문에 결국 인간과 인간 간의 관계, 즉 왕과 신하, 상관과 부하, 아버지와 아들, 남편과 아내, 형과 아우, 스승과 제자, 친구 간의 정의적 관계에 의해 만들어진 인간적인 공순 의무 이외의 다른 어떠한 사회적 의무도 등한시되는 경향이 있다(베버, 1990:336). 이것이 동아시아의 가족주의와 집단주의, 유교적 인간관계의 법칙과 이에 따른 순응주의의 바탕이 되었다.

관계를 중시하는 유교의 근본 가르침은 직분職分에 충실하고 그에 맞는 행동을 할 것을 강조한다. 각자가 상황에 따라 주어진 직분에 충실할 때 원만하고 조화로운 인간관계가 이루어진다고 본다. 이것이 궁극적으로는 국가와 사회의 질서를 지키는 초석이 된다. 유교에서 바람직한 사람은 상황에 따라 자기의 직분에 맞게 처신할 줄 아는 사람이다. 사람들은 여러 가지 직분을 가질 수 있는데 상황에 따라 적절한 행동을 하기 위해서는 이를 열심히 배워 익혀야 한다. 유교의 선비는 평상시에 전체 돌아가는 상황을 잘 파악하고 상황에 따라 거기에 합당한 행동을 하길 기대된다(국민호, 2000:24).

이러한 직분을 수행하는 구체적인 과정이 예禮라고 볼 수 있다. 다시 말하면, 유교의 근본적인 질서체계에서 사람들은 각자의 직분에 따라 고유한 성분이 부여되며, 이러한 성분은 분별의 기준이 된다. 신분적 질서에 따른 존・비가 섞이지 않게 해주고, 상・하・장・유의 차이를 명확하게 그어주며, 선・후를 명확하게 가리도록 하는 규범이 예이다(이승환, 1999:100-101). 예의 본질은 명분에 있고, 예의 내용은 명분에 입각한 질서의 정립에 있으며, 예절을 생활화하는 사람들의 목표는 극기克己하여 복례復禮하는 것에 있다. 이를 통해 사람들은 사회적 관계 속에서 '우리'를 실현한다. 예의 기능은 각자의 직분을 확실히 해줌으로써 인간 사이의 관계를 올바로 정립시켜주는 데 있다. 이러한 가운데 사람들은 자신과 남의 차별성을 인식하고 상대에 대해 존경의 마음을 표시하게 된다. 이는 결국 자신의 한계를 자각하는 겸양의 감정의 표현으로, 이를 통해 공동체 내의 도덕과 신뢰가 보존되며, 사회적 조화가 이루어지게 된다. 예를 통해 사람들은 다른 사람에 대한 배려를 할 줄 아는 덕이 함양되고, 이를 통해 조화로운 공동체적 삶이 이루어질 수 있는 것이다(청중잉, 1999:1-8).

실천적 참여를 강조하는 아시아적 가치를 잘 대변하는 말이 소위 말하는 '아시아적 인권'이다. 한 동안 아시아적 가치 논쟁에서 크게 관심의 대상이 되었던 것이 아시아적 인권에 대한 것이었다. 즉, 아시아에서의 인권을 서구 사상에서 강조하는 보편적 인권으로 이해하여야 하는 것인가 아니면 아시아의 특수한 역사 및 경제 상황을 감안하여 이해하여야 하는가의 문제였다.

아시아 가치 논쟁의 핵심에는 보편성과 특수성의 문제가 놓여 있다. 이러한 문제의식은 인권의 보편성과 특수성에 관한 논의에서 크게 쟁점화 되었다. 아시아적 가치는 1993년 4월 태국 방콕에서 개최된 '유엔 아시아 지역 인권위원회'에서 한국을 포함한 40개 아시아 국가들이 채택한 '방콕 인권선언'에 잘 나타나 있다. 민주주의의 선결 조건 없는 즉각 실시를 주장하는 서구 인권 단체들과는 다르게 방콕 선언문에 조인한 아시아 국가들은 민주주의에도 선결조건이 있을 뿐만 아니라 정치적 권리는 중산층의 성숙, 정치 제도와 정치 과정 등이 성숙된 후에야 가능한 것이라고 주장했다(함재봉, 2000:76).

인권에 관한 동서의 견해차를 보면, 서구에서는 주변 상황과 인간관계에 관계없는 보편적인 민주주의와 인권을 주장하고, 인권유린은 정부에 의해서만 용인되거나 자행되는 것으로 보았다. 따라서 개인적인 인간관계에서 나타나는 범죄 행위는 인권유린 범주에 들어가지도 않는다. 그러나 사회질서 및 인간관계를 중시하는 아시아에서는 국가의 역할을 중시하고 개인적인 인간관계에서 나타나는 범죄나 마약 문제 등을 심각한 인권유린 행위로 보는 것이다. 따라서 보편적 인권을 주장하기 보다는 사람의 행위와 그 결과에 따라 차별적으로 인권이 적용되어야 한다고 주장한다. 이런 측면에서 인권이란 말은 아시아에서는 다소 생소한 개념으로, 이는 타고난 것이 아니라 살아가면서 개인의 노력에 따라 획득되어야 하는 것으로 인식되었다. 아시아적 사고에서 볼 때 모든 인간은 결코 등등한 것이 아니며 사람에 따라 큰 차이가 있는 것이다. 즉, 개인의 노력과 성취 정도에 따라 더욱 가치 있는 사람이 될 수 있는 것이다. 따라서 더 가치 있는 사람이 되기 위해 개인들은 끊임없이 자기 수양을 할 것이 강조된다.

유교적 관점에서 볼 때 인권은 획득되는 것으로 그의 행동여하에 따라 개인의 인권은 전혀 인정받지 못할 수도 있다. 근본적으로 인간은 기본적인 인간의 존엄성과 가치를 갖고 태어난다. 그러나 그러한 가치의 실현은 끊임없는 노력과 자기 수양에 의해서만 이룩된다. 따라서 유교적 관점에서 볼 때 인권은 그가 단지 인간이라고 하여 갖추어지는 것이 아니다. 인권은 인간이 도덕적 인간이 되려고 끊임없이 노력하는 가운데 갖추어지는 것이다(국민호, 2002:261).

Ⅳ. 서구적 가치와 아시아적 가치의 비교 고찰

아시아적 가치를 유교 문화적 특성 그 자체로만 설명하면 그 특성이 질 드러나지 않는다. 아시아의 문화적 특성은 서구 문화적 특성과 비교하여 그 차이를 대비시킬 때 더욱 명확하게 드러난다. 이 장에서는 서구 문화적 특성이 무엇인지를 찾아본 후 그것을 유교 문화적 특성을 비교하고 그 차이점을 찾아봄으로써 아시아적 가치의 특성이 무엇인가를 밝혀보고자 한다.

1. 서구적 가치: 자유주의

서구적 사상과 가치의 핵심은 한마디로 요약해본다는 바로 자유민주주의라 할 수 있다. 1990년대에 들어와 냉전체제가 종식되면서 정치에 있어서는 자유민주주의가, 경제에 있어서는 자본주의 시장경제가 인류의 유일한 대안처럼 되어버렸다(후쿠야마, 1992). 자유민주주의의 핵심은 자유주의로서 이는 자본주의 시장경제 하에서 더욱 빛을 발했다. 자유주의와 자본주의의 두 체제는 개인의 자유와 선택을 사회 조직과 운영의 절대적인 기준으로 간주한다는 점에서 완전히 일치하고 있다. 자유주의와 자본주의는 모두 개인의 자율적인 의사결정에 개인이 절대적인 책임을 지고 자신의 권리와 이익을 극대화시키는 것을 당연시 할 뿐만 아니라 이것을 정치 및 경제제도의 근간으로 삼고 있다(국민호, 2002:249). 이처럼 개인주의를 바탕으로 하는 경제 운영 방식인 자본주의의 효율성은 그 제도를 채택한 모든 국가와 사회의 모습을 근본적으로 변화시켰다. 과거 어떤 제도보다 많은 엄청난 부와 물질적 풍요를 가져다주는 자본주의 시장경제를 경험한 나라와 사람들이 그를 거부하고 다른 체제와 사상을 추구한다는 것은 결코 쉽지 않은 일이다.

자유주의는 수많은 보통사람들의 능력을 인정하고 존중하는 데에서 출발하였다. 이는 개인의 이성과 개성을 존중하고 각 개인들은 모두 합리적인 선택을 함으로써 인류의 진보와 발전을 가져오게 한다는 믿음에 기초하고 있다. 따라서 자유주의는 인간의 합리성과 자율성을 기초로 한다. 인간은 자율적이고 합리적이기 때문에 그가 남에게 해를 끼치는 행동을 하지 않는 한 그는 자기가 원하는 대로 행동할 수 있고 또 그러한 행동이 존중되어야 한다는 것이다(밀, 2005). 자유주의에서의 개인은 모든 당위, 질서, 도덕체계로부터 자유로운 독립적인 개체로 상정된다. 자유민주주의는 이러한 독립적인 개인들이 합리적으로 사적 이익을 추구하고 사유재산을 소유하는 것을 옹호해주는 제도이다(김석근, 1999).

자유민주주의 사회로 대변되는 서구의 역사는 자유를 쟁취하기 위한 투쟁의 역사라고 말할 수 있다. 자유주의는 근대화 초기 당시 자본주의의 발달에 따라 성장한 상공인들이 절대 왕정의 압제와 투쟁하는 과정에서 생성되고 발전한 근대 시민사상으로, 자유주의의 사회 경제적 토대는 자본주의 경제발전인 것이다(이근식 · 황경식, 2003:55-56). 다시 말하면 자유주의는 자본주의와 함께 발전한 근대 시민 사상으로, 자본주의가 발전하지 못했다면 자유주의의 발달도 없었을 것이다.

자유주의 원리에 따르면 모든 사람은 법 앞에 평등하며 누구나 정치적으로 자유를 누릴 수 있다. 따라서 자유와 평등은 자유주의 이념의 핵심적 내용이다. 그러나 자유주의의 또 다른 핵심 요소인 사유재산제도는 사람들간의 경제적 불평등을 용인한다. 경제적 불평등은 자유주의 사상에서 처음부터 허용된 것이다. 이는 점차적으로 자유민주주의 체제 내부에서 갈등의 소지가 되고 있다.

2차 세계대전과 소련식 사회주의의 경험 속에서 나치즘으로 대변되는 우파적 전체주의와 스탈리니즘으로 대변되는 좌파적 전체주의를 경험한 서구 학자들은 인간의 자유를 그 어떤 경우에도 희생시킬 수 없는 절대적인 신성불가침의 것으로 만들었다. 이렇게 나타난 자유주의는 지극히 개인주의적이고, 이기적이며, 반공동체적이고, 반도덕적인 자유주의로 보편적인 가치를 상실한 채 일부 서구 국가들의 패권과 부의 불평등을 정당화시켜주는 지엽적인 가치로 전락하고 있다는 비판을 받고 있다(함재봉, 2000:32-36).

전적으로 서구의 경험과 이해관계 속에서 배태된 자유주의 사상이 역사와 문화전통이 전혀 다른 한국적 상황에서 얼마나 잘 적용될 수 있는지 의문이 든다. 나아가 2차 세계대전과 냉전 논리 속에서 왜곡된 후 신자유주의 하에서 더욱 반(反)사회화된 극단적 자유주의 개념은 국가(사회)의 역할을 중시하고 집단적 문화를 발전시켜온 한국 사회를 도리어 더욱 혼란 속으로 몰아갈 따름이다. 현재 신자유주의 하에서 인식되고 있는 자유지상주의적 자유주의 사상[5]이 현재 우리가 겪고 있는 가치규범의 혼란과 윤리도덕의 갈등을 해결해 줄 수는 없다고 보여진다.

2. 서구적 가치와 아시아적 가치의 차이점

여기서 간단히 서구적 가치와 아시아적 가치의 차이를 비교해볼 필요가 있다. 해방 이후 비록 우리나라에 절차적이고 제도적인 측면에서 자본주의와 민주주의가 도입되었지만 현재의 우리 사회에 서구적 의미의 자유민주주의가 확고히 뿌리내리고 있지 않음은 자명하다[6]. 대부분의 한국 사람들은 지금도 자율

---

5) 우리가 앞서 논의한 자유주의에 대한 논의는 흔히 '고전적 자유주의'라고 불린다. 자유주의에 관한 논의는 이후 서구 정치사상의 핵심 주제로 자리잡으면서 많은 논쟁을 거치고 있다. 대표적인 논쟁으로는 효용과 자기이익의 합리적 극대화를 주장한 공리주의(벤담), 자유에 대한 국가의 최소한도의 간섭과 정당한 소유에 대한 배타적 권리를 주장한 사상 우선적 자유지상주의(노직), 정의론에서 차등의 원칙을 통해 사회적 불평등 문제를 어느 정도 해소하려고 했던 균형적 자유주의(롤즈), 좋은 삶과 공동체의 다양성을 강조한 공동체적 자유주의(왈쩌), 자유주의 국가의 적극적인 도덕적 역할을 강조한 완전주의적 자유주의(라즈) 등 다양한 이론들이 전개되고 있다. 이들 이론들 중에서 고전적 자유주의의 주장을 극대화시키고 오늘날의 신자유주의적 경향에 가장 접근한 주장은 자유지상주의라 볼 수 있다. 이 글에서는 자유지상주의적 관점을 논의의 대상으로 놓고 극을 전개하고 있다. 오늘날의 자유주의 이론에 대한 논의는 다음 글들을 참고하길 바란다. 김완진 · 송현호 · 이재율, 『공리주의 · 개혁주의 · 자유주의』; 김만권, 『자유주의에 관한 짧은 에세이들 - 현대 자유주의 정치찰학 입문』; 장동진, 『현대 자유주의 정치철학의 이해』; 김비환, 『자유지상주의자들 자유주의자들 그리고 민주주의자들』,

6) 서구에서는 수백 년 동안 자유주의의 실천적 경험 속에서 다양한 시행착오와 이에 대한 다양한 논의가 전개되고 있다. 그러나 이제 막 민주화와 함께 자유민주주의를 경험하는 한국 사회에서 자유주의에 대한 이해는 매우 제한적이다.

적이고 독립적인 개인으로 존재하는 것이 아니라 부모나 자식이라는 가족이나 공동체의 성원으로 존재한다. 가족적 관계는 일생동안 지속되고, 그 속에서 각자는 자신에게 주어진 역할이 있고 그 역할에 맞게 가족에 대한 책임과 헌신이 강조된다. 많은 경우에 개인의 권리는 가족의 이익에 의해 제약될 수 있다. 사람들은 고립된 개인으로 살아가기 보다는 관계 속에서 주어진 위치와 역할에 맞게 살아가고 또 그럼으로써 안정감과 편안함을 느낀다. 따라서 한국 사람들은 항상 남에 대해서 신경을 쓰고, 체면을 중시 여긴다. 한국에서 살아가는 개인들은 결코 자신이 속한 각종 집단과의 관계에서 자유롭지 못하다.

서구 자유주의에서의 인간관은 자기존중, 자기배려인데 반해 유교적 가치에서의 인간관은 타자존중, 타자에 대한 배려로 특징지어진다. 서구의 자유주의적 경향은 끊임없이 정치로부터 개인의 자유라는 윤리적 영역을 분리시키고 윤리 영역에 대한 정부의 간섭을 최소화시키고자 한다. 이는 중세 유럽의 지배권력의 간섭으로부터 벗어나려는 노력으로부터 자유주의가 발달한 것과도 무관하지 않다. 반면에 유교에서 개인의 덕성은 사회 속에서 발현된다. 유교의 도덕성은 사회적인 것이고 나아가 공적인 것이다. 유교적 삶의 목표는 개인적 자유의 극대화나 무한한 사적 이득을 취하는 것이 아니라 도덕적 삶을 사회 속에서 실천해 나가는 것이다.

유교의 핵심 사상인 인은 다른 사람을 사랑하는 타고난 욕구를 개발하는 것으로, 이러한 인이 없는 인간은 단지 동물일 뿐이다. 맹자의 사단四端은 인간을 동물로부터 구별시켜주는 중요한 요소로 이는 남을 사랑하는 것을 그 내용으로 하고 있다. 따라서 유교에서 추구하는 배움은 이 덕德을 얼마만큼 익혀 자기 것으로 만들고 이를 실현하느냐에 따라 결정된다. 유교에서 추구하는 덕은 사회적 실천을 담보하는 것이다. 유교에서 말하는 성현인 군자나 인자라는 개념도 사회 속에서 그 의미가 살아난다. 따라서 유교적 관점에서 볼 때 이러한 인의 실현, 즉 덕의 함양의 정도에 따라 인간이 다르게 나타난다. 유교에서 볼 때, 본래 인간은 태어날 때 모두 비슷한 성품을 갖고 평등하고 고귀하게 태어난다. 맹자의 성선설도 이에 근거한다. 그러나 이후 배움의 과정에서 나타나는 깨달음의 차이에 따라 사람들 간에 차이가 나타난다. 이후 인간은 다 똑같은 인간이 아니다. 서구의 보편적 인권 사상이 아시아에서 계속적인 도전을 받는 까닭이 여기에 있다.

Ⅴ. 동아시아 발전론의 한계와 대안

그동안 고도 경제성장을 이룩한 한국은 이제 세계 11-13위를 오르내리는 경제 강국으로 성장하였고, 세계가 부러워할 만한 정치적 민주화도 이룩하였다. 이렇듯 민주화와 산업화가 이룩된 현 시점에서도 유교 문화적 특성들이 한국의 경제발전에 긍정적으로 작용할 수 있을까? 유교 문화적 요인들과 급속한 경제성장의 연계는 과거 국가가 강력했던 산업화 초기에만 가능했던 일회성 사건일까? 베버는 서구 근대 자본주의의 기원에 대한 설명에서 서구 자본주의는 다양한 요인들이 특정 시간대에서 우연히 맞물려 결합한 결과라고 설명한다(김용학 · 임현진, 2000:105-122). 한국 및 동아시아의 경제성장도 특정한 시기에 다양한 요인들이 우연히 맞물려 결합한 결과라고 설명할 수 있는가? 동아시아 발전모델이란 존재하지 않는 것인가?

유교 문화의 영향을 중시하는 학자들은 유교의 원리인 절제와 희생을 강조하는 가족주의적 공동체주의, 교육의 강조, 현세지향적 태도, 융통성, 사회적 복종과 통합, 협동과 조화 같은 특성들이 동아시아 국가들의 민족주의를 고양시키고 국민들의 결속을 다져서 고도 경제성장의 기틀을 마련했다고 본다(Kahn, 1979; Berger, 1983, 1984; Berger & Hsiao, 1988; Tai, 1989; Ellison & Gereffi, 1990). 그러나 유교의 이러한 원리들은 과거에도 있어왔던 것으로, 문화적 요소만으로 사회발전을 설명한다는 데에 한계가 있다. 문화적 요소들은 중요하지만 그 자체로 경제 발전에 직접적인 영향을 미치는 것은 아니다. 문화적 요소들의 중요성은 역사적으로 제도를 통해 위치 지어지고 구조화된다. 동아시아 경제발전을 설명하는데 있어서 제도와 문화의 결합은 특히 중요한 설명 변수로 작용한다. 각 시대마다 그 시대의 독특한 문제를 해결하기 위해 문화적 요소들이 다양하게 재해석되고 재구성된다. 이렇게 제도를 통해 재구성된 문화는 기존 조직구조를 변화시키고 새로운 조직형태를 창조하는데 강력한 도구가 되었다. 한편으로 문화는 발전과정에서 나타나는 해결의 범위를 정해주고 행위 전략을 구성하는데 중요한 역할을 하여 왔다(Gereffi & Fonda, 1992:426-427).

이러한 문화적 요소들이 현대에 와서 경제발전에 긍정적인 역할을 한 것은 이들 유교 국가들이 새롭게 받아들인 자본주의 사회제도가 있었기에 가능했던 것이라고 필자는 생각한다. 그러나 유교와 자본주의 제도의 결합만으로 동아시아 발전을 설명하는 것도 많은 문제점을 갖고 있다. 우선적으로, 동아시아 지역 내에는 불교, 도교, 기독교 등의 영향력 또한 혼재해 있다는 섬과 동아시아에서의 유교와 마찬가지로 남미에서의 기독교도 한 때 남미의 고도 경제성장에 중요한 역할을 했다는 점, 그리고 유교도 여러 세기 동안 동아시아 저발전의 주범으로 비판받아왔다는 점에서 유교를 독립변수로 보는 동아시아 경제발전의 설명에는 커다란 한계가 있다.

기본적으로 문화적 요인들이 그 나라 사람들의 사고와 행동에 크게 영향을 미치는 것은 당연한 현상이다. 따라서 문화가 그 나라의 경제 및 사회 발전에 어느 정도 영향을 미칠 것이라는 사실은 부정할 수 없다. 그러나 어떠한 문화라도 그 영향이 항상 긍정적 또는 부정적으로 작동할 수는 없는 것이다. 여러 상황 조건에 따라 문화적 영향은 경제발전에 도움이 될 수도 있고 장애가 될 수도 있다. 따라서 문화의 영향은 단독적으로 이루어지기보다는 그 시대의 독특한 정치 및 경제 제도, 역사적 또는 상황적 변화에 따라 경제발전에 긍정적으로도 또는 부정적으로도 작동할 수 있다.

실제로 수세기 동안 아시아적 가치 또는 유교적 가치는 사회 변화에 따라 다르게 작동하고 또 다르게 설명되었다. 한국의 경우를 보더라도 유교는 1960년대 초반까지 경제 저발전의 원인으로, 1960년대 중반부터 1990년대 중반까지는 경제발전에 긍정적으로 작동한 중요한 변수로, 그리고 1997년에는 경제위기의 주범으로, 그리고 경제위기 극복 이후에는 새로운 해석을 기다리고 있다. 즉, 각 시기의 경제적 상황에 따라 유교의 특정 측면이 부각되면서 서로 상반된 설명이 가능해지는 것이다. 그만큼 유교 문화 속에서는 다양한 문화적 속성이 혼재되어 있고 상황에 따라 일부 속성이 발현되는 것이라고 말할 수 있다. 이로 볼 때, 유교 문화적 가치가 경제발전에 대해 일관적인 설명력을 갖고 있지 못함을 알 수 있다. 다시 말해, 유교적 가치는 그 자체가 경제발전을 설명해주는 독립변수가 아니라 경제상황과 맞물려서 그 설명력이 변화하는 설명변수라고 볼 수 있다. 따라서 경제발전을 설명하는 유교의 영향력은 가변적이고 나아가 객관적이지 못하다.

유교 문화의 경제에 대한 영향 또한 정치 체제에 따라 다르게 작용할 수밖에 없다. 한국 사회가 전근대 중앙집권적인 전제

사회에서 식민지시기를 거쳐 자본주의 사회로 변화된 것은 유교 문화가 선택한 결과가 아니다. 마찬가지로 북한이 사회주의 국가로 변모한 것 역시 문화와는 관계없는 국내외 정치 상황의 변화에 따른 결과이다. 따라서 유교 문화가 전근대 중앙집권적 전제사회나 자본주의 사회, 그리고 사회주의 체제의 성립이나 선택에 영향을 미치는 것은 아니다. 즉 유교는 자본사회 체제의 성립과 무관한 것이다. 그러나 유교 국가들의 급속한 경제발전은 전근대 사회(조선사회)나 사회주의 사회(1978년 개혁·개방 이전의 중국이나 오늘날의 북한)[7]에서는 일어나지 않았다. 한국의 경제발전은 한국이 자본주의 사회가 된 이후에 일어난 것이고 중국의 시장경제 발전도 자본주의 시장경제의 도입과 이의 원활한 작동이 있은 후에 급속도로 진행 된 것이다.

과거 동아시아 국가들의 역사적 상황은 자체적으로 자본주의를 발생시킬 여지를 적게 만들었다. 중국과 한국의 전근대 사회에서 유교 문화는 중앙집권적 정치체제와 엄격한 신분체제를 창출하고 유지하는데 공헌하였다. 이로부터 창출된 사회 체제는 산업화 및 시장경제 발전과 전혀 무관한 관료 중심의 신분사회였다. 그리고 그 결과는 식민지로의 전락이었다. 제2차 세계대전 후 중국이나 북한, 베트남과 같이 전근대적 체제가 사회

7) 동아시아 지역 이외의 지역에 있는 유일한 유교 문화권 국가인 사회주의 베트남도 오랜 동안 경제발전을 이룩하지 못했다. 그러나 최근 베트남은 급속도의 경제성장을 보여주고 있는데 이는 자본주의 시장제도의 적극적인 도입과 WTO 가입에 따른 결과다.

주의로 변화된 이후 유교 문화는 사회주의 체제에서도 잘 적응하였다. 그러나 사회주의 체제에 적응한 유교는 급속한 경제성장과 연계되지 못했다. 다른 한편 한국 등 일부 동아시아 국가들이 자본주의 체제에 편입되었을 때 유교 문화는 이들 자본주의 체제에도 잘 적응하였다. 그러나 이들 국가들에서, 시장 지향적인 자본주의 체제와 현실지향적인 유교 문화적 특성이 우연히 만나 상호작용 하면서 전혀 예기치 못한 급속한 경제성장이라는 결과를 가져왔다. 다시 말하면, 유교 문화와 자본주의 체제의 우연한 결합이 상호 상승작용을 하여 동아시아 경제발전이라는 전혀 예기치 못한 결과물로 나타난 것이라 말할 수 있다.

한국을 비롯한 동아시아 국가들이 자본주의 체제에 편입되어 친 시장 정책을 편 이후에 경제성장이 급속도로 진행된 것과 대조적으로 같은 유교권 국가라도 북한과 같이 사회주의 정책을 수용·고수한 국가들의 경제성장이 더욱 뒤쳐지는 것을 볼 때, 유교 문화 자체가 동아시아 국가들의 경제성장에 항상 긍정적으로 영향을 미치는 독립변수가 아님을 볼 수 있다. 이와는 반대로 친자본주의 정책을 편 남미 나 필리핀과 같은 기독교 국가들이 지속적인 경제성장을 이루어내지 못하는 것을 볼 때 자본주의 체제가 경제성장에 항상 긍정적이지만은 아님을 볼 수 있다. 여기서 한국을 비롯한 동아시아의 급속한 경제성장에서 유교 문화적 영향을 그저 무시하기에는 무언가 미진한 생각이 든다. 유교와 자본주의의 결합이 동아시아 국가들의 경제성장에 일정 정도 역할을 했다고 생각할 여지가 있는 것이다.

그러나 유교 문화와 자본주의 제도의 결합도 경제발전에 항상 긍정적인 효과만을 가져오는 것은 아니다. 한국 사회에서 유교 문화와 자본주의 제도의 결합이 경제발전에 긍정적인 결과를 이룩한 것은 사회 전반에 정치적 민주화와 경제적 자유화가 완성되기 이전의 시기였다. 즉, 경제적으로 산업화 초기이고 동시에 정치적 민주화가 이룩되기 이전의 과도기로서 국가가 상대적으로 강한 힘을 갖고 있던 시기에 급속한 산업화 및 경제성장이 이루어졌다고 볼 수 있다. 한국의 급속한 경제성장은 주로 1960-1980년에 이루어진 것으로 이 기간은 군부권위주의로 대변되는 시기였다. 이 시기는 아직 정치적 민주화가 이루어지기 전으로서, 국가에 의해서 사회 전반에 대한 강력한 압박과 통제가 가능한 시기였다.

이러한 유교 문화적 특성과 자본주의 체제와의 결합을 통한 상승작용의 효과는 초기 산업화에 커다란 성취를 나타냈지만 산업화 후기에서는 그 효과가 점차 약해질 것이다. 후기 산업사회에서는 국가의 역할이 상대적으로 약해지고, 범세계적인 규칙이 일반적으로 적용되기 때문에 문화적 변수의 영향력이 작동할 여지가 상대적으로 적어지기 때문이다.

그러나 가족에 대한 헌신과 교육의 강조, 집단지향적 태도와 관계의 중시, 직분에 따른 처신, 예의 중시 등은 개인주의적 성격이 강한 서구와는 다른 사고 및 행동을 지향하게 만들고, 이것이 서구와 다른 동아시아의 독특한 행동 패턴을 지속시킬 것이다. 이러한 성격은 동아시아 사회를 좀 더 안정적이고 미래지향적인 사회로 만들 것이고, 이를 통해 동아시아의 경제성장은 지속될 것이다.

Ⅵ. 맺는말

아시아적 가치 논쟁에는 커다란 함정이 있다. 아시아적 가치를 주장한다는 것 자체가 동양과 서양을 가르고, 동아시아에서 민주주의와 인권을 유보하는 근거가 될 수 있다. 또한 아시아적 가치의 특수성을 주장하는 자체가 결과적으로 서구적 가치만을 보편적인 가치로 인정하는 결과로 이어질 수도 있다.

이러한 위험한 해석 가능성을 안고 있으면서도 아시아적 가치를 탐구하는 목적이 무엇인가? 필자는 서구적 가치도 아시아적 가치와 같이 지구상에 존재하는 하나의 특수한 가치로 본다. 세상은 다양한 지역으로 이루어져 있고 각 지역의 독특한 역사와 경험에 따라 다양한 사회가 생겨난다. 각기 사회는 나름대로의 독특한 내적 동력으로 움직여가고 있으며 각 사회 나름대로 좋고 나쁨, 옳고 그름이 존재해왔다. 근래에 이르러 이들 지역들이 부딪쳐 분쟁이 생겨나고 분쟁에서 승리한 지역의 문화 체계가 옳은 것으로 받아들여지면서 전 지구적인 차원의 옳고 그름이 생겨났다.

언재부턴가 서구적인 것은 옳은 것이며 좋은 것이고, 서구적 가치는 보편적인 것이라는 믿음이 확산되었다. 그러나 이러한 믿음은 분쟁의 결과 생겨난 것이지 원래부터 서구적인 것은 좋고 우월한 것이고 나아가 보편적인 것이며 비서구적인 것은 나쁜 것, 열등한 것, 특수한 것이 아니었던 것이다. 서구적인 문화와 가치에도 당연히 좋은 측면과 나쁜 측면이 있는 것이고 아시아적 문화와 가치에도 좋은 측면과 나쁜 측면이 있는 것이다. 오늘날 한국 사회에서 만연하는 경향은 서구적 가치와 사상의 좋은 면을 극대화시키는 반면 유교적 가치에서는 나쁜 면을 부각시킴으로써 한쪽의 존재를 절대화하는 반면 다른 쪽의 존재를 부정한다는 것이다. 다시 말하면 서구적 가치와 아시아적 가치를 같은 위치에서 대비시켜 바라보지 않음으로써 유교적 전통과 문화에 대한 극도의 부정적 편견을 전파시키고 있다는 것이다. 우리가 아시아적 가치를 논하는 이유는 반대로 서구적 가치의 문제점을 지적하고 아시아적 가치의 긍정적인 면을 부각시켜 동서양의 문화를 바라보는데 형평성을 기하고자 하는 데 있다.

그동안 동아시아의 문화적 전통과 고유한 가치에 대한 부정적 견해가 팽배했던 것은 아시아 문화나 전통이 나쁘고 열악해서라기보다는 서양 것은 좋은 것이라는 선입관 속에서 서양의 눈으로 동아시아 문화를 바라보았기 때문으로, 서양과 다른 동아시아 문화적 특징에 대해서는 편견과 차별, 곡해와 멸시가 가해진 결과라고 본다.

필자는 이 글에서 동서양의 가치 비교에서 가장 크게 부각된 보편성과 특수성 문제, 개인주의와 집단주의, 내세지향과 현세지향, 서구적 합리주의와 아시아적 합리주의, 최소 국가론과 강한 국가(발전국가)와 같은 차이가 서구의 발전과 동아시아의 저발전과 연계되지 않음을 보여주고자 했다. 본문에서 살펴보았듯이 동아시아의 발전은 베버의 주장과는 다르게 유교가 일방적으로 자본주의 저발전으로 이어지지는 않음을 보여주고 있다. 즉 유교가 언제나 자본주의 저발전과 그렇게 큰 친화력을 갖는 것은 아닌 것이다. 유교가 자본주의라는 시장 친화적 체제와 만났을 때 유교적 특징은 도리어 자본주의 경제발전에 긍정적인 역할을 하고 있다. 유교 문화적 특징인 현세지향주의와 국가에 대한 긍정적 시각, 그리고 가족으로 대표되는 집단주의는 산업화 초기에 국민통합을 가속화하는 민족주의의 바탕이 되었으며, 가족에 대한 희생과 근면한 노동력을 창출했으며, 특히 교육에 대한 강조는 한국과 중국에서 IT 산업 역군을 길러내는 장점으로 작동하고 있다.

참고문헌

국민호, 2000. “유교문화적 전통과 자유민주주의”, 『동양사회사상』 제3집. 동양사회사상학회: 5-38.

______, 2002. “동아시아 발전과 한국의 근대화와 아시아적 가치”, 『동아시아 발전사회학』. 한국비교사회학회편, 아르케: 233-265.

______, 2005. “귀신신앙과 제사를 통해 살펴본 유교의 내세관”, 『사회와 이론』 2005년 2호, 통권7호. 한국사회이론학회: 93-119.

김대중, 1999. “문화는 숙명인가”, 이승환 외. 1999. 『아시아적 가치』. 전통과 현대. 51-64.

김만권, 2001. 『자유주의에 관한 짧은 에세이들 - 현대 자유주의 정치 찰학 입문』. 동명사.

김비환, 2004. 『자유지상주의자들 자유주의자들 그리고 민주주의자들』. 성균관대학교출판부.

김석근, 1999. “한국의 전통사상과 자유민주주의: ‘유교’와 ‘근대’의 만남과 갈등”, 김석근외 4인 공저, 『한국의 자유민주주의』. 인간사랑: 9-50.

김완진 · 송현호 · 이재율, 1996. 『공리주의 · 개혁주의 · 자유주의』. 서울대학교출판부.

김용학 · 임현진, 2000. 『비교사회학: 쟁점, 방법 및 실제』. 나남출판.

뚜 웨이밍/정용환, 1999. 『뚜 웨이밍의 유학 강의: 하늘과 인간 그리고 휴머니즘』. 청계.

리콴유/류지호역, 1999. 『리콴유 자서전』. 문학사상사.

______________, 1999. 『일류국가의 길』. 문학사상사.

리콴유/자카리아. 1999. "문화는 숙명이다", 이승환외, 『아시아적 가치』. 전통과현대: 15-50.

문지영, 2003. "동아시아 담론과 자유주의: 유교적 자유주의 비판들에 대한 검토", 『한국정치외교사논총』 24집 3호. 한국정치외교사학회: 83-111.

밀, 존 스튜어트/정영하역, 2005. 『자유론』. 산수야.

베버(Max Weber)저/이상율역. 1990. 『유교와 도교』, 문예출판사.

이근식 · 황경식 편저, 2003. 『자유주의의 원류: 18세기 이전의 자유주의』. 철학과현실사.

이승환 외. 1999. 『아시아적 가치』. 전통과 현대.

이영찬, 2001. 『유교사회학』. 예문서원.

장동진, 2001. 『현대 자유주의 정치철학의 이해』. 동명사.

전제국, 1999. " '아시아적 가치' 관련 동서논쟁의 재조명", 『한국과 국제정치』 1999년 봄 · 여름 통권 30호(15권 1호). 경남대 극동문제연구소: 187-219.

청중잉, 1999. "예의 포괄적 이론 수렴을 위한 소고", 국제학술대회보. 『새로운 공동체를 찾아서』. 전남대학교 인문과학연구소. 1-25.

최봉영, 1997. 『조선시대 유교문화』. 사계절.

최준식, 1995. 『한국종교이야기』. 한울.

함재봉, 2000. 『유교 자본주의 민주주의』. 전통과 현대.

후쿠야마, 1992. 『역사의 종말』. 한마음사.

Berger, Peter, 1983. "security: East and West." in *Cultural Identity and*

Modernization in Asian Countries: Proceedings of Kokugakuin University Centennial Symposium. Tokyo: Institute for Japanese Culture and Classics, Kokugakuin University.

__________, 1984. "An East Asian Economic Model?" The Economic News(中國經濟週刊). 1984. 9. 17. Taipei, p.7.

Berger, Peter and Hsiao, H-H, M. eds. 1988. *In Search of an East Asian Development Model.* New Brunswick, NJ: Transaction.

Ellison, C. & Gary Gereffi, 1990. "Explaining Strategies and Patterns of Industrial Development." in Gereffi, Gary and Donald L. Wyman, eds. *Manufacturing Miracle: Paths of Industrialization in Latin America and East Asia.* Princeton University Press. pp.368-403.

Gereffi, Gary and Stephanie Fonda, 1992. "Regional Path of Development." *Annual Review of Sociology* 18:419-448.

Gereffi, Gary and Donald L. Wyman, eds. 1990. *Manufacturing Miracle: Paths of Industrialization in Latin America and East Asia.* Princeton University Press.

Kahn, Herman, 1979. *World Economic Development: 1979 and Beyond.* Boulder, Westview Press.

Leung, Y. S., 1987. "The Uncertain Phoenix: Confucianism and Its Modern Fate." *Asian Culture* 10:85-94.

Levy, Marion Jr., 1992. "Confucianism and Modernization." *Society* May/June:15-18.

McFaquhar, Roderik, 1980. "The Post-Confucian Challenge." *The Economist* 9:67-71.

Morishima, Michio, 1982. *Why has Japan 'Succeeded'?* Wesrern Technology and the Japanese Ethos. Cambridge University Press.

Tai, Hung-Chao, ed. 1989. *Confucianism and Economic Development: An Oriental Alternative?* The Washington Institute Press.

Wong, Siu-lun, 1989. "Modernization and Chinese Cultural Traditions in Hong Kong." in Tai, Hung-Chao, ed. *Confucianism and Economic Development: An Oriental Alternative?* The Washington Institute Press:166-194.

Wu, Yuan-li and Tai Hong-Chao, 1989. "Economic Performance in Five East Asian Countries: A Comparative Analysis." in Tai, Hung-Chao, ed. *Confucianism and Economic Development: An Oriental Alternative?* The Washington Institute Press:149-165.

제2장 효孝 문화의 유교적 전통과 한국사회

Ⅰ. 문제제기

30년 가까이 한국 사회를 짓누르던 군부 독재정권이 문민정부로 교체된 지 15년이 지났다. 1992년에 문민정부가 들어섬에 따라 30년간의 군부 독재정권이 종식되었고, 1997년 국민의 정부가 들어섬에 따라 35년만의 지역 간 정권교체가 이루어졌고, 2002년의 참여정부가 들어섬에 따라 40년 만에 기득권층의 세력 교체가 이루어졌다.

그 동안 한국의 변화를 보면, 세계 최빈국에서 세계 서열 11-13위 사이에 위치하는 경제 강국으로 발전하였으며, 해방 이후 줄곧 한국 사회를 규정짓던 냉전과 분단 이데올로기가 붕괴되었고, 아울러 지역주의 구도도 크게 완화되었다. 또한 공산권 몰락과 이후의 세계화가 급속히 진행되면서 남북 간 화해무드 및 경제교류가 급속히 진전되고 있다. 이렇듯 최근 한국 사회는 정치, 경제, 사회의 모든 면에서 급속한 변화를 경험하고 있다. 현재 한국에서는 다른 어떤 사회에 비길 수 없을 정도로 빠른 속도로 다양화 및 민주화가 진행되어가고 있다.

그러나 이 시점에서 우리가 한번 고려해보아야 할 점은 오늘날 우리가 지고의 가치로 여기는 '민주화'라는 용어 자체가 우리의 고유한 문화적 전통에서는 그 의미를 찾기 어려운 서구적 개념이라는 점이다. 따라서 민주화에 따른 사회 변화란 필연적으로 외부로부터 서구의 사상과 가치, 제도의 도입을 의미하게 되었다. 이에 따라 우리는 의식적/무의식적으로 서구적 가치와 문화, 제도는 좋은 것, 바람직한 것이라 여기게 되고, 상대적으로 우리 전래의 가치와 문화, 제도는 낡은 것, 버려야 할 것이라고 여기는 이분법적 사고를 갖게 되었다.

이러한 경향은 많은 지식인들과 사회과학자들로 하여금 우리 사회의 고유한 문화와 전통에 대해 무관심하거나 심지어는 비판적인 태도를 갖게 만들었다. 특히 한국 사회 제도와 문화의 근간을 이루는 유교 문화적 전통은 그 구체적인 내용에 관계없이 도매금으로 가부장적이고 권위주의적인 것으로 간주되고 비판의 대상이 되어왔다. 심지어 바람직하고 지켜 보존할 만한 가치가 있는 우리 사회 고유의 미풍양속마저 좋은 면보다는 부정적인 면이 더 크게 부각되어졌다.

그 대표적인 것이 '효孝 문화'다. 효는 우리에게 인의예지仁義禮智의 마음과 정신을 지니게 해주는 것으로 오랜 동안 우리 사회의 기본적인 가치와 질서의 근간을 이루어온 대표적인 문화유산이다. 그러나 우리의 전통 문화에 대한 비판적 인식은 효 문화 자체를 시대에 뒤떨어진 것 또는 권위주의적인 것으로 여기게 만들었다. 우리 주변에서 효라는 말은 전근대적이고 진부한 것으로 인식되면서 효 문화의 긍정적 의미와 전통이 크게 퇴색되었다.

오늘날 통제하기 힘든 가족구조 해체의 징후가 여기저기서 나타나고 있다. 독신, 만혼, 저출산, 이혼이 급속히 증가하고 있으며, 청소년 범죄와 자살의 증가, 버려지는 아이들, 유기되는 노인 문제가 중요한 사회문제로 대두되고 있다. 이러한 현상들은 한국 고유의 가족주의 및 효 문화를 급속히 붕괴시키고 있으며, 동시에 사회 전반에 걸쳐 '더불어 살아가는 공동체(적 문화)'를 위협하고 있다. 이러한 위기 현상은 서구적 가치와 문화, 제도의 도입과 적용 과정에서 더욱 심해진 물질만능주의와 이기적 개인주의로 인해 더욱 심해질 것으로 보인다.

이 글은 우리가 더 나은 삶을 살아가기 위해 전통문화에 대해 어떠한 태도를 취해야 할지에 대한 고민에서 준비되었다. 즉, 전근대적 문화와 전통에서 하루빨리 탈피하고 서구적 가치와 문화, 제도를 더욱 적극적으로 수용하는 것이 나을 것인지 아니면 우리의 고유한 문화적 전통을 발굴하고 발전시켜 변화하는 생활 속에 적극적으로 끌어들이는 것이 더 나은 삶이 될 것인지에 대한 고민에서 시작되었다.[1] 가족 해체 위기가 더욱

1) 토머스 프리드먼은 그의 저서 『렉서스와 올리브 나무』(2003)에서 '글로컬화' 하는 능력에 대해 말하고 있다. 글로컬화 능력이란 어느 문화가 다른 강력한 문화에 마주쳤을 때, 조화할 수 있는 것은 흡수해 자신의 문화를 더욱 윤택하게 하고, 어울릴 수 없는 문화는 배격하거나 격리시키고, 그 밖의 다른 것

커진 21세기 초엽에 우리의 고유한 미풍양속으로서의 효의 의미와 역할을 되새겨 봄으로써, 한국적 의미의 가족과 효를 재발견 해보고자 한다.

Ⅱ. 이론적 함의

35년간의 일제 식민지 지배과정과 이후 1970년대 말까지 30여 년간의 서구 따라잡기 식의 저돌적인 산업화 과정에서 유교로 대변되는 우리의 전통과 문화는 무시와 비판의 대상이 되어져 왔다. 그러나 경제가 발전하고 정치가 안정될수록 다양한 측면에서 그 동안 무시되거나 무심코 지나쳐왔던 우리 사회의 고유한 문화나 사고 및 행동 패턴에 대한 관심이 커져갔다. 1980년대에 들어와 한국의 고도 경제성장의 열매가 가시화되면서 한국의 급속한 경제성장을 가능케 한 중요한 요인으로 국가의 역할을 강조하는 글들이 외국 학자들을 중심으로 홍수를 이루었다(Amsden, 1989; Balassa, 1981: Cheng, 1987; Deyo, 1987; Gereffi & wyman, 1990; Haggard, 1986, 1987, 1988, 1989, 1990; Haggard and Chung-in Moon, 1990; Hughes, 1988; Johnson, 1987; Wade, 1988, 1990; 보겔, 1993). 1980년대 말에 이르러 국

들은 그저 별개의 새로운 것으로 즐기는 행위를 말한다. 이것은 세계화의 충격 속에서 그에 압도됨이 없이 그에 잘 적응하여 자신의 문화를 더욱 윤택하고 다양해지도록 하여 세계화 속에서 현명하게 살아가는 방식을 제시한다(토머스 프리드먼, 2003:500-501).

내외에서 고도 경제성장과 강한 국가 모두를 가능케 한 유교적 문화와 전통에 대한 재인식이 시도되었고, 그 과정에서 경제 성장에 대한 유교 문화적 전통의 긍정적 측면이 부각되었다(국민호, 1997, 1999, 2000; 김호기, 1992; Chen, 1988a, 1988b; Thai, 1989). 이러한 연구는 유교와 자본주의간의 인과적 연계를 시도하는 '유교자본주의'의 담론으로까지 이어졌다(유석춘, 1997a, 1997b; 함재봉, 2000).

그러나 1997년의 IMF 경제위기를 계기로 신자유주의적 사고의 확산과 함께 경제성장에 대한 국내적 요인을 강조하는 경향, 즉 국가의 산업정책과 유교 문화의 긍정적 역할에 대해 심대한 비판이 가해졌다. 예기치 못했던 한국 경제의 갑작스런 위기는 그 동안 유행하였던 한국형 경제발전 양식 논쟁에 종지부를 찍는 계기가 되었고, 아울러 일부 학자들이 자부심을 갖고 한국의 경제 발전을 전통 문화와 연결시켜 설명하려던 노력에 대해서도 찬물을 끼얹는 계기가 되었다.

그럼에도 불구하고 세기말에 정보화 및 세계화 열풍 속에서 전 세계적으로 민족 및 문화 정체성에 대한 욕구가 더욱 거세지고 있는 가운데, 우리만의 고유한 문화와 전통이 어떻게 변모해가고 있으며 또한 이것이 사회 변화에 어떻게 영향을 끼치는가에 대한 연구가 꾸준히 진행되고 있다.[2] 실제로 세계화의 진

2) 이에 대한 연구는 1997년에 창간된 계간지인 『전통과 현대』와 1998년에 창간된 정통 학술지인 『동양사회사상』의 지면을 통해 활발히 진행되었다. 현

전과 인터넷의 급속한 확산에 따라 서구 문화가 빠르게 전 세계적으로 보급되고 있다. 이러한 과정에서 각 사회의 고유한 문화 및 정체성에 대한 욕구가 더욱 활발해지고 있으며, 그 과정에서 문화적 기반이 약한 사회는 쉽게 선진국의 문화적 식민지로 변모해갈 것이라고 전망되고 있다(Castells, 1997). 극심한 경쟁 시장에서 문화산업은 중요한 상업적 컨텐츠가 되어가고 있으며, 이 과정에서 각 문화의 독특성을 발견하려는 노력이 가일층 심화되고 있다. 더욱 활발해지는 국제적 문화교류 속에서 자신의 문화적 정체성을 지키지 못하는 사회는 세계 경쟁에서 더욱 쉽게 도태될 것으로 전망된다.

이 논문은 '효 문화'에 대한 재인식을 시도한 글이다. 이 글에서는 우선적으로 유교적 전통에서 말하는 효의 내용이 무엇인지를 살펴본 후, 효 문화가 제사를 통해 어떻게 계승되고 발전되는지를 살펴보았다. 이 과정에서 우리 사회의 대표적인 종교인 불교와 기독교에서는 효를 어떻게 받아들이고 있는가를 비교하여 살펴봄으로써 전통적 의미의 효와 오늘날 종교적 의미의 효의 차이점을 살펴보았다. 마지막으로 토론 및 결론에서, '효 문화' 전통이 오늘날 어떻게 작동하고 있으며, 이러한 전통 속에서 가꾸고 보존해야할 문화적 전통의 의미를 되새겨 보고자 하였다.

재 『전통과 현대』는 활동을 중단하고 있으나 『동양사회사상』은 최근까지 한국의 고유한 전통과 사상을 재발견하는 노력을 활발히 전개하고 있다.

Ⅲ. 효 문화의 유교적 전통

1. 효의 본질과 유교의 효 사상

서구 사상에서 발견 할 수 없는 우리의 고유하면서도 자랑스러운 전통 중에 으뜸인 것이 '효(孝) 문화'다. 이러한 효 문화는 유학儒學이 도입되면서 더욱 강화되었고 이후에 우리 사회의 핵심적인 사회적 사상과 가치로 자리잡았다. 원래의 금속문 자료에 의하면 효孝라는 글자의 본래 뜻은 '연장자를 존경한다'는 보다 광범위한 뜻이었으나 유교의 도입과 함께 그 행위 대상의 범위가 직계 친족으로 좁혀졌고, 그 중에서도 부모와 자식 간의 관계를 가장 중요시 여기게 되었다. 이러한 부모와 자식 간의 관계(父子有親)는 오륜五倫 중에서도 가장 먼저 언급되고 있다.

효의 본질은 경敬과 항恒이라는 말로 대변된다. 효에서 가장 중요한 것은 부모를 잘 모시는 것으로, 유학자들은 부모에 대해 마음을 공경하게 하고 영원토록 그 은혜를 잊지 않는 것을 효행의 근본으로 여겼다. 동시에 효행은 부모가 살아 계신 당시에서 끝나는 것이 아니라 부모께서 돌아가신 후에도 한결같이 공경하는 마음을 갖는 것이다. 따라서 부모가 돌아가시면 "예禮"로써 장사지내고 이후에 계속 제사를 지냄으로써, 세월의 흐름에도 '변하지 않는'(恒) 마음을 갖는 것이 중요하였다. 공자께서 말씀하시길 효란 "살아 실제 섬기기를 예로써 하며, 죽어서 장사지내기를 예로써 하며, 제사지내기를 예로써 하는 것이다."라고 했다.[3] 따라서 효자가 부모를 섬기는 데에는 세 가지 근본적인 도리가 있다. 부모가 살아계실 때에는 순종하여 부모의 뜻을 어기지 않고, 장사지낼 때에는 슬퍼하며 예를 다하여야 하고, 제사를 모실 때에는 기일을 살펴 공경함을 잊지 않아야 하는 것이다.

효 사상은 일반적으로 혈연적 유대와 자연스런 친애親愛의 감정으로부터 발현되는 것인 동시에, 남을 나처럼 생각하고 사랑하며 필요한 경우 항상 남에게 양보하는 따스한 인간으로서의 인仁이 일관되게 그 정서적 기초를 이루고 있다. 동양의 효 사상은, 초월적 신에 의존하고 그로부터 부과된 것을 따르는 기독교 사상과는 다르게, 인간 자신의 자발적이고 자각적인 실천에서부터 출발하고 있다. 효로 대변되는 유교적 인간관계는 "타인과 집단에 대한 배려와 의무, 이타적 헌신과 희생을 축으로 형성"되고 있다. 따스한 인간애로서의 인仁은 또한 자기 자신의 사사로운 욕심을 극복하고 예禮로 복귀하려 함으로써 공적인 질서감각을 필수적으로 전제하고 있다(정을균, 2005:151-5).

유교는 공자의 가르침을 근본으로 한 종교다. 유儒란 본래 고대 중국에서 육예六藝를 통해 하늘에 제사지내는 의식을 수행하던 전문직을 의미하였는데 공자 대에 이르러 인문주의적 합리사상 체계로 유학이 정립되었다. 유학의 본지는 천天 사상

3) 『論語集注』, 〈爲政〉 篇 5章 "子曰: 生, 事之以禮; 死, 葬之以禮; 祭之以禮"

으로, 천 즉 하늘이 곧 선善이고, 이 선을 인격에 실현시켜보자는 생각에서 발전한 것이 유儒이고, 지智·인人·용勇의 삼덕三德을 일체로 하여 천인합일天人合一을 꾀한 것이 유교라고 볼 수 있다. 천天이라는 글자는 이二와 인人을 세로로 조합시킨 상형문자이다. 이것을 가로로 조합하면 인仁 자가 된다. 인은 천의 바뀌진 형태로서, 인은 곧 천이고 천은 곧 인이다. 공자는 "부자간의 길은 하늘(天)의 성性이다." "천지의 성性은 이 세상에서 가장 존귀한 사람이 가는 길로서, 효보다 더 큰 것은 없다"고 하였다. 그리고 효제孝悌라는 것은 인仁의 바탕이 된다고 말하여, 효孝는 바로 인仁이고, 인仁은 곧 하늘의 성性인데 성性이야 말로 세상에서 가장 높은 것이다 라고 하였다. 따라서 공자는 효는 사람으로서 반드시 따라야 하는 실로서 더 이상 그 길보다 훌륭한 다른 길이 있을 수 없다고 생각하였다. 맹자가 말하기를 어버이와 친하는 것이 사랑이고, 또 어버이와 친함으로써 인仁스러운 백성이 된다고 하여 인仁은 바로 효孝이고, 효孝는 바로 인仁이라고 보아, 인과 효를 하나로 보는 '효孝 사상'을 수립하였다. 중용에서 자사는 '하늘이 명한 것을 성性'이라 말하고, 이 성性에 따르는 것을 도道라고 하였다. 그리고 이 도를 닦는 것을 교教라고 말했다. 이렇듯 유학의 표상은 인仁이지만 그 진의의 뜻은 성性으로 표현시키고 있다(최성규, 2005:358-359).

성性자는 바로 심心과 생生의 복합 상형문자이다. 바로 '마음씨'의 뜻이다. 마음의 움직임이 있어야 곧 마음인 것이고, 이 마음의 유목적적인 동향이 바로 마음씨인 것이다. 사람이 없으면 마음이 없고, 마음이 없으면 하늘을 생각할 수 없는 것이다. 그래서 인심人心이 곧 천심天心인 것이고, 하늘의 명령을 잘 따르는 것이 곧 도道가 된다. 교敎자는 효孝와 지攴의 복합 상영문자이다. 즉 가르친다는 것은 효를 똑똑 두드리어 깨우친다는 뜻과 국가와 사회의 모든 제도와 조직이 정연한 것, 즉 법적 조직형태의 뜻이 있다. 그리하여 맹자는 부모에게 효도하는 것이 바로 사람이 하는 일이고 부모에게 효도함으로써만이 정녕 인仁스러운 백성이 될 수 있으며, 효의 법도(敎)를 닦는 것이 바로 하늘의 마음(性)이라고 하였다(최성규, 2005:359-360).

이렇듯 유교적인 효 사상의 핵심은 인仁에 있다. 효의 의의는 당연히 근본으로부터 설명되어야 하고, 또한 보편적 도덕원리로 그 의의를 이해해야 한다. 효행은 결국 인간의 내면에서 발하는 공경적 사랑이며 또 내면에서 발하는 공경적 사랑은 인과 긴밀한 관련성을 가지고 있다고 하겠다. 공자가 볼 때 인의 실천은 기본적으로 가깝고도 비근한 데서부터 출발하고 의당 출발해야 했던 것인바, 이에 인은 자연스럽게 한 인간의 가장 원초적이고도 가장 가까운 사람과의 관계에서부터 우선적으로 구현될 수밖에 없었다. 인에 대해서는 다양한 해석이 있을 수 있지만 공자의 '자신을 사랑하는 마음으로 다른 사람을 사랑한다'(愛人)[4]라고 인仁을 해석하는 것이 가장 적절한 것 같다. 그러므로 공자는 '자기 자신을 사랑하는 마음으로 다른 사람을 사랑하는 것'으로 사람과 사람의 윤리관계로 삼았고, 더 나아가 사람과 사물의 관계로까지 확대 발전시켰다. 따라서 유교에서 현실적으로 사람을 사랑하는 데에는 차별이 있음(別愛)을 인정하지만 그 근본에는 다른 사람들을 자신처럼 사랑한다(愛人)는 인의 사상이 자리 잡고 있는 것이다.

2. 효경(孝經)[5]의 효[6]

그렇다면 효경에서는 효를 어떻게 설명하고 있는가? 유교의 효 개념은 항상 고정되어 있는 개념이 아니라 역사적으로 발전해온 개념이다. 중국 주周나라 시대의 효 개념은 돌아가신 부모에 대한 예배행위를 지칭하다가 공자 시대에 와서는 생존해 있는 부모에 대한 공경과 존경을 지칭하는 것으로 발전하였다. 후대에 와서 효경孝經에서 효는 더 이상 가족과 친족 윤리에만 국한되지 않고 국가와 군주를 위한 효라고까지 그 범위가 확장되면서 국가 지배와 사회 질서의 이데올로기적인 측면이 강하게 자리잡았다(김동수, 2005:102).

---

4) 『論語集注』, 〈雍也〉 篇 20章 "樊遲問仁, 子曰: 愛人."

5) 효경은 공자의 만년에 그의 사랑하는 제자 증삼(曾參)이 공자로부터 말씀을 듣는 형식으로 유교의 근본 경지인 효, 특히 공자가 말하는 정신적 효도의 본질을 추구한 책으로 전국시대(戰國時代)에 증삼학파 유학자들에 의해 편집된 책이다.

6) 이 장에서는 孝經의 주요 부분만을 발췌하여 설명하였다.

공자는 효는 덕德의 근본이라고 말했다.7) 덕이란 남에게 은혜나 관대함을 베푸는 행동으로 착한 사람, 군자, 성현의 행동, 그리고 남에게 끼치는 행복과 교화적 행위가 요구된다. 곧은 마음을 그대로 행동화시킬 때 비로소 덕이 완성된다. 따라서 곧은 마음을 행동으로 옮긴 효만이 참된 효가 된다. 곧은 마음씨와 행동으로 효도하는 사람이면 모든 행동 또한 그같이 바르게 된다고 본다. 이와 같은 마음씨와 행동의 연장 및 확대가 바로 덕인 것이다.

효경에서 말하는 효의 첫걸음은 나의 몸과 마음을 바르게 하는 것으로부터 시작하는데, 특히 나의 몸, 머리카락 그 어느 하나도 모두 부모로부터 받은 것이므로 머리카락 피부 한군데도 감히 다치지 않도록 하는 것이 효도의 시작이다.8)

효자는 입신행도立身行道하여 이름을 후세에 남겨야 한다.9) 대표적인 예로, 한 미천한 몸으로서 천자로까지 입신하여 부모의 은공에 보답한 유방이야말로 효경이 바라는 이상적인 인물로 추앙받고 있다. 자본주의 사회인 오늘날의 입신출세는 높은 관직에 오르는 것 못지않게 사업에서의 성공이 중요시된다. 그러나 입신행도의 근본 취지는 언제나 바른 마음으로 옳게 행동

7) 『孝經注疏』, 〈開宗明義〉 章. "子曰: 夫孝 德之本也"
8) 『孝經注疏』, 〈開宗明義〉 章. "子曰: 身體髮膚 受之父母 不敢毁傷 孝之是也"
9) 『孝經注疏』, 〈開宗明義〉 章. "子曰: 立身行道 揚名於後世 以顯父母 孝之終也"

하여 바로 그 덕으로 부모보다 나은 사람이 되는 것이다.

효경에서는 효를 사회질서적인 측면으로 확장시키고 있다. 즉 효도하는 마음으로 군왕을 섬기는 것이 바로 충성이라는 것이다. 공자는 지배층인 천자, 제후諸侯, 경대부, 선비(士)의 사대부 이상의 효와 서민층의 효를 구별하여, 사대부 이상에서는 정신적인 면, 즉 존경심을 강조한 반면, 서민층에게는 육체적인 면, 즉 잘 먹고 잘 입고 잘 자도록 하는 효를 강조했다. 따라서 유교에서 효의 그 구체적인 실천 내용과 효능은 천자, 제후, 사대부, 사士, 서인庶人의 계급적 질서에 따라 그 차이를 보여주고 있다. 천자의 효는 "부모를 섬김에 사랑과 공경을 다함으로써 백성에게 덕의 가르침을 베풀어 천하의 모범이 되는 것"이고, 제후의 효는 "스스로 겸손하고 재물을 절약함으로써 자신의 부귀를 유지하고 사직을 보존함으로써 백성들을 화평하게 하는 것"이고, 사대부의 효란 "자신의 언행을 선왕의 법도에 따라 삼감으로써 종묘를 보존하는 것"이고, 사士의 효란 "충순忠順의 덕으로 임금과 어른을 섬김으로써 자신의 봉록과 지위를 유지하고 제사를 지키는 것"이다. 반면에 서인의 효는 "천지의 이치에 순응하여" 날씨와 계절을 잘 살피고 토지를 잘 활용하며 "자신의 몸을 삼가고 재물을 절약하여 부모를 봉양하는 것"이다(정을균, 2005:151-5).

예기禮記에서는 삼효三孝를 말하는데, 첫째는 대효로서 어버이를 높이는 것이고, 차선은 어버이를 욕되게 하지 않는 것이

고, 가장 기초적인 효는 어버이를 잘 보양하는 것이다.[10)]

효행은 존귀비천尊貴卑賤의 차이를 떠나 누구나 할 수 있고 해야만 하는 오직 하나의 길이다. 효경에서 공자는 부자지간의 길은 천성이라고 못박았다.[11)] 공자의 생각에 천성이란 타고난 것이 아니라 하늘의 명령이다. 그리고 이 하늘의 명령은 누구에게나 평등하다. 효도는 하늘의 지상명령으로 누구나 어떤 구실로도 어길 수 없는 법인 것이다. 따라서 효는 하늘이 정한 도리이며, 땅의 법칙이고, 사람이 행할 길인 것이다. 효는 어느 때 어느 곳 어느 경우에도 변할 수 없는 하늘이 정한 도리이고, 사람이 태어나면서 갖추고 있는 인의예지, 즉 사덕四德의 사람이 하늘의 명령을 따르는 법칙은 바로 이 하늘이 명한 도리를 펴는 법칙이다. 사람은 오직 하늘의 도리, 즉 효의 법칙에 따라야 하는 것이다. 효는 바로 하늘이 정한 도리요 땅의 법도요 사람의 길인 것이다(최성규, 2005:369-371).

효자가 반드시 갖추어야 할 다섯 가지 몸가짐(孝行五諦)이 있다. 효자가 부모를 섬기는데 있어서, 부모가 집에 계실 때는 공경하는 마음으로 극진히 해야 하고, 봉양에 있어서는 마음이 즐겁고 만족하게 해드려야 하며, 만약 병환이 나시면 할 수 있는 모든 근심으로 가능한 노력을 다해 회복에 힘쓰고, 상을 당하면 가장 슬픈 마음을 갖고, 부모에게 제사 드릴 때에는 엄숙

---

10) 『禮記正意』, 〈祭義〉 篇 "曾子曰: 孝有三, 大孝尊親 其次弗辱 其下能養"
11) 『孝經注疏』, 〈聖治〉 章. "子曰: 父子之道 天性也"

하고 경건하게 하여야 한다.[12] 이 다섯 가지를 모두 갖추어야 효자라고 할 수 있다. 부모 생전에는 사랑으로 공경하여 모시고 죽은 뒤에는 힘써 슬피 모심으로써 하늘로부터 생명을 받은 한 인간으로서 할 바를 다하는 것으로, 효자로서의 어버이 섬기는 것을 마치게 된다.

효경에 나타난 효 사상은 전통적으로 "유교사회에서 한 개인의 일상 행동을 제어하고 도덕적 수양을 도모하는 수준에서부터 궁극적으로는 국가를 다스리고 천하를 구제하는 차원에 이르기까지 그 적용 범위와 구현 양상에 있어 매우 다양한 모습을 보여주었다." 효경에 따르면, 가정에서의 사적 윤리와 국가에서의 공적 윤리를 별개의 것이 아니라 동일한 양상에 대한 상이한 국면으로 이해하였다. 군신간의 상하관계는 먼저 자기로부터 시작하여 가족 내에서의 부자, 형제, 장유 간의 관계를 거쳐 군신관계로까지 이어졌다. 따라서 자신의 몸과 마음을 잘 닦고 가정을 잘 다스리는 것이 장차 국가를 다스리고 천하를 평안하게 하는 기본전제가 되는 것으로 이해했다. 이러한 맥락에서 유교적 효 사상은 기본적으로 인간애에 기반한 효의 실천을 그 핵심요소이자 출발점으로 삼고 있다(정을균, 2005:151-6).

효와 효행은 다르다. 효는 효행의 본질이며 존재근거이다. 양자는 체體와 용用의 관계이다. 효는 시공을 초월한 것이지만

---

12) 『孝經注疏』, 〈紀孝行〉 章. "子曰: 孝子之 事親也 居則致其敬 養則致其樂 炳則致其憂 喪則致其哀 祭則致其嚴 五者備矣 然後能事親"

효행은 항상 시간과 공간의 제약 속에서 이 세상에 태어난다. 효는 불변적지만 효행은 가변적이다. 따라서 과거의 효행과 오늘날의 효행의 표현은 다를 수밖에 없는 것이다.

효의 덕목이 성립되고 정당화되는 기본적 근거는 보은報恩에 있다. 즉 효란 무엇보다도 먼저 사람이라면 당연히 자기를 낳아 기르고 가르친 부모의 노고에 감사하고 보답해야 한다는 자명한 윤리적 요구에 부응하여 생겨난 것이다. 효경孝經에서는 위의 내용이 좀 더 구체화되는데 부모를 봉양함에는 즐거움을 다하여야 하고, 부모의 평상시에는 공경함을 다하여야 하고, 부모가 병들었을 때에는 근심을 다하고, 부모가 돌아가셨을 때는 슬픔을 다하고, 부모의 제사를 지낼 때에는 엄숙함을 다하여야 한다고 말하고 있다. 자식의 부모에 대한 배려는 여기서 그치지 않고 나아가 자식이 사회적으로 훌륭한 사람이 됨으로써 생전에 부모의 마음을 기쁘고 자랑스럽게 할 것을 요구하고 있다(정을균, 2005:151-6,7).

Ⅳ. 제사를 통해 본 효 문화의 실천

유교의 전통적 '효 문화'가 실제 사회에서 실행될 때 그렇게 일방적으로 강요되지도 않았고 권위주의적이지도 않았다. 이는 매우 자발적인 사회규범이었다. 전통적인 효 사상에는 '생명의 연속'이라는 종교적 측면이 강하게 자리 잡고 있었고, 부자간의 관계도 매우 현실적이고 쌍방향적인 관계였다. 전통적인 효 사상에는 자식의 부모에 대한 봉양 의무만이 아니라 부모의 자식에 대한 사랑이 강하게 담겨있었던 것이다.[13] 오늘날 한국 사회에서 부모의 자녀에 대한 사랑과 헌신, 그에 따른 결과의 하나인 '과잉 교육열'은 서구에서는 이해하기 힘든 현상으로 이의 근간을 이루는 것이 바로 유교의 효 문화라고 볼 수 있다. 이번 장에서는 유교의 종교적 측면인 제사를 통해 효 문화가 어떻게 실질적으로 적용되고 전승되는지를 살펴보고자 한다.

1. 제사에 나타난 유교의 내세관

유교에서는 중국의 전통적인 민간신앙인 영혼 사상과 유교 본연의 현실지향적 가치관을 결합하여 독특한 내세관을 발전시켰다. 유교에 따르면 인간은 정신과 육체로 이루어져 있고, 정신을 주재하는 것을 혼魂, 육체를 지배하는 것을 백魄이라고 보았다. 혼과 백은 인간이 살아있을 때에는 공존하면서 안정된 상태를 유지하지만 인간이 죽으면 혼과 백이 분열되어 혼은 하늘로 올라가 부유하고 백은 지하로 가서 머문다. 유교의 제례에서 중요한 의식은 혼을 '이 세상'으로 불러오는 초혼의식招魂儀

13) 맹무백이 효에 관해 묻자 공자께서 말씀하시길. "부모는 오직 자식의 병을 근심하느니라 하셨다."(『論語集注』, 〈爲政〉 篇 6章 "孟武伯 問孝. 子曰 父母 有其疾之憂") 이는 부모는 자식의 병을 애타게 걱정하므로 자식도 부모의 마음을 헤아려 효도하라는 의미로 해석된다.

式이다. 유교의 제례에서는 이때 혼만이 아니라 백도 불러들인다. 구체적으로 유교에서는 원래의 장소로 혼을 불러들여 백을 회복시키는 일, 즉 초혼복백初婚復魄이라는 의식을 치름으로써 혼이 돌아오고 백도 돌아와 혼·백이 공존한다고 믿었다. 그것은 죽은 사람이 '이 세상'에 다시 나타나는 것이다. 이로써 조상의 혼령은 그리운 유족과 대면할 수 있다. 이를 초혼재생初婚再生이라고 한다(가지노부유키. 2002:47-51).

혼을 부르면 '이 세상'에 돌아올 수 있다는 생각은 어떤 이유에서일까? 그것은 중국인들의 전통적 세계관에서 유래한다. 중국인들은 하늘을 반원형의 둥근 천장으로 생각했다. 이 둥근 천장은 낮에는 태양이 지나가고 밤에는 별들로 가득찬다. 중국인들의 사고 속에서 현실 세상은 이 반원형의 하늘과 직선의 땅으로 둘러싸인 제한된 공간만을 의미한다. 따라서 중국인들의 전통적인 사고를 계승한 유교에서는 무한한 공간이라는 개념이 없다. 이 세상에 변하지 않는 것은 없다고 보는 불교의 무상관에서 보면 대지나 하늘이라는 것도 하나의 꿈이며 환상이다. 그러나 유교에는 불교에서 말하는 극락과 지옥이라는 개념이 없으며, 또한 기독교에서 말하는 천당과 지옥도 유자儒者에게는 자신과 무관한 세계였다. 혼은 아무리 높이 올라가도 하늘의 둥근 천장 밖으로 나갈 수 없으며 백골도 땅 표면 가까운 지하를 벗어나는 일이 없다. 따라서 혼과 백은 살아있는 인간과 함께 '이 세상'에 있기 때문에 제사 때 다시 만날 수 있는 것이다(가지노부유키, 2002:54-55).

그렇다면 왜 이러한 제사를 행하는 것인가? 초혼재생의 가장 우선적인 목적은 죽음의 공포에 떠는 이에게 "걱정하지 않아도 우리 모두가 잊지 않고 반드시 당신을 불러들이겠습니다"라는 것으로, 초혼재생을 약속해주면 죽음이 무섭기는 해도 어느 정도 안심할 수 있게 된다. 이 "초혼재생의 맹세"는 죽은 이에 대한 기억을 이야기하는 것이다. 이는 자신이 이 세상에 살아있었음을 기억해주기 바라는 원망에 대해 진심에서 우러나오는 응답이다. 실질적으로 사람들이 가장 우려하는 것은 '한 인간으로 착실히 살고 난 뒤에 죽으면 누가 자신을 회상해줄 것인가'하는 것이다. 누구보다도 한결 더 망자를 절실하게 회상할 사람은 가족이나 친지들이다. 즉 혈연관계에 있는 사람들이다. 유교는 다름 아닌 이러한 상식에 따른다. 초혼재생, 즉 선조 제사를 행하는 주체는 그 '자손'이다. 그래서 유교에서는 자손이 중요해진다.

2. 제사와 조상숭배에 대한 유교적 해석

유교의 현인들은 사람들이 가장 바라는 것이 삶이며. 사람들이 가장 싫어하는 것이 죽음이라는 인간의 보편적 심리에 대해 잘 알고 있었다. 실제의 경험을 중시하는 유교에서는 현실 사회에서 정치/도덕적 질서를 완성해서 죽음에 대한 두려움과 공포를 해결하려 하였다. 그렇다면 유교의 제사와 조상숭배 사상은 어떻게 현세지향적 유교적 가치와 양립할 수 있었을까?

공자는 일찍이 선사시대의 괴력난신怪力亂神에 대해 말하지 않음으로써[14] 유교의 종교적 측면을 신神이 없는 종교로 규정하였다. 공자는 논어에서 "사람을 섬기지 못하면서 어떻게 귀신을 섬기느냐", "산다는 것도 모르는데 어찌 죽음을 알겠는가"라고 말하면서,[15] 귀신을 섬기는 일보다 사람을 섬기는 일, 죽음보다는 삶의 문제에 우선하여 힘쓸 것을 강조하였다. 이는 귀신이나 죽음의 문제를 경시하거나 배척하기보다는 현실에서 실천가능한 일에 최선을 다할 것을 바라는 것이었다(최문형, 2004:82). 이렇듯 공자는 귀신의 존재에 대해 매우 회의적인 반응을 보였다. 그러나 공자는 천명을 굳게 믿고, 귀신에 대한 제사를 정성精誠으로 받드는데 대해서는 반대하지 않았다(황선명, 1985:109-110). 공자가 말하고자 한 바는 당시의 사람들이 귀신을 섬기고 귀신에게 복을 빌면서 자신의 노력을 소홀히 함을 지적하고 현실에 진력하라고 말한 것이다(최문형, 2004:81).

실제로 공자는 귀신, 특히 조상에 대한 제사를 긍정하고 중시하였다. 공자는 제사의 이치를 예禮와 정성精誠으로 설명하였다. 공자에 따르면, 삶은 사람의 시작이고 죽음은 사람의 마지막이므로 사람의 시작과 마지막을 모두 신중히 잘 대하는 것

---

14) 『論語集注』, 〈述而〉 篇 20章 "子不語怪力亂神"

15) 『論語集注』, 〈先進〉 篇 11章 "季路問事鬼神 子曰: 未能事人 焉能事鬼 敢問死 曰: 未知性 焉智死.

이 사람의 도리의 완성이고, 군자의 도리고, 예의 기본 형식이라 보았다. 또한 조상에게 제사드릴 때는 조상이 눈앞에 계신 것과 같이 하고, 신령에게 제사드릴 때는 신령이 눈앞에 계신 것과 같이 하라고 했다(최문형, 2004:83-84). 결국 공자의 사상은 조상(귀신)의 초월적인 면을 무시하지 않으면서도 인간의 자각적 노력 또한 중시하는 것이었다.

송대에 발전한 성리학은 귀신관을 적극적으로 다루었다. 귀신이란 무엇인가라는 문제를 설명하고 사람이 죽으면 귀신이 된다는 오랜 믿음과 귀신인 조상에 대한 제사 문제를 설명하는 것이 성리학의 주요 과제가 되었다. 주자는 역대 유교가 모호하게 해 두고 있었던 귀신의 세계를 지식의 세계 속으로 끌어들였다. 주자는 사・생(死・生)과 귀・신(鬼・神)의 이치가 둘이 아니고 하나라고 보고, 삶을 알면 죽음도 알 수 있다는 전제 하에서 귀신론鬼神論을 이기론理氣論으로 풀었다. 즉 귀신을 천지조화의 작용이며 음양이기의 변화로 보았고, 사람의 생사와 우주의 변화를 하나의 원리로 보았다. 주자는 귀신은 보아도 보이지 않고 들어도 들리지 않는 것이라고 하여 통속적인 의미의 귀신의 존재를 부정하였다. 또한 만물과 마찬가지로 사람 역시 기氣의 취합으로 이루어져 있다고 보고, 사람이 죽으면 다시 기로 흩어져 버릴 뿐이라고 봄으로써 사령死靈이 귀신으로 해석될 여지를 배제하였다(김태준, 2001:56-57).

그러나 주자는 조상 제사와 귀신과의 관계를 설명해야만 했다. 제사와 제례를 중시하는 주자는 조상숭배와 귀신과의 연관 관계를 완전히 부정할 수는 없었다. 주자의 귀신론은 인간의 생명을 육체와 영혼의 이원론으로 체계화하고, 죽은 자로서의 귀신을 기氣와 리理의 이기설로 설명하려 하였다.[16)]

그렇다면 엄격하기로 소문난 조선의 유학자들은 제사와 조상숭배 문제를 어떻게 설명하였을까? 조선의 유학자들은 주자의 귀신론에 바탕을 두고 이기철학 하에서 제사의 당위성을 유교의 도덕관으로 풀어갔다. 조선 초기 유학자인 김시습은 귀신이 다만 기의 움직임일 뿐이라는 기일원론에 서서 화복을 주재하는 지각을 가진 귀신의 존재를 부정했다. 그는 사람이 죽으면 정기가 흩어져 존재가 없어진다고 단언했다(김태준, 2001:60-61).

남효온은 죽음에 대해 "체백體魄은 땅으로 돌아가고 혼기魂氣는 하늘로 올라간다"는 성리학의 논리에 따라 그 답을 제시하였다. 곧 사람의 생명은 혼과 백의 이중구조로 되어 있으며, 한 번 온 것은 가는 것이어서 항존적인 귀신은 없다는 것이다. 체백이 땅으로 돌아가고 혼기가 하늘로 올라간다는 것은 혼과 백이 각각 그 온 곳으로 돌아감을 뜻한다. 그런데 귀신이 돌아간다면 돌아갈 수 있는 어떤 형상이 있는 것인가? 그러나 귀신은 소리도 냄새도 없고 보지도 듣지도 못하고, 형상도 없으므로 결국 귀신은 없다는 것이 남효온의 주장이다. 그렇다면 남효온은 제사를 흠향하는 것을 어떻게 설명하였는가? 그는 결국 기

16) 『朱子語類』, 3篇 참조.

氣가 돌아가면 남는 기는 없고 다만 리理만이 있다고 하여, 제사를 흠향하는 이치 또한 리로써 해명하였다. 제사의 이치를 리로 설명하는 것은 귀신 그 자체가 리라고 생각하는 것과 관련이 있다. 남효온은 조상제사의 정성이나 사람이 받는 화복 모두 자기 스스로의 행동의 선악에 달린 것임을 강조하고, 스스로의 정성精誠이 스스로의 화복을 부른다는 철저한 무신론을 견지한다. 따라서 죽은 조상에게 제사 드리듯 만물을 정성으로 섬기는 것이 복 받는 삶의 방식임을 강조하였다(김태준, 2001:62-64).

조선 중기의 학자인 이이는 혼백이라는 기의 모임과 흩어짐의 이치로 사생死生의 원리를 말하고, 사생의 원리로 귀신과 제사의 이치를 해명하고자 하였다. 이이의 설명에 의하면, 혼백은 사람이 살아있을 때에는 서로 엉켜있으나, 혼기가 흩어져 하늘로 올라가고 정백精魄이 땅으로 돌아가면 사람은 죽음에 이르게 된다. 사람이 죽어 정기가 한번 흩어지고 나면, 지각이 없어진다. 정기가 한번 흩어지면 귀는 소리를 들을 수 없고, 눈은 사물을 볼 수 없으며, 마음은 생각을 할 수 없다. 마음이 생각을 할 수 없으면 알 수 없게 되는데 이것이 바로 죽음이다. 사람의 몸은 모습이 있지만, 앎은 모습이 없다. 모습이 있는 것은 그 흩어짐을 보지만, 모습이 없는 것은 모이는 것도 흩어지는 것도 볼 수 없으므로, 죽은 뒤의 이 볼 수 없는 세계를 귀신의 세계로 이해하는 것이다. 이 귀신을 정성의 예로 모시는 것이 제서의 이치이며, 따라서 이이는 신神의 있고 없음의 기준이 철저히 사람의 정성이 있고 없음에 있다고 보았다(김태준, 2001: 67-69).

여기서 사람이 죽으면 혼은 날아가고 백은 흩어져 남는 기가 없을 터인데, 앎이 없는 조상의 죽음에 제사지낸다는 것을 어떻게 해명할 것인가 하는 문제가 생긴다. 이에 대해 이이는 먼저 기의 취산聚散에서 기가 비록 흩어지더라도 곧바로 없어지지는 않는다고 하여, 기의 유한성에도 불구하고 죽은 영靈에게 제사지낼 이치를 긍정하였다. 그러나 그 바로 없어지지 않는다는 죽은 영의 기氣도 오래되면 결국에는 없어진다 하여 사령死靈의 전제가 항구적이 아님을 뚜렷이 하고 있다. 그렇다면, 그 세계가 멀어져 정기가 없어진 조상의 사령은 후손의 제사를 받을 어떤 정기나 귀신도 없는 것이 된다. 이런 오래된 조상들에 대한 제사는 어떻게 설명될 수 있는 것인가? 이런 문제를 극복하는 논리가 리理에서 추구된다. 이런 경우에 그 기는 흩어져 없어졌지만, 자손의 지극 정성에 감통感通한 리는 없어지지 않는다는 것이다. 여기서 죽은 지 오래되지 않은 조상의 귀신은 기氣로써 감통하고, 죽은 지 오래 되어 기가 흩어져 없어져 버린 조상의 귀신은 리理로써 감통한다는 논리를 표출한다. 이러한 이기론의 이치가 곧 유교의 제사의 이치를 담보하는 논리다(김태준, 2001:69-71).

따라서 제사 드리는 사람의 정성이 있으면 그 정성에 감통한 조상귀신이 있다고 할 수 있고, 그 정성이 없으면 조상귀신이 없다고 하는 것이 제사의 이치이다. 곧 조상의 있고 없음의 바탕이 산 사람의 정성에 따라 달라진다는 것이다. 따라서 조상귀신의 존재는 살아있는 자손의 정성으로 인해서 무에서 유로 펼쳐지는 유한적 상태라고 말할 수 있다. 사람이 죽으면 귀신이 되지만, 그 귀신은 오로지 제사라는 유교적 종교행위를 통해서만 자손과 만날 수 있는 것이다. 효 사상에는 선조 제사를 위해서나 생명의 연속, 즉 대를 잇기 위해서 자손을 가진다는 종교성이 들어있다.

3. 제사와 효

유교의 제사는 조상(과거)과 자손(미래)을 이어주는 것으로, 나(현재)는 제사를 통해 조상과 자손을 이어주는 징검다리 역할을 한다. 이는 나의 존재가 사후에 자손을 통해 그 생명력이 전승되는 것을 의미한다. 나의 행적은 나의 자손을 통해 영원히 기억되고 재현될 것이다(유석춘, 최우영, 왕혜숙, 2005). 이러한 차원에서 볼 때, 제사와 효 사상은 유자儒者들이 자신들의 생명의 연속성을 지켜나가기 위해 만든 종교사상이라 볼 수 있다. 이는 조상과 후손이 서로를 필요로 하는 '쌍방향적' 계약이라고 볼 수도 있다.

제사를 지내기 위해서는 자손이 절대적으로 필요하며, 자손과 조상을 이어주는 중요한 역할을 하는 것이 효 사상이다. 유교의 효 문화에서 가장 중요한 관계는 부모와 자식 간의 관계다. 유교가 부모와 자식 간의 관계를 중시 여긴다는 것은 삼강오륜三綱五倫에서 부자유친父子有親이 첫 번째로 거론되는 데에서 찾아볼 수 있다. 부자유친을 강조하는 것은 아버지와 아들은 상호간에 끊임없이 정서적으로 친하도록 노력하여야 한다는 것이다. 여기에서 아버지와 아들을 연결시키는 핵심적인 유교의 규범이 바로 효다.

따라서 유교의 가족 문화에서는 부부라는 수평적 관계보다는 아버지와 아들이라는 수직적 관계가 강조되었다. 가족 관계에서 가장 중요한 것이 제사를 통한 조상과 자손간의 연계의 지속이기 때문에 부모와 자식, 특히 아버지와 아들간의 관계가 부부관계보다 우선시 된다. 효에서 강조되는 사랑은 혈연적 유대와 자연스런 친애의 감정에서 발현되는 것이므로 일반적으로 사람들은 자신의 부모나 자식을 가장 사랑한다. 형제에 대한 사랑은 그보다 약간 더 적을 것이다. 혈연적 관계가 멀어질수록 사랑의 폭은 더 적어질 것이다. 이런 식으로 유교권 사람들은 자기와의 친한 정도에 따라 사랑에 차이를 보인다. 우리는 자기 가까이 있는 사람에게 먼저 친하게 하고 그 다음 가까이 있는 사람을 그 다음으로 친하게 하여 가까운 데서부터 먼 데로 친함과 애정이 단계적으로 펴져나감을 당연시하고 있다[17](최석만, 1997:173). 실제로 일반 사람들은 다른 모든 사람을 폭넓게 똑

---

17) 이를 친친지쇄(親親之殺)라 한다. 친친지쇄란 친하게 함이 감쇄한다는 것을 말한다.

같이 사랑할 수는 없다. 사람들은 친하기 때문에 사랑하는 것이다. 유교에서는 자신과 가장 친한 부모나 자식에 대해 우선적으로 애정을 다하고, 그것이 충분해진 후에 점차 남에게도 애정을 가지라고 가르친다. 여력이 있으면 그 때 타인을 사랑하라는 것이 사랑에 대한 유교의 사고방식이다. 따라서 유교에서는 세상의 모든 사람들을 두루 사랑하는 박애博愛보다는 사람을 구별하여 사랑하는 별애別愛가 더 큰 영향력을 미친다. 물론 가장 큰 사랑은 자신과 가장 가까운 부모와 자식을 대상으로 한다.

4. 불교와 기독교의 효(孝)에 대한 이해

전통적인 유교 사회에서 효는 사회의 핵심적 가치였다. 따라서 어떠한 종교나 사상도 효를 무시하고는 살아남을 수 없는 것이 사회적 현실이었다. 기독교나 불교 모두 그 내용에 있어 불효의 종교라고 비난을 받아왔다. 그렇다면 범 인류에 대한 보편적 사랑을 주장하는 거대 종교인 불교와 기독교는 이러한 유교 사회의 독특한 '효 사상'에 대해 어떻게 대응하고 설명해 왔을까?

우선 불교를 살펴보자. 인도의 종교 사상인 불교가 중국에 전래되면서 중국에서는 불교 교리와 중국 전통 문화 및 사상과 모순되는 요소들이 부각되었다. 특히 가족을 버리는 출가出家는 효를 중시하는 유교의 윤리체계에 커다란 문제가 되었다. 나아가 승려들이 삭발하는 것은 신체를 훼손하는 불효였고, 출가

하는 것은 부모에 대한 봉양의무를 버리는 불효였고, 결혼하지 않는 것은 후사를 끊는 것이었으며, 백성의 아버지인 임금에게 절하지 않는 것은 군왕에 대한 불효였다(최성규, 2005: 348).

이에 대한 불교 측의 대응은 불교도 효를 무시하지 않는다는 것을 보여주는 것이었다. 우선적인 대응으로 효 사상이 담겨져 있는 경전들을 번역하여 소개하는 것이었다.[18] 이들 불경들에서 나타나는 특징은 깨달음을 매개로 한 효의 실천으로 대부분 아버지보다는 어머니에게 효도를 하는 것을 중심으로 하고 있으며, 그 내용도 복종보다는 은혜에 대한 보답이라는 측면이 강하게 부각되었다. 그리고 급기야는 서민생활을 바탕으로 한 '불설부모은중경佛說父母恩重經'이라는 중국산 불경을 제작하여 유포시켰다.[19] 이 경전은 기존의 몇 개의 경전을 조합해서 만

---

18) 대표적인 경전들을 소개하면 다음과 같다.
佛昇忉利天爲母說法經(부처가 도를 깨닫고 도리천에 계시는 어머니 마야부인에게 설법한 내용), 佛說尸迦羅越六方禮經(시가라월이 부모의 유언을 받들어 여섯 방향에 절을 올려 6方禮의 차 의미를 배웠다는 이야기), 佛說父母恩難報經(출가의 불교에도 효가 있다는 설법), 佛說孝子經(유교의 효경과 비슷. 부모로 하여금 5戒를 지키게 하여 성불하도록 하는 것이 참된 효라고 설함), 觀無量壽經(깨달음을 강조하고 효는 그 깨달음에 의한 제2차적인 것임을 강조), 佛說盂蘭盆經(우란분으로 공양함으로써 과거의 부모와 현재의 부모들이 고통에서 벗어나 복덕을 누린다는 내용).

19) 이 위경은 크게 세 부분으로 나뉘는데 첫째는 낳아서 길러주는 부모의 은혜를 보여주고, 둘째는 부모에게 불효하는 부분을 보여주고, 셋째는 부모의 은혜를 갚는 방법에 대한 기록이다. 이를 통해 이 경전은 부모의 은혜가 얼마나 중요한가를 보여준다. 이 경전은 해탈을 중심으로 하는 일반 불경에 비해 세속적인 효도의 실천을 중시함으로써 유교적 효의 실천과 접근한다. 이 경전은 또한 귀족이나 사대부가 아닌 서민과 하층민을 대상으로 하고 있다는

든 것이다.[20)]

불교에서의 효는 윤회사상에 입각하여 현세에서의 내 부모에 대한 효도를 넘어서서 전생에서의 부모에 대한 효도를 상정한다. 나라는 개인의 원인(因)이 부모라는 조건(緣)을 만남으로써 비로소 오늘의 나라는 결과(果)가 생겨난 것이기에, 자식으로서 부모를 잘 받들고 섬기는 일은 지극히 당연한 일이다. 그런데 인因－연緣－과果의 상호인과성의 원리에 의해 이루어지는 불교의 효 개념은 내가 존재할 수 있는 직접적 조건을 제공해준 지금의 부모만이 아니라 현재의 남의 부모도 전생에 나의 부모였을지 모른다는 윤회사상에 근거하여 효를 해석하고 있다. 그리하여 불교의 효 사상은 나의 부모만을 향한 '한 집의 효'(一孝)만이 아니라 그 집을 넘어서서 전생과 미래까지 포함하는 보다 더 광범위한 효 개념인 '큰 집의 효'(大孝/萬孝)로 확장되어 이해된다(고영섭, 2005:119).

이상에서 살펴본 불교에서의 효 개념은 유교의 효보다 시간과 공간적으로 더욱 광범위한 개념이다. 유교의 효가 나의 부모에 대한 공경과 사랑을 말한다면 불교의 효는 결국 모든 중생에 대한 공경과 사랑으로 그 개념이 넓어진다. 또한 유교에서는 선비의 효가 강조되어 그 중심에 아버지가 위치하는데 불교에서는 서민의 효를 강조하고 그 중심에 어머니가 위치한다. 이러

특징을 보여준다.

20) 대표적인 것이 佛說父母恩難報經, 佛說孝子經, 佛說盂蘭盆經 등이다.

한 개념은 종교적으로 더 큰 당위성을 갖게 되지만 그 구체적인 행위의 대상이 명확하지 않기 때문에 실제적인 '효'의 실행은 어렵게 되고, 따라서 그 개념도 희석될 수밖에 없다.

기독교에서 말하는 효는 불교의 효보다 더욱 이질적이다. 서양의 고전 언어인 히브리어와 헬라어에는 한자의 효孝에 해당하는 단어가 없다. 위 언어들에서 사상적, 어원적 영향을 받은 영어, 불어 등 서양의 주요 언어에 있어서도 마찬가지이다. 따라서 유교의 효를 영어로 표현할 때는 자식으로서의 경건한 행위라는 의미의 filial piety라는 말로 풀어서 쓰고 있다. 따라서 효는 동양에서만 발전한 독특한 동양의 기초 윤리 덕목이라 말할 수 있다(김동수, 2005:101).

기독교는 그 초기 전래 과정부터 현대에 이르기까지 우리 고유의 유교 문화적 전통과 많은 마찰을 빚어 왔다. 특히 제사와 관련되어 기독교는 불효의 종교라는 비난을 받아왔다. 최근에 한국의 기독교계에서 성서 속에서 효를 재발견하고자 하는 노력이 전개되고 있다. 이들은 그동안 비판되어져 왔던 유교의 효 개념과 차별성을 갖기 위해 '성경적 효'라는 새로운 개념을 만들어서 기독교의 효에 대한 설명을 하고 있다. 따라서 '성경적 효'는 독특한 한국적 기독교 효 사상운동의 하나라고 말할 수 있다. 이는 효를 성경이 담고 있는 주요 사상으로 해석하는 것이다.[21]

21) '성경적 효'의 주장은 순복음인천교회의 담임목사인 최성규 목사를 중심으로

성경적 효의 근원적인 모델은 성부 하나님과 성자 하나님의 관계에서 찾는다. 성부와 성자의 관계는 아들로서의 성자 하나님이 성부 하나님께 순종하는 모습과 아울러 아버지와 아들이 사랑 안에서 하나된 관계라는 사상이 전체 성서를 관통하고 있다. 신약성서에서 나타나는 바울 사상을 보면 모든 관계의 중심은 그리스도이고 신자는 모두 형제이기 때문에 그리스도 안에서는 피차 복종이 가장 중요한 윤리 원칙으로 되어 있다. 또한 성경적 효의 주장에 따르면 모든 사람을 형제로 여겨 먼저 섬기는 것을 주장하는데 특히 사회적 약자에 대해 먼저 공경하고 특별한 배려를 하라고 말한다(최성규, 2005:247-249, 262-263).

기독교의 성경적 효 사상은 인간관계를 중심으로 하는 유교의 효 문화와는 다르게 인류에 대한 보편적 사랑이라는 기독교적 교리에 입각한 효로써 그 내용이 우리 사회의 전통적 의미의 효 사상과는 커다란 차이가 있다. 따라서 '성경적 효' 설명은 우리 전통의 효 사상에 대한 진지한 이해와 연구를 통해 효 사상에 접근하기보다는 전통적 효 사상에 대한 비판적 접근을 통해 신과 신도라는 기독교적 관계를 정당화하는 방향에서 전개된 전혀 새로운 개념이라고 말할 수 있다.

요약해보면, 불교와 기독교에서 말하는 효 개념은 유교에서 말하는 관계적 속성이 강한 '별애別愛'의 개념보다 보편적 인류에 대한 사랑과 구원을 추구하는 '박애博愛'의 개념에 가깝다는

전개되고 있다.

점에서 큰 차이를 보이고 있다. 아울러 유교의 '효 문화'가 만들어지기까지의 역사, 문화, 사상 등과 비교해볼 때 유교의 효를 모든 배경이 상이한 불교 및 기독교의 효 개념과 같은 차원에서 비교한다는 것은 무리라고 보여진다.

Ⅴ. 토론 및 결론

효孝란 한마디로 말해 부모를 잘 모시는 것이다. 우리의 효 규범에서 효행 부모가 살아계실 때에만 끝나는 것이 아니라 부모가 돌아가신 후에도 한결같이 공경하는 마음을 잃지 않는 것이다. 이는 제사를 통해 지켜지는데, 제사는 나(현재)를 통해 조상(과거)과 자손(미래)을 이어주는 역할을 한다. 이 과정에서 효는 쌍방향적 관계로 발전한다. 즉 효는 자식의 부모(조상)에 대한 사랑과 공경만이 아니라 부모의 자식(자손)에 대한 사랑과 희생을 포함한다. 자손이 있음으로써 나라는 존재는 죽은 후에도 자손들에게 기억되고 회상될 수 있는 것이다.

내가 후대에 더 잘 기억되려면 나는 내가 살아있는 동안에 자손들에게 더 잘 기억될만한 어떤 중요한 일을 하는 것이 중요하고, 또 내가 잘 기억되기 위해서는 자손이 잘되어야 하므로 자식들에게 할 수 있는 한 모든 투자를 다한다. 이러한 상황에서 한국의 가족 성원들 모두가 열심히 노력하였고 그것이 오늘날 한국의 경제기적을 이룩한 한 원인이라고 볼 수 있다.

강한 가족주의 규범은 일반적으로 지적되는 비판점보다는 도리어 많은 장점을 갖고 있다. 이러한 사회에서 부모는 가족에 대한 강한 책임감을 갖고, 가족을 지키고 번영시키기 위해 기꺼이 자신을 희생하고 헌신한다. 한국 남성들의 가족에 대한 강한 책임감은 바로 이러한 '효 문화' 속에서 나온다고 말할 수 있다. 반면에 자식들이 부모의 사랑과 헌신에 대한 보답으로 부모의 노후에 부모를 모시고 봉양하려는 의무감은 다른 어떤 사회보다 자발적이고 강하다. 한국에서는, 1980년대 아파트 문화의 발달 이후, 부모와 아들 부부가 따로 사는 세대가 급격히 늘어났다. 그러나 결혼한 자녀들은 부모와 가까운 이웃 아파트에 정착하는 경우가 많다. 결혼한 자녀는 가급적이면 부모와 가까운 곳에 살면서 자주 부모를 방문하고 집안일을 협력하여 행한다. 또한 상호간에 어려움이 있으면 상부상조한다. 이러한 가족 관계는 한국 전통의 효 문화의 현대적 변용이라고 볼 수 있다(최준식, 2005:141-143).

부모와 조상의 은덕에 감사하고 효를 실천하는 길은 한편으로는 나 자신이 잘되고 성공하는 것이고 다른 한편으로는 자신이 속한 집안이 더욱 번성하는 것이다. 효는 이렇듯 더 나은 삶을 추구하도록 하는 제도적/이념적 동기를 제공해준다. 따라서 부모는 집안과 자손의 번영을 위하는 마음에서 자식을 위한 투자와 희생을 아끼지 않는다. 한국의 높은 교육열과 자녀 교육에 대한 투자는 이미 널리 날려진 사실이다. 이러한 자녀에 대한 헌신적 투자는 양질의 노동력으로 이어지고 이는 한국의 경제 및 사회발전에 크게 공헌해왔다.

선비들에게 있어서 죽어서 어떻게 영원히 남느냐(또는 기억되느냐) 하는 문제는 삶의 궁극적인 관심사였다. 효경에는 지배층과 서민의 효를 구분하여 지배층에게 더욱 엄한 실천을 요구하고 있다. 지배층의 효에는 정신적인 면, 즉 사회에서의 존경을 강조하고 있고, 이것이 우리나라에서 선비들로 하여금 사회에 관심을 갖고 나라를 염려하게 하는 선비사상을 창출하였다. 이러한 사상의 영향은 국난의 위기 때 선비 주도의 의병활동의 근거가 되었으며, 오늘날에도 한국의 지식인들이 정치나 사회정의에 커다란 관심을 갖는 원인이 되고 있다. 동아시아 사람들은 행동할 때 항상 남과 사회를 의식하고, 기본적인 사회 정의와 질서 테두리 안에서 행동하는 경향이 강하다. 이러한 전통 속에서 한국 사람들은 합리적이고 상식적으로 행동함으로써 예측 가능한 사회를 이룩하였고, 이는 한국의 산업화에 크게 기여하였다.

문화의 이해에 있어서, 흔히 생각하듯이 우리 고유의 문화와 전통의 내용 자체가 문제가 있는 것은 아니라고 생각한다. 많은 경우 문화는 가치중립적이며, 시대와 상황에 따라 그 구체적인 내용이 변화해간다. 문화의 실질적 적용은 그 구체적인 내용이 중요하기보다는 어느 시대에 어떤 사람들이 어떤 목적으로 문화의 어떤 면을 어떻게 적용하느냐에 따라 달라진다. 세계화 물결이 거세게 일고 있는 오늘날의 관점에서 볼 때, 우리에게 가꾸고 보존할만한 독특한 문화유산이 남아있다는 것이 중요하다. 급변하는 시대에 맞게 새롭게 적용할만한 독특한 문화적 전통이 남아 있다면 그 자체가 중요한 자산인 것이다. 우리는 서구적 가치관을 앞세워 우리 고유의 문화 전통에 대해 무조건적으로 비판하기보다는 도리어 서구와는 다른 문화와 전통을 갖고 있음에 대해 감사하고, 우리의 문화와 전통에 대한 긍정적 사고를 기르는 동시에 그 장점을 되살리고 발전시켜 이를 창조적으로 계승하려는 노력을 할 필요가 있다.

참고문헌

『論語集注』.

『禮記正意』.

『朱子語類』.

『孝經注疏』.

가지노부유키/이근우 역, 2002. 『침묵의 종교 유교』. 도서출판 경당.

고영섭, 2005. “21세기를 위한 효사상과 가족문화 : 불교 효사상의 현대적 의미와 성찰.” 『21세기를 위한 효사상과 가족문화』. 2005.7.14-15 성산효도대학원대학교 주최 국제학술회의. 프레스센터 국제회의장.

국민호, 1997. “동아시아 경제 발전과 유교.” 『한국사회학』 제31집 봄호. 한국사회학회.

______, 1999. 『동아시아 국가주도 산업화와 유교』. 전남대학교출판부.

______, 2000. “유교 문화적 전통과 자유민주주의.” 『동양사회사상』 제3집. 동양사회사상학회.

김동수, 2005. “기독교 효사상의 특징과 현대적 의미.” 『21세기를 위한 효사상과 가족문화』. 2005.7.14-15 성산효도대학원대학교 주최 국제학술회의. 프레스센터 국제회의장.

김태준, 2001. “동아시아에서의 神의 존재－<사생귀신론>의 향방을 중심으로－”, 『東洋學』 제31집, 단국대학교 동양학연구소.

김호기, 1992. “동아시아 자본주의 발전과 유교의 역할.” 유석춘 편, 『막스 베버와 동양사회』. 나남.

에즈라 보겔/정진영 역, 1993. 『환태평양 시대의 리더 네 마리의 작은 용』. 고려원.

유석춘, 1997a. "유교자본주의의 가능성과 한계". 『전통과 현대』 여름호.

______, 1997b, "동아시아 '유교자본주의' 재해석", 『전통과 현대』 겨울호.

유석춘, 최우영, 왕혜숙, 2005. "효(孝): 기억과 再現의 경제사회학." 『21세기를 위한 효사상과 가족문화』. 2005.7.14-15 성산효도대학원대학교 주최 국제학술회의. 프레스센터 국제회의장.

정을균, 2005. "효사상과 시민윤리." 『21세기를 위한 효사상과 가족문화』. 2005. 7. 14-15 성산효도대학원대학교 주최 국제학술회의. 프레스센터 국제회의장.

토머스 프리드먼/신동욱 역, 2003. 『렉서스와 올리브 나무』. 창해.

최문형, 2004. 『한국전통사상의 탐구와 전망』. 경인문화사.

최석만, 1997. "유교와 공동체 윤리", 함필홍 외 『새로운 공동체를 찾아서』. 한맥.

최성규, 2005. 『한국인의 효, 제1권』. 서울언론인클럽.

최준식, 2005. "다시 새겨보는 효의 진가－가장 이상적인 가족제도의 창출을 중심으로－", 『21세기를 위한 효사상과 가족문화』. 2005.7.14-15 성산효도대학원대학교 주최 국제학술회의. 프레스센터 국제회의장.

함재봉, 2000. 『유교 자본주의 민주주의』. 전통과 현대.

황선명, 1985. 『조선조 종교사회 연구』. 일지사.

Amsden, Alice H., 1989. *Asia's Next Giant: South Korea and Late Industrialization.* Oxford, New York, Toronto: Oxford Univ. Press.

Balassa, Bela ed., 1981. *The Newly Industrializing Countries in the World Economy*. New York: Pergamon Press.

Castells, Manuel, 1997. *The Information Age Vol II: The Power of Identity*. Blackwell Publishers.

Chen, Edward K. Y., 1988a. "The Economics and Non-economics of Asia's Four Little Dragon." *University of Hong Kong Supplement to the Gazette* 35(1):23-30.

__________________, 1988b. "Asia's Newly Industrialized Countries in Transition." *The Korean Journal of International Studies*. Vol. XIX, No. 2 (Spring 1988): 239-251.

Cheng, Tun-jen, 1987. "The Rise and Limits of the East NICs." *Pacific Focus: Inha Journal of International Studies*. 2(2):51-75.

Deyo, Frederic C., ed., 1987. *The Political Economy of the New Asian Industrialism*. Ithaca and London: Cornell Univ. press.

Gereffi, Gary & Donald L. Wyman ed., 1990. *Manufacturing Miracle: Paths of industrialization in Latin America and East Asia*. Princeton Univ. Press.

Haggard, Stephan, 1986. "The Newly Industrializing Countries in the International System." *World Politics* 38: 343-370.

_______________, 1987. "State and Foreign capital in the East Asian NICs." in Deyo (ed). *The Political Economy of the New Asian Industrialism*. Cornell Univ. Press.

_______________, 1988. "The Politics of Industrialization in the Republic of Korea and Taiwan." in Helen Hughes ed., *Achieving Industrialism in East Asia*. Cambridge University Press.

________________, 1989. "The East Asian NICs in Comparative Perspective." ANNALS, AAPSS, 505, September:129-141.

________________, 1990. *Pathways from the Periphery: The Politics of Growth in the Newly Industrializing Countries.* Cornell University Press.

Haggard, Stephan & Chung-in Moon,1990. "Institutions and Economic Policy: Theory and a Korean Case Study." *World Politics* Vol. XII, No.2:210-237.

Helen Hughes ed., 1988. *Achieving Industrialism in East Asia.* Cambridge University Press.

Johnson, Chalmers, 1987. "Political Institutions and Economic Performance: The Government Business Relationship in Japan, South Korea, and Taiwan." pp.134-64 in Deyo (ed.), *The Political Economy of the New Asian Industrialism.* Cornell University Press.

Thai, Hong-Chao (ed.), 1989. *Confucianism and Economic Development: An Oriental Alternative?*, The Washington Institute Press.

Wade, Robert, 1988. "The Role of Government in Overcoming Market Failure: Taiwan, Republic of Korea and Japan." in Helen Hughes ed., *Achieving Industrialism in East Asia.* Cambridge University Press.

____________, 1990. *Governing the Market, Economic Theory and the Role of Government in East Asian Industrialization.* Princeton Univ. Press.

제3장
한국의 시민사회운동과 유교 문화적 전통

I. 문제제기

노무현 정권이 '참여정부'의 기치를 내걸고 출범한 지 벌써 4년이 훨씬 지났다. 대통령 선거 과정에서 보여준 노무현 후보의 개혁성과 참신성은 이회창 후보의 보수성 및 지역성에 대조되면서 젊은 유권자들의 적극적인 지지를 이끌어 내었다. 특히 1990년대 이후 활성화된 각종 사회운동 단체들은 기존의 지역주의와 대결적 이데올로기 체제에 안주하려는 보수적 정치권에 대해 강하게 반발하면서 노무현 후보에게 적극적인 지지를 보냈다.

노무현 정권의 참여정부는 30년 이상의 근대화 과정에서 형성된 보수적인 정치권 및 기득권 세력과 대항하여 개혁정책을 펼치기 위해 비판적이고 개혁 지향적인 시민사회운동 세력을 적극적으로 끌어안았다. 보수적인 정치권 및 기득권 세력에 대응하기 위해 과거 민주화 운동에 주도적이었던 비판적 사회세력을 정치적 파트너로 삼는 전략은 이미 '문민정부'(김영삼 정부)와 '국민의 정부'(김대중 정부) 하에서도 일부 진행된 바 있다. 그러나 '참여정부'(노무현 정부)는 이에 한발 더 나아가 집권 초기의 정치개혁과 정계개편 과정에서 이들 사회운동 인사들을 정권의 핵심 세력으로 포진시켰으며, 그 결과 현 정부와 사회운동 세력과의 연계는 과거 어느 때보다 더욱 긴밀해졌다.

과거 군부독재정권에 대항하여 정치적 민주화라는 단일 목표를 향해 투쟁할 때 민주화 운동 단체들이 제기하는 문제는 한마디로 말해 '옳고 그름'의 문제였고, 1987년 6월 항쟁 이후 정치권에 대항하여 사회운동 단체가 제기하던 문제 역시 '옳고 그름'의 문제였으며, 이 과정에서 사회운동 단체의 주장 자체는 바로 '정의'의 상징으로 비쳐졌다(조효제, 2003). 당시, 민주화와 시민사회를 억압하는 군부독재정권이라는 단일한 투쟁 대상이 명확하였던 만큼 이들 운동 단체들의 행동과 이념에 대해서 비판적인 사람들도 이들의 주장과 행동에 대해 무언의 동의를 던졌다.

그러나 절차적 민주주의라는 정치적 목표가 어느 정도 달성된 상황에서 과거 독재정권 타도 및 민주화라는 공동의 목표를 위해 강한 결집력을 보였던 각종 사회운동 세력은 더 이상 정치 투쟁을 유일한 운동 목표로 설정할 수 없게 되었고, 점차적으로 운동 목표를 정치적인 문제에서 일상의 사회문제로 변화시킬 수밖에 없었다.

오늘날 한국 시민사회운동의 내용을 살펴보면 다양한 개성과 주장을 가진 사람들이 다양한 이해관계 속에서 독자적인 이익집단을 결성하여 각자 자기가 속한 집단의 목표를 실천하기 위해 노력하고 있다고 볼 수 있다. 사회운동 단체들의 욕구가 다양하게 표출되면서 운동 단체들이 제기하는 문제는 더 이상 '옳고 그름'의 문제나 '정의'라고 단순하게 정의될 수 없게 되었다. 이제 사회 곳곳에서 각기 상이한 이해관계를 가진 이익단체들이 시민사회운동이라는 구호를 내걸고 상호 목소리를 높여가며 자신들의 이해를 관철시키기 위해 노력하고 있다. 전국적으로 시민사회운동의 외양을 한 각종 이익단체들이 계속적으로 나타나고 있으며 이 과정에서 극단적인 주장을 하는 사회운동 단체들도 시민사회운동의 기치를 내걸고 적극적으로 활동하고 있다. 이렇듯 사회운동 단체가 다양하게 활성화되고 그들의 활동이 집단의 이익을 우선적으로 추구하게 되면서 사회운동의 목표와 시민사회의 개념이 더욱 다양해지고 있다.

노무현 정부의 특징은 비판적 사회운동 단체들의 중추적 인사들이 여러 분야에 걸쳐 대거 정부 및 정치 활동에 참여했다는 점이다. 그 동안 정치권 밖에서 비판적 목소리를 높여오던 비판적 사회운동 단체의 인사들이 정권에 참여하면서 국가와 시민사회의 관계에 대한 재정립이 요구되고 있다. 시민사회의 기반이 억압적-착취적 국가로부터 저항적-자율적 시민사회의 분리에 있음(김성국, 2002)을 감안할 때, 과거 비판적 지식인들과 시민사회운동가들이 정치권의 주류로 참여하게 된 특이한 상황이 발생한 한국 사회에서 차후 시민사회운동이 어떻게 진행될지는 많은 사람들의 관심사가 되고 있다. 그리고 이러한 환경 변화 자체가 미래 한국 시민사회운동에 대한 국민적 의식변화의 커다란 실험장이 되고 있다.

최근 참여정부 하에서 각종 사회운동 세력은 거침없이 자신의 목소리를 내면서 어느 사이에 새로운 정치권력의 실세로 자리 잡았다. 신자유주의적 시장경제의 확산에 따라 위기의식을 느낀 제조업 노조들은 사회 곳곳에서 대화와 타협보다는 실력행사를 통해 자신들의 목소리를 높여가고 있으며 공무원 노조, 전교조 같은 사무직 노조들도 연일 목소리 높여 자신들의 주장을 관철하고 있고, 여성단체, 학생운동 단체, 농민운동 단체, 주민/지역운동 단체, 통일운동 단체 등 사회 곳곳에서 다양한 사회운동 단제들이 자신들의 이해관계나 요구를 관철시키기 위해 집단적으로 실력행사를 감행하고 있다. 노무현 정권의 참여정부 하에서 한국사회는 시민사회운동의 전성기를 맞이하고 있다고 볼 수 있다.

민주주의 사회에서 각종 이익집단들이 자신들의 의견을 표출하는 것은 당연한 권리이고, 우리나라의 헌법도 집회 및 결사의 자유를 보장하고 있다. 그리고 이들이 의견을 표출할 수 있는 다양한 수단이 존재하고 있다. 그럼에도 불구하고 많은 경우에 이들 이익단체들은 절차와 대화 및 타협을 생략하고 처음부터 목소리를 높이고 집단적이고 물리적인 행동을 하고 있다. 언제부터인가 우리 사회에서는 사람들의 의식 속에 극단적인 실력행사를 하여야만 무언가 얻을 것이 있다는 생각이 팽배해 있는 것 같다. 많은 경우에 이러한 집단행동은 국민들의 생활과 직결되는 곳에서 이루어진다. 철도노조, 지하철 노조, 버스노조, 화물연대, 금속노조, 항공사 노조, 의사노조, 병원노조, 전교조, 공무원 노조 등 민생과 직결되는 부분에서 노조의 실력행사가 정례화/장기화되면서 주기적으로 경제·사회가 커다란 혼란과 타격을 입게 된다. 이들의 주장은 경제적 약자 또는 사회 정의라는 명목으로 대부분 용인된다. 일반적으로 기업과 정부는 국가신인도나 민생안전 차원에서 이를 빠른 시일 내에 해결해야만 하는 부담감을 안고 타협에 임하기 쉽다.

참여정부는 노동운동 단체를 비롯한 각종 사회운동 단체의 적극적인 지지 속에서 탄생했다. 초기 몇 달 동안 '참여정부'는 노동단체들의 요구를 대부분 수용했다. 그 결과 노조의 정부에 대한 기대수준이 높아짐과 동시에 '뭉쳐서 강하게 투쟁하면 모두 들어준다'는 인식이 팽배한 가운데 노조는 무리한 요구도 서슴치 않게 되었다. 그들은 현 정부의 한계를 잘 알고 있으며, 세게 밀어붙이면 정부는 결국 들어줄 수밖에 없다는 것을 잘 인식하고 있다. 문제는 많은 경우 이들 단체들이 더 이상 '공공선'을 지향하지도 않고 대다수 국민들의 공감대를 얻고 있지도 못하다는 것이다. 이제 대부분의 국민들은 이들 노동단체를 포함한 대부분의 사회운동 단체들이 더 이상 '정의'와 '옳음'을 대변한다고 보지 않고 있다. 이들 사회운동 단체들은 여러 이익집단의 하나로 간주되고 있을 뿐이다.

이러한 현실이 지배적인 한국 사회의 특징을 간단히 말한다면 '다수의 폭정'이라고 말할 수 있다. 정부가 사회적 약자를 보호하는 것은 바람직한 일이고, 정부가 이를 구현하려고 노력한다는 것은 어찌 보면 당연한 일이다. 그러나 약자를 보호한다는 미명아래 형식과 절차가 무시된다면 법과 질서에 순응하여 살아왔던 다수의 국민들은 어떻게 보호를 받아야 하는가 하는 문제가 남는다. 이미 남미 국가들에서 경험한 바와 같이 지나친 민중적 민주주의는 사회 질서를 파괴하며 결국에는 국민 개개인들의 자유를 해치고 국가 경제 및 사회발전에 방해가 될 뿐이다. 사회가 지키고 보호해야 할 자유와 권리는 법에 명시된 것이어야 하고 정부의 역할은 법을 엄격하면서도 공정하게 적용하는 것일 것이다. 사회에는 규율과 기강이 있어야 하고 정부의 행동에는 권위가 따라야 할 것이다. 집단적 이기주의와 불법적인 집단행동에는 강력한 제재가 따라야 할 것이다.

이 글에서는 한국의 시민사회운동이 어떻게 진행되었으며, 나아가 현 참여정부 하에서 한국 시민사회운동의 한계점이 무엇인지를 살펴본 후, 이에 대한 대안으로서의 전통의 역할, 특히 유교문화의 역할에 대해 논의해보고자 한다.

Ⅱ. 한국의 시민사회운동에 대한 고찰

1. 시민사회의 사상적 배경

현대적 의미의 시민사회는 서구의 근대화와 함께 시작하였다고 볼 수 있다. 근대화의 주요 특징은 개인의 자유를 위한 정치적 투쟁, 사유재산제 확립과 광범위한 시장의 확장, 그리고 이를 보장해줄 수 있는 중앙집권적 국민국가의 형성으로 집약할 수 있다. 따라서 시민사회의 사상에는 사유재산, 개인주의, 정치적 민주주의 등이 핵심적 내용을 구성하고 있다. 시민사회의 주된 표적은 국가다. 국가는 필요하지만 그 절대권력은 제한되어야 한다는 것이 시민사회론의 핵심 내용이다. 특히 로크의 자유주의 시민사회론에서 부각되는 것은 재산과 같은 경제적 이익추구를 자연권으로 보고 국가의 역할은 단지 사유재산을 보호하고 자유로운 경제활동을 보장해주는 것에 국한되었다(김경동, 2002:21-22). 오늘날 미국과 같이 철저히 상업화한 사회질서 속에서 자유주의 시민사회는 국가의 권력 제한, 시장 견제, 공공영역의 활성화, 공동체 부활 등 다양한 역할을 수행해야 하는 막중한 책임을 지고 있다(김경동, 2002).

시민사회에 대한 이론적 배경은 사상적 관점에 따라 다양하게 찾아질 수 있으나 본 논문에서는 자유주의적 시각에서의 시민사회론을 중심으로 살펴보고자 한다. 오늘날 시민사회 논의의 사상적 배경은 자유민주주의라고 볼 수 있다. 자유민주주의는 그 지향하는 내용과 역사적 뿌리가 서로 다른 '자유주의' liberalism와 '민주주의' democracy라는 두 정치 이념이 자본주의가 발전하는 특정 단계에서 결합하여 성립된 정치 이념이다. 그러나 실제에 있어서 이 자유민주주의 체제는 전적으로 서구의 역사적 경험에서 나타난 서구의 근대적 현상으로 우리의 역사적 경험으로 볼 때는 매우 이질적인 정치체제이다.

자유주의는 개인의 자유와 권리를 사회에서 가장 중요한 가치로 간주하며, 국가는 개인의 자유를 가능한 한 최대로 보장해주어야 한다고 보는 정치 이념이다. 자유주의의 근대적 의미는 '개인의 자유'를 보편적 가치로 인식하고 그것에 기초한 사회제도와 정치사상을 형상화한 것이다. 역사적으로 볼 때 자유주의는 자본주의 빌흥기에 새롭게 부를 축적한 신흥 부르주아 계급이 봉건적 속박으로부터 벗어나 개인의 사유재산을 보장받기 위한 투쟁으로부터 시작되었다. 그러나 그들은 실제에 있어서 자신들의 재산과 교양을 바탕으로 가난한 대중을 정치과정에서 배제시킴으로써 부르주아 계급의 정치적 지배를 완성하였다. 결국 자유주의는 중세 봉건제와 절대주의의 귀족적 지배를 부르주아 지배로 대치한 것에 불과했다. 이러한 정치사상은 이후에 민중의 도전에 직면하게 되었고, 그 결과 민주주의 체제가 도입되어 오늘날의 자유민주주의 체제가 탄생하게 된 것이다(김석근, 1999).

민주주의는 다분히 역사적인 개념이다. 즉 민주주의라는 개념은 인류 역사의 발전과 더불어 발전하고 풍부해졌다. 민주주의Democracy란 민중Demos과 지배 또는 권력Kratos이 결합한 말로, 그 의미는 국가의 지배 권력이 어떤 특정한 개인이나 집단에 의해서가 아니라 사회 구성원 전체에 합법적으로 부여되고 있다는 것이다. 따라서 민주주의란 민중의 지배, 즉 국민의 통치를 의미한다. 이는 민중이 권력을 소유하고, 권력을 행사하며, 권력의 주체가 되는 정치 형태를 말한다. 역사적으로 발전한 민주주의 원리는 다음 세 가지 측면에서 설명된다. 첫째, 인간의 기본적인 가치와 권리에 대한 인정이다. 인간에게는 자유, 존엄, 생명과 같은 양도할 수 없는 고유한 권리와 가치가 존재한다는 사실을 인정하는 것이다. 둘째는 국민 주권 사상으로, 통치자는 국민의 동의에 의해서만 정치권력 행사의 정당성을 가진다는 것이다. 따라서 권력의 원천은 국민으로, 국민 주권은 양도할 수도 없고 파괴할 수도 없다는 생각이다. 셋째, 사적 경제 활동의 자유를 보장하는 것이다. 민주주의는 재산권, 상속권, 부와 자본의 증식권, 그리고 생산과 판매, 구매에서 자유로운 활동을 보장하는 것이다(어수영, 1991).

정치 이념으로서의 자유민주주의를 구현하기 위한 기본 요소로 '자유'와 '평등'이 있다. 여기서 자유는 개성의 자각과 가치를 그 본질로 하고 있다. 서구 근대사는 민중의 자유에 대한 인식과 이를 쟁취하기 위한 투쟁의 역사라 해도 과언이 아니다. 시민사회 논쟁에서도 개인의 자유는 일차적으로 추구해야 할 우선적 목표다.

자유에는 '소극적 자유'와 '적극적 자유'가 있다. 소극적 자유는 철저히 정치적인 개념으로, 부당한 간섭이나 압제로부터 벗어날 수 있는 자유를 말한다. 이는 남으로부터 강제되거나 지배를 받지 않는 상태, 즉 구속과 제약이 없는 상태를 말한다. 이것은 역사적으로 근대 시민사회의 성립 과정에서 시민 계급이 추구하였던 가치로, 봉건적인 여러 제약과 구속으로부터 벗어나려는 과정에서 강하게 주장된 것이다. 또 이는 최소주의 개념으로 인간들이 사회에서 더불어 살기 위해서 지켜야 하는 최소한의 규범을 의미한다(이승환, 1998). 이러한 소극적 자유의 성격을 명확히 드러낸 것은 '프랑스혁명'으로, 프랑스혁명은 인간의 자유를 억압하는 모든 사회적 구조나 제도를 악으로 간주함으로써 자유의 정치적/사회적 의미를 명확히 했다. 바로 여기서 시민적 자유가 중시되었다. 이는 로크가 말한 자연권에 해당하는 것으로 사생활의 자유, 종교의 자유, 거주 이전의 자유, 언론 출판의 자유, 사상 및 학문의 자유, 직업 선택의 자유, 재산권 행사의 자유 등을 포함한다. 로크를 비롯한 영국의 고전적 자유주의자들은 특히 사유 재산권을 중요시하였다. 그들은 사유 재산을 목적을 향한 수단으로 보고, 사유 재산이 인간을 인간답게 만들고 또 행복하게 만든다고 생각했다(어수영, 1991).

자유주의자들의 주장은 독립적인 개인의 사유 재산권 보장으로 요약될 수 있다. 자유주의자들이 강조한 경제 활동의 자유는 개개인의 자유로운 경제 행위를 옹호하고, 나아가 경제 활동에 대한 국가의 규제와 간섭을 최소로 하는 자유방임주의적 자유주의를 발전시켰다. '서구의 시민권은 바로 이러한 개인의 권리를 법률적으로 표현한 개념이다. 서구의 역사는 부당한 권력이나 특권층의 횡포로부터 개인을 보호하기 위하여 개인을 사회로부터 해방시키는 과정이었다'(유석춘, 2002).

자유에 대한 논의의 또 한 측면에는 적극적 자유가 있다. 적극적 자유란 무엇인가를 성취하려는 자유, 고상한 인격을 함양할 수 있는 능동적 자유, 자신을 희생하여 공동선에 이바지할 수 있는 도덕적 자유를 말한다(이승환, 1998). 소극적 자유에 집착한 근대 서구의 자유주의 개념은 이러한 적극적 차원의 자유를 수용하지 못하고 있다. 이러한 측면의 자유는 오히려 자기 수양과 공동체에 대한 헌신을 가르친 유교의 가르침에서 발견된다.

실제에 있어서 무제한의 자유는 무질서한 혼란과 극단적인 빈부 격차를 가져왔다. 그 결과는 정치적 혼란과 선동, 경제적 불평등과 착취로 이어지면서 자유주의의 파탄을 가져왔다. 점차적으로 사람들은 개인의 진정한 자유는 다른 사람에 대해서도 자신과 동등한 자유와 권리를 가진 존재로 인식할 때 가능하다는 것을 깨닫게 되었다(김석근, 1999). 자유는 반드시 책임과 통제를 수반한다. 개인 각자가 자유를 향유하자면 서로 책임과 의무를 존중하여야 한다. 자유는 타인과의 관계를 통해 실현되므로 자유를 실현시키고자 할 때에는 다른 사람의 자유를 인식해야 한다. 결국 진정한 자유는 법의 지배 아래 서로 책임과 의무를 이행할 때 이루어진다. 사회 내에서 법이 정한 질서를 유지할 때 인간은 자신에게 부여된 자유를 향유하게 되는 것이다.

평등사상은 봉건적 질서에 대항해 싸운 서구의 근대화 과정에서 모든 사람의 평등을 외치며 주창된 개념이다(이승환, 1998). 서양의 평등사상은 자연권적 이념에 영향을 받아 모든 인간은 생명·자유·행복 추구 같은 데에서 동등한 기본권을 갖고 있다고 본다. 또한 기독교적 전통에 따라 모든 인간은 신 앞에 평등하다고 보고, 휴머니즘의 전통에 따라 모든 인간은 이성적이라 본다. 이는 모든 인간에게 똑같은 기회와 규칙이 주어져야 한다는 원칙론으로 발전하였다(권영달 외, 1993).

평등에는 산술적 평등과 배분적 평등이 있다. 전자는 개개인의 특성이나 조건과 상관없는 획일적이고 기계적인 평등을, 후자는 개개인의 특성이나 능력을 고려한 평등을 의미한다. 산술적 평등은 주로 빈곤한 다수에 의해서 요구되고 배분적 평등은 소수의 부유층에 의해 요구되는데, 이 둘은 항상 갈등을 일으킨다. 자유민주주의 사회의 평등 개념은 배분적 평등에 가까운 것으로 모든 인간들에게는 모두에게 공통적으로 주어지는 동등한 면이 있음과 동시에 각 개인들을 구분해주는 차등적 측면이 있다는 것을 인정하고 이에 따른 분배의 차등화를 인정하고 있다(권영달 외, 1993). 실제 생활에서 사람들은 기회의 평등은 인정하면서도 다른 한편으로 기회의 평등과는 다르게 인간의 능력과 재질에 차이가 있음을 인정하고, 그에 따른 다양성과 불평등은 불가피하다고 보고 있다.

자유민주주의는 근본적으로 모든 사람이 평등하다는 원리를 내포하고 있다. 모든 인간은 법 앞에 평등하고 누구나 정치적으로 자유를 누릴 수 있다고 본다. 따라서 자유와 평등 모두는 자유민주주의 이념의 핵심적인 내용이면서 시민사회의 사상적 배경이다. 그러나 이 둘 사이에는 조화와 균형이 있어야 한다. 지나친 자유는 불평등을 낳고 지나친 평등은 획일화를 가져온다.

2. 한국의 시민사회와 시민사회운동

한국에서의 시민사회에 대한 이해를 살펴보면, 시민사회는 분석적으로 국가와 대립되는 것으로 간주되거나(김성국, 2001) 혹은 국가, 시장 등과 구분되는 질서로 설정되기도 한다(김호기, 1999, 정수복, 1999). 일반적으로 국가가 경제와 권위에 기초해 있다면 시장은 경제적 이익과 경쟁에 기초해 있고 시민사회는 자율적 의사소통과 담론의 질서로 구성되어 있다고 본다. 국가의 영역은 강제와 권위를 통한 통치를 특징으로 하기 때문에 그 자체를 정치적 영역이라 한다. 국가는 본질적으로 시장이나 시민사회에 대해 다차원의 억압과 통제를 가하기 때문에 국가는 필연적으로 시장이나 시민사회의 저항 및 도전에 직면한다고 보고 있다(조대엽, 1999).

이러한 저항과 도전 가운데 국가외적 영역에서 집합적 정체성을 공유하고 다양한 갈등에 참여하기 위해 개인과 집단과 조직들 간에 형성되는 비공식적 상호작용의 네트워크를 사회운동이라 한다. 새로운 사회운동은 일반적으로 노동운동으로 대변되는 구사회운동과 다르게 시민사회의 일상생활과 관련된 문제로부터 발생하기 때문에 주로 시민사회에 위치해 있고, 국가에 대해 저항하고 비판하지만 정치권력의 획득을 추구하지는 않는다고 간주된다(조대엽, 1999). 따라서 시민사회란 억압적인 국가권력의 압력으로부터 개인을 지키고 보호하기 위해 적극적으로 국가에 대항하고 투쟁하는 시민들의 행위로 이루어진 사회라고 말할 수 있다. 그러나 한국적 특수성은 정치권력과 시민사회운동 세력의 밀착관계를 가져왔으며, 참여정부에서는 시민사회운동가들이 정권의 한 주축을 이루고 있다. 이런 측면에서 한국의 시민사회운동은 일반적 정의에서 크게 벗어나고 있다고 볼 수 있다.

3. 한국 시민사회의 성립 과정

돌이켜보면 해방 이후 한국사회는 수십 년 동안 시민사회가 성장할 수 있는 조건을 박탈당해 왔다. 미군정과 남북분단 상황을 겪으면서 사회는 철저히 반공이데올로기로 무장했으며 이에 따라 좌익운동 및 노동운동은 발붙일 곳이 없었다. 1960년대 산업화 과정을 통해 한국의 군부 권위주의 정부는 모든 사회적 갈등을 억압하고 시민사회의 형성을 저해하였다. 가난으로부터 벗어나자는 조국 근대화 구호와 경제발전 이데올로기, 그리고 가시적인 경제성장 효과는 한국 사회 전반을 이른바 개발독재의 총동원체제로 몰아갔다(조대엽, 1999). 권위주의적 군부정권은 1970년대에 들어와 자주국방과 지속적 경제성장을 위한 체제안정이라는 명분으로 유신체제를 만들어 냄으로써 1970년대로부터 1980년대로 이어지는 민주화운동을 촉발시켰다. 1972년에 성립된 유신헌법은 국가가 시민사회를 완전히 통제하고 체제 안으로 포섭하려는 노력으로 만들어졌다. 즉, '국가에 의한 시민사회의 강압적인 식민지화'가 진행된 것이다(정수복, 1999). 1970년대 이후 진행된 민주화운동은 당시 시대적 분위기를 반영한 것으로 무엇보다도 군부독재권력의 폭압적 성격과 비민주화에 대한 도전이었고 나아가 권력의 절대적인 비호와 지원 속에서 성장해 온 재벌을 중심으로 이룩된 한국자본주의의 경제적 모순적 과제를 해결하려는 움직임이었다. 따라서 운동의 주된 흐름은 이른바 '민중'으로 지칭되는 피지배계급 중심의 계급 이슈가 중심이 된 급진적인 경향을 보여왔다(조대엽, 1999).

1970년대 민주화운동의 핵심적인 이슈는 반反유신·정치적 민주화로 요약할 수 있다. 1974년 민청학련사건 당시 각 대학에 뿌려진 '민중·민족·민주선언'의 내용과 아울러 1970년대 후반으로 갈수록 노동운동과의 연계가 강화되는 점 등은 1970년대 운동의 민중 중심적 변혁성을 보여주는 부분이기도 하다. '긴급

조치'시대라고도 불리는 1970년대의 사회운동은 민주화를 위한 정치투쟁적 성격이 짙은 것으로 정부의 가혹한 탄압으로 말미암아 대중적 기반을 거의 갖지 못했다(조대엽, 1999).

1980년 5.18 광주민주화운동은 1980년대의 폭발적인 민주화운동의 도화선이 되었다. 광주항쟁의 여파와 과제는 이후 1980년대 전반에 걸쳐 확산된 민주화운동의 내적 동력으로 자리 잡게 되었다. 광주항쟁은 전두환 군사독재정권의 반민주성을 보여주는 생생한 역사적 사건으로 1980년대 민주화운동을 범국민적인 신군부정권의 타도에 집결시키는 정서적 근간이 되었다. 1987년의 6월 항쟁은 1970년대부터 시작된 한국의 민주화 운동의 씨앗이 드디어 열매를 맺는 순간이었으며 광주만의 외로운 민주화투쟁이었던 광주사태가 광주민중화운동이라는 이름으로 전국의 민주화운동으로 거듭나는 사건이었다.

1987년 6월 항쟁 이후 한국사회는 정치·사회적으로 커다란 변화를 맞이했다. 국가와 시민사회와의 관계가 변화된 것이다. 1987년 이전의 사회운동은 군부독재 타도와 민주화라는 큰 목표 때문에 민중운동과 시민운동 또는 급진노선과 온건노선 간의 차이가 명확히 부각되지 않았었다(김호기, 1999). 일반적으로 6월 항쟁 이전까지 한국의 시민사회운동은 군부정권의 극심한 탄압 속에서 재야운동권의 전유물로 여겨져 왔었다. 그러나 1987년 6월 항쟁을 고비로 시민사회운동의 계급 중심적 패러다임은 탈계급적 시민사회운동으로 빠르게 변화되어 갔다(조대엽,

1999).

6월 항쟁과 관련하여 가장 많이 논의되었던 쟁점은 운동주체의 문제라고 할 수 있다. 6월 항쟁 당시 실제로 운동에 참여한 사람들의 대부분은 학생, 지식인, 그리고 회사원으로 대변되는 화이트칼라들이었다. 이들은 계급 구분에서 중간계급에 속하는 사람들이었고 6월 항쟁의 핵심 주체인 국민운동본부의 지도층들은 비교적 온건한 노선의 인사들이었다. 나아가 국민운동본부의 결성 자체가 직선제 개헌이라는 비교적 온건한 목표를 통해 가능했기 때문에 여러 가지 현실적인 요소들을 고려한다면 6월 항쟁은 이전의 비판적 사회운동과는 다르게 중간층 중심의 사회운동이라고 말할 수 있다. 이들 중간층은 이후 새롭게 등장하는 시민사회 및 시민사회운동의 주축을 이루게 된다.

1987년의 6월 항쟁은 대통령직선제 개헌을 약속하는 이른바 '6·29 선언'을 얻어냈으나, 이후 민주화운동 진영은 조직적 분열을 거듭함으로써 급속히 약화되어 갔다. 1988년 총선을 기점으로 재야민주화운동의 지도자들이 개별적 혹은 집단적으로 속속 제도권정치에 진입함으로서 민주화운동 진영의 해체가 가속화되었다(조대엽, 1999). 1987년 이전까지 한국 사회에서 사회운동의 핵심을 이루던 급진적 민주화세력은 1980년대 후반 이후에 일정 정도 절차적 민주화의 확보 및 소련과 동구권 몰락이라는 역사적 사건을 계기로 급속히 침체된 반면 새로운 운동세력으로 시민사회운동 세력이 급부상하였다. 시민사회의 등장과 함께 정치·사회적 관심은 정치적 문제에서 정치외적 문제로 바뀌어 갔다. 수서 택지 특별 분양사건, 낙동강 페놀오염사건 등은 당시 시민사회의 관심을 비정치적인 영역으로 이동시키는 중요한 계기가 되었다(조대엽, 1999).

시기적으로 1990년대 이전의 사회운동을 '민주화 운동'또는 '민중운동'이라 부른다면 이후, 좀 더 구체적으로는 1993년부터 활성화된 한국의 새로운 사회운동은 일반적으로 '시민운동'이라고 부를 수 있다. 새로운 사회운동은 서구 근대사회를 지배해왔던 경제성장과 물질주의적 가치로부터 벗어나 일상적 생활세계와 탈물질적 가치를 중심으로 전개된 시민사회운동이다. 민주화 운동을 핵심적으로 추진한 재야 운동진영은 일반적으로 계급적 이념에 바탕을 두고 있었다. 그러나 1990년대 시민운동은 환경문제와 여성, 반핵문제 등 서구의 새로운 사회운동이 추구하는 이슈들을 중요하게 취급하였다(조대엽, 1999).

1990년대의 시민사회운동은 1980년대의 민중운동과 비교할 때 어떤 점에서 새롭다고 할 수 있을까? 시민운동가인 정수복의 주장에 따르면 시민사회운동은 신사회운동이라 부를 수 있으며 이는 이념적으로 노동운동의 선험적 중심성을 거부하는 다원주의적인 입장에 서고, 또 정치적 이슈보다는 생활세계의 이슈를 크게 부각시켰으며, 문제제기의 방식이 이데올로기적 설득에서 구체적이고 실용적인 대안 제시로 바뀌었다고 본다. 운동방식도 시위와 항의에서 포럼과 대안 제시, 감시와 견제,

시민강좌 및 문화행사 개최, 토론회와 기자회견 등의 평화적 방식으로 바뀌었다고 본다(정수복, 1999). 실제로 1990년대 이후 한국 시민사회운동의 운동방식이 크게 바뀌었을까?

4. 한국 시민사회론에 대한 논쟁과 비판

한국에서 사회운동 변화를 둘러싼 논쟁은 어떻게 전개되었나? 시민사회론의 부각은 사회운동의 주된 흐름이 경제중심의 노동운동에서 비경제적인 생활문제와 사회문제로 전환되었음을 의미하였다. 시민사회론자들은 시민사회의 비판적 잠재력을 중시하면서 다원적 참여민주주의를 지향하는 입장에서 시민운동을 적극적으로 평가하였다. 그러나 1980년대 마르크스주의 패러다임 안에서 한국의 진보적 변화를 추구해온 비판적 학자들은 전체적으로 시민운동의 부상을 비판적으로 평가하였다. 이들은 시민운동이 민중적 과제를 은폐하고 기존의 사회체제를 보호 유지시키는 보수적 이데올로기의 기능을 간접적으로 수행한다고 보았다. 실제로 오늘날 한국에서 사회운동의 강력한 한 축을 이루고 있는 노동조합 운동의 지속성은 21세기 사회운동의 핵심이 신사회운동을 중심으로 전개될 것이라고 보는 시민사회론의 주장을 무색하게 하고 있다. 나아가 정치권과 시민사회운동가들의 결탁이 가시화되면서 심지어는 한국적 상황에서 시민사회란 애초부터 허구에 불과하다는 비판까지 나타나고 있다.

시민사회에 대하여 매우 긍정적이고 낙관적인 견해를 펴고 있는 대표적인 이론가로 정수복을 들 수 있다. 정수복은 개개인의 이익을 추구하는 존재가 아닌 '공공선'을 추구하는 존재로 시민을 상정한다. 이들 시민들이 적극적으로 국가와 시장을 감시하고 비판·견제하여 참여민주주의를 실천함으로써 자유민주주의를 심화·확대할 수 있다고 본다. 따라서 정수복은 국가와 시장 모두로부터 자유로운 제3영역으로 시민사회를 주장하고 있다. 시민사회는 국가와 시장의 밖에서 사회 전체 그리고 인류의 '공공선'을 증진시키기 위한 집합적 의지를 행동으로 표현하는 사회라는 것이다. 따라서 시민사회는 저절로 만들어지는 것이 아니라 사회적 행위자들이 스스로의 정체성과 권리의식을 형성하여 적극적으로 만들어가는 것으로 본다(정수복, 1999). 시민사회는 국가와 시장에 대하여 자율적이고 독립적인 가치와 주장을 표명할 수 있는 영역이고, 국가권력의 논리와 시장의 논리를 넘어서서 그것들을 감시하고 견제할 수 있는 도덕적이고 규범적인 자원을 갖고 있다고 주장한다. 따라서 시민사회가 발전하면 사회적 갈등은 의사소통적 합리성의 증진을 통해 평화적으로 해결될 수 있다는 매우 낙관적인 견해를 피력하고 있다(정수복, 1999).

또 다른 시민사회 이론가인 김호기의 시민사회론도 정수복과 같이 근본적으로 국가-경제사회-시민사회의 삼등분 모델에 입각해 있다. 김호기는 시민사회를 가족과 같이 친밀한 영역,

자발적 결사체들, 사회운동들, 그리고 공공 의사소통의 형태들로 구성된 것으로 경제 및 국가와 상호작용하는 사회적 영역으로 정의하였다(김호기, 1999). 그러나 그는 현재 한국의 시민사회운동에 대해서는 다소 비판적이다. 한국의 시민운동은 금융실명제 실시와 낙동강 페놀오염사건 등에서 보듯이 부분적으로 시민들의 관심을 유도하는데는 성공하였으나 각종 선거에서 지역주의가 승리하는 것을 볼 때 아직 시민사회는 확고하게 뿌리를 내리고 있지 못하다고 본다. 그러나 민주적인 시민사회는 시민들의 적극적이고 자발적인 참여를 통해 달성될 수 있다는 당위론적인 견해를 피력하고 있다(김호기, 1999).

또 다른 이론가로 김성국을 들 수 있다. 김성국은 국가와 시민사회의 이등분 모델을 강하게 주장하고 있다. 김성국은 국가와 시민사회의 관계는 본질적으로 타협적 세력균형이 요구되는 수평적 관계라기보다는 끊임없이 상호 갈등하는 수직적인 지배와 종속의 관계라고 보고 있다. 김성국이 그리는 시민사회는 국가의 권력집중과 권력남용을 철저하게 그리고 효율적으로 규제하는 자율적이고 다양한 공동체들의 연합이다(김성국, 1999). 그는 폭력적 국가와 그것의 제도화된 각종 지배형태에 저항하는 시민의식을 지닌 시민만이 진정한 시민이라고 보고 있다. 김성국이 보는 시민이란 국가와의 권력관계에 있어서 피지배적 위치에 존재하는 모든 사회구성원이기 때문이다. 이러한 차원에서 국가의 보호막 속에서 지배 블록을 형성하고 있는 재벌은 시민이 될 수 없다고 본다(김성국, 2002: 78).

김성국이 보는 국가는 언제나 폭력의 독점체로서, 방치하면 부패하거나 독재화하려는 속성을 지닐 뿐이라는 아나키즘적 견해를 피력하고 있다. 따라서 그는 시민사회는 비록 완전하지는 않지만 억압적이고 착취적이며 폭력적인 강권국가를 대상으로 이에 대해 비판하고 저항하고 거부해야 한다고 주장한다. 그러나 그는 한국 시민사회의 취약점을 지적하면서 한국의 강한 중앙집권적 국가주의 전통, 분단구조에 따른 민족주의와 국가주의의 혼합, 연고주의 문화에 따른 시민사회의 분열, 시민사회의 과도한 정치화, 복지국가적 기반의 취약성, 풀뿌리 시민문화의 근본적 취약성, 국가와 자본과 언론의 삼각동맹 등이 시민사회 발전의 저해요소로 작용하고 있다고 본다(김성국, 2002: 97-106). 김성국의 논리에 따르면 한국의 역사와 문화적 전통은 시민사회 건설에 방해만 될 뿐이다. 이러한 견해는 시민사회는 선, 역사와 전통은 악이라는 이분법적 판단을 유도할 가능성을 내포하고 있다.

이제 시민사회론에 대한 비판적 시각을 살펴보자. 손호철은 시민사회라는 개념이 너무도 확장되어 일종의 만병통치 식의 도깨비 방망이가 되었다고 비판하였다. 손호철은 특히 김성국의 국가-시민사회의 이등분 론에 대해 강하게 비판하고 있다. 손호철은 김성국의 시민사회가 국가를 제외한 모든 것을 의미하며, 이는 우리가 전통적으로 사회라고 불러온 것을 시민사회라는 포장으로 상품화시킨 것에 불과하다고 본다. 손호철은 1987년을 포함하여 한국 민주화의 대치선의 본질은 국가 대 시민사회가 아니라 광의의 국가 대 민중이라고 주장한다. 따라서 한국의 민주화를 가져다 준 것은 '시민사회의 성장'이 아니라 '민중부문의 성장'이었다고 주장한다. 손호철이 볼 때, 억압성의 원인을 국가 그 자체에서만 찾고 시민사회는 무조건 민주주의의 진지가 된다고 보는 것은 큰 오류이며, 중요한 것은 민중세력이 얼마나 효과적으로 시민사회 내의 권력 블록에 대항하여 자신들의 힘을 조절하느냐에 달려 있다고 본다. 즉, 한국의 민주화는 시민운동의 성장에 기인하는 것이 아니라 민주운동 내지 민중부문의 성장에 기인하는 것인데 시민사회론자들이 본말을 전도시키고 있다고 주장한다(손호철, 2001). 그러나 손호철에 대한 김성국의 비판대로 한국의 민중부문은 이미 경제적, 지역적, 이념적 내용에 따라 다양하게 분화되고 있어 더 이상 하나의 계급적 이해를 공유한 단일 계급으로 남아있지 않는 게 현실이다(김성국, 2002:80-81).

시민사회 비판의 한 가운데에 유석춘이 있다. 유석춘의 논지에 따르면 한국사회는 근본적으로 중앙(서울) 지향적 사회이기 때문에 모든 운동이 결국에는 중앙 지향적, 더 나아가 정치 지향적으로 흐를 수밖에 없다는 것이다. 한총련의 학생회장 출신들도 목표는 정치에 참여하는 것이고, 그 동안 민주화운동가, 재야운동가, 시민운동가, 심지어는 지역활동가들도 모두 구의원,

시의원, 국회의원을 추구하는 정치지망생들이었음이 현실적으로 판명되었다고 주장한다. 결국 한국 사회에서 국가권력 외부에 위치한 진정한 시민세력이란 개념은 한국적 정서와 맞지 않는 것이고, 오히려 한국의 시민사회는 다양한 방식으로 국가와 결합되어 있다는 것이다. 따라서 그는 대부분의 한국인들은 사회의 제반 문제 해결이 정치에 달려있다고 생각한다고 주장한다. 유석춘은 특히 한국 시민단체들의 이중성을 질타하고 있는데, 그에 따르면 시민단체들은 겉으로는 연고주의를 강력하게 비난하지만 정작 내부에서는 재야운동이나 학생운동 집단의 인맥이라는 폐쇄적 인맥 중심으로 단체의 역량을 키워왔다는 것이다. 이러한 한국의 상황은 서구에서 발달한 시민사회와는 분명 다른 것이고 이에 대한 해결책도 다른 각노에서 찾아보아야 할 것이라고 주장한다(유석춘, 2002).

오늘날 한국 사회에는 수많은 자발적 이익집단들이 만들어져 시민사회의 외양을 쓰고 집단행동을 통해 자신들의 집단적 이해관계를 관철시키려고 하고 있다. 이들 이익단체들 간에는 항상 서로 대응하는 또 다른 이익단체가 존재한다. 노동단체 대 경영단체, 전교조 대 교총 또는 교육부, 환경단체 대 기업 또는 정부, 정당 대 시민단체 등 시민운동 단체를 포함한 모든 이익집단들의 상호 행동 간에는 같은 논제에 대해 전혀 상반된 이해관계를 갖는 집단들이 존재하기 때문에 이들 간에 '공공선'에 이르는 보편적인 합의를 이루어 내기는 쉽지 않다. 이들 간에는 협의, 타협, 양보, 조정, 갈등, 투쟁 등 다양한 형태의 상호작용이 도사리고 있다. 시민운동 단체들은 더 이상 국가(또는 정부)만을 대상으로 투쟁하는 단일 조직체/실체가 아니다. 시민운동 단체들 간에도 상호 이익의 상충이 언제든지 가능하고, 따라서 각종 운동단체, 정부, 기업들 간에 여러 형태의 상호작용이 다양하게 전개된다.

이제 시민단체의 주장과 행위가 '옳고 그름'이나 '정의'의 차원에서 논의될 시기는 지나갔다. 어떠한 시민운동 세력도 더 이상 '공공선'의 담지자라고 말할 수 없다. 모든 이익집단들은 우선적으로 자신이 속한 집단의 이익을 위해 존재한다고 보아야 할 것이다. 이들이 일단 실력행사에 돌입하게 되면 무엇인가를 얻어야만 그 행위를 중단할 수 있다. 가시적인 이득을 얻지 못한 상태에서 실력행사를 그만두는 것은 매우 어렵다. 문제는 우리나라의 각종 사회단체들이 너무나 쉽게 실력행사에 돌입한다는 것이고, 또 많은 경우에 그러한 집단행동 뒤에는 어떠한 형태로든 국가의 보상이 따랐다는 것이다. 이러한 관점에서 보면 최근 참여정부 하에서 일어나고 있는 집단행동의 본질이 무엇인지를 이해할 수 있다. 전교조나 민노총의 행동도 더 이상 '정의'를 위한 행동도 아니요 모든 사람에게 귀감이 될 '옳은' 행동도 아닌 것으로 받아들여지고 있다. 이는 하나의 이익집단이 자신들의 주장을 관철시켜 집단 이익을 쟁취하는 행동으로 인식되고 있다. 다시 말하면, 이들의 실력행사를 지지하는 세력 못지않게 이에 반대하는 세력도 강하기 때문에 국민 전체의 일방적인 지지를 얻을 수 없다는 것이다. 우리 사회에서 국가를 대상으로 투쟁하여 개인들의 이익을 지킨다는 기존의 시민사회론의 원론적인 주장은 실제에 있어서 하나의 이론/이상일 뿐이다.

이러한 관점에서 볼 때, 현재의 한국 사회에서 나타나는 제반 사회운동과 시민사회운동에 대한 설명 틀을 서구의 역사적 경험에서 나타난 자유민주주의라는 이상적 정치사회사상 보다는 도리어 한국의 역사적 경험과 문화적 전통 속에서 찾아보는 것이 대안일 수 있을 것이다. 이 글에서는 현재 한국 사회에서 나타나는 시민사회운동의 한계에 대한 대안을 유교문화적 전통에서 찾아보고자 한다.

Ⅲ. 한국 시민사회와 유교 문화적 전통

한국인의 사고와 행동에 영향을 끼친 유교 문화적 요인은 크게 가족공동체주의와 중앙(또는 국가) 중심적 사고이다. 이 장에서는 한국인의 행동규범을 결정짓는 가족공동체주의와 국가중심적 사고의 뿌리를 살펴봄으로써 한국 시민사회의 성격에 대해 논의해보고자 한다.

1. 한국의 개인과 공동체주의

서구에서 발달한 자유민주주의는 수많은 보통 사람들의 능력을 믿고 존중하는 데에서 출발한다. 이는 개개인의 개성을 존중하고 서로 다른 개인들의 올바른 선택에 진보와 발전이 따른다고 믿는 사상이다. 자유민주주의가 지향하는 바는 모든 사람의 인격의 존엄성을 인정하고 존중하고 보호하는 데 있다. 자유민주주의는 인간의 합리성과 자율성을 기초로 한다. 인간은 자율적이고 합리적이기 때문에 남에게 해를 끼치지 않는 한 자기가 원하는 대로 행동할 수 있고, 그러한 행동은 존중되어야 한다는 것이다.

자유민주주의 체제는 개인의 자율성과 합리성을 존중하는 만큼, '나' 이외의 모든 존재, 질서, 도덕 체계, 당위로부터 자유로운 '절대 개인'을 상정하고 있다. 즉 '독립된 개체로서의 개인'이 등장한다. 개인은 당연히 누구나 자신의 이익과 목적을 위해 노력한다. 따라서 자유민주주의의는 절대 개인의 사적 이익 추구를 존중하고 사유재산권을 옹호한다. 결국 자유민주주의는 다수의 '고립적인 개인들'이 합리적으로 자신들의 경제적 이익(사적 소유)을 추구할 수 있도록 보장해 주는 제도라고 말할 수 있다(김석근, 1999).

오늘날 한국의 시민사회에는 이러한 자유민주주의의 근본 원리들이 얼마나 잘 지켜지고 있을까? 우선 개인주의 문제에 대해 살펴보자. 우리나라의 학생들은 대부분 부모를 위해 공부하고 또 부모님을 기쁘게 해드리기 위해 좋은 대학에 진학하고자 한다. 성적이 떨어지면 부모가 걱정하므로 결사적으로 더 좋은 성적을 얻기 위해 밤을 새워 공부한다. 나아가 부모를 실망시키지 않으려고 자신의 생활을 부모의 틀에 맞춘다. 반면에 대부분의 부모들은 자식들의 보다 나은 미래를 위해 온갖 희생을 무릅쓰고 투자를 한다. 이처럼 우리나라 사람들의 행동에는 개인 이전에 부모와 자식이라는 가족이 존재한다(신수진, 1998). 따라서 한국의 개인은 자율적이고 독립적인 개인으로 존재하는 것이 아니라 가족의 한 구성원으로 존재한다. 즉 사회생활과 사회적 지위의 기본 단위가 개인보다 가족이나 집안이 된다(김은희, 1997). 한국 사회에서 개인의 행위는 결코 가족으로부터 자율적이거나 독립적일 수 없다. 개인의 행동에는 언제나 가족의 명예와 안위가 함께 한다. 따라서 한국 사회는 자율적이고 동등한 개인들 간의 계약에 의해 성립된 합리적 사회라기보다는 가족이나 집단을 개인에 우선하는 공동체적 사회라 말할 수 있다.

한국에서의 개인은 자율적이고 독립적인 개인으로 존재하기보다는 집단(공동체, 주로 가족이나 기업)의 한 구성원으로 존재하며, 개인보다는 그 개인이 집단에서 갖는 위치가 더 중요시된다. 아직도 한국 사회에서는 모든 개인이 동등하게 존중받는 것이 아니라 그가 가족이나 직장에서 점유하는 위치나 지위에 따라 차등적으로 대우받는다. 그리하여 개인은 자신의 지위와 서열에 따라 지켜야 할 가치와 덕목이 다르고 개인의 욕구 또한 이에 따라 크게 제약받는다. 가족과 친족 내에서는 나이와 서열이, 사회에서는 학력과 직업의 종류가 중요한 차별적 요소로 작용한다. 비록 남녀 간 차별은 급격히 줄어들고 있지만 아직 우리나라 사회 전반에 걸쳐 남녀 간 차별이 잔존하고 있으며, 같은 조건이면 나이 든 사람이 존중받는다. 일상생활의 인간관계에서 합리적 계약관계 못지않게 학연과 지연에 따른 개인적 친소 관계가 중요한 역할을 하고 있으며, 의리라는 정서적 관계 또한 매우 중시된다.

이렇듯 한국 사회에는 아직도 개인보다는 가족이라는 공동체가 우선하고 그 속에서 가족 성원들의 책임과 헌신이 강조된다. 또한 개인의 권리보다는 국가나 사회에 대한 책임이 강조된다. 특히 경제 발전을 위해서는 개인의 권리가 어느 정도 제한되어도 좋다는 사고가 아직도 팽배해 있다. 그뿐 아니라 사회 전반에 걸쳐 국가의 역할과 책임이 중시되고, 경제 발전 과정에서 아직도 국가와 관료의 영향력이 크게 작용하고 있다. 불과 10년 전인 1997년의 IMF 경제 위기 이전까지만 하더라도 한국에서 국가의 시장 개입이 당연시 되었고, 심지어는 그것이 한국 경제 성장의 원동력이라고 인식되었었다(국민호, 1999: 277-279). 이러한 한국적 풍토에서 서구에서 개인주의를 낳는 기반이 된 '고립된 개인'의 자율성과 합리성을 기본적 사회관계로 정착시킨다는 것은 쉽지 않은 과제이다.

2. 한국인의 행동규범: 직분과 예(禮)

한국의 공동체주의는 유교적 행동규범 속에서 이룩되고 강화되어져 왔다. 우리나라 사회에서 중시되는 것은 개인보다는 개인들 간의 관계이며, 사람들은 다양한 관계 속에서 그에 따른 다양한 직분을 지니게 된다. 우리는 가족 내에서 부모에 대해서는 자식이요, 자녀에 대해서는 부모요, 아내에 대해서는 남편이요, 형제간에는 형과 아우가 된다. 또 집밖에 나가면 학생들에 대해 스승이요, 스승에 대해서는 제자가 되며, 상급자에 대해서는 하급자가 된다. 유교의 근본 가르침은 이러한 직분에 충실하고 그에 맞는 행동을 할 수 있도록 하는 것이다. 유교적 관점에서 볼 때 사람들이 상황에 따라 주어진 직분에 충실할 때 원만하고 조화로운 인간관계가 이루어지고, 이것이 궁극적으로 사회의 질서를 지키는 초석이 되는 것이다.

유교의 근본적인 질서 체계에서 사람들에게는 각자의 직분에 따라 고유한 성분이 부여되며, 이러한 성분은 분별의 기준이 된다. 이에 따라 규정된 이름과 내용을 명분이라 하고, 명분에 입각하여 설정된 구체적 관계를 윤서倫序라고 한다. 남・녀(男女之別), 장・유(長幼之序), 군・신(君臣之分) 귀・천(貴賤之差), 친・소(親疎之等) 등에서 별別, 서序, 분分, 차差, 등等은 분별적 질서에 따라 윤서를 구분하는 구체적 기준을 말한다. 예禮라는 것은 존・비가 섞이지 않게 해주고, 상・하, 장・유의 차이를 명확하게 그어주며, 선・후를 명확히 가리도록 하는 규범이라 할 수 있다(이승환, 1998: 100-101). 가족 내의 관계에서도 시간에 따른 선・후, 원근에 따른 친・소, 위치에 따른 존・비의 관계가 있다. 유교의 원리에 따르면 모든 사람들이 이러한 분별적分別的 질서에 순응할 때 각각 완전함에 이르게 된다(최봉영, 1997: 159). 여기서 분分이란 상하의 나누임이고, 별別이란 좌우의 나누임을 말한다. 조직이 상하로 나뉘는 것은 그것이 서로에게 편안하기 때문이고 좌우로 나뉘는 것은 그것이 서로에게 편리하기 때문이다. 따라서 분별이 있다는 것은 위와 아래, 좌와 우를 잘 가려 처신할 줄 안다는 것을 의미한다(최석만, 1997: 170). 유교에서 바람직한 사람은 상황에 따라 자기의 직분에 맞게 처신할 줄 아는 사람이다. 사람은 여러 가지 직분을 갖고 있는데, 상황에 따라 맞는 행동을 하기 위해서는 이를 열심히 배워 익혀야 한다. 유교의 선비는 평상시에 전체 상황을 잘 파악하고 인간관계에 따라 거기에 합당한 행동을 하여야 함을 배운다.

모든 사람은 각자 자신이 처한 위치에 따라 각각의 직분(名分)을 지니고 있으며, 사람의 삶은 행위를 통해 이러한 직분을 실천해가는 과정이다. 사람들은 자신에게 맡겨진 역할 즉 본분과 직분을 수행하는데, 이의 구체적인 모습은 인간관계 속에서 각자가 맡고 있는 역할을 수행하는 것으로 나타난다.[1)] 모든 사람은 부모와 국가에 대한 자신들의 직분을 충실히 수행하는 과정에서 스스로를 실현하게 된다(최봉영, 1997: 182).

---

1) 이 중에서 가장 중요한 직분은 부모에 대한 자녀의 효孝이고, 그 다음에 중요한 직분이 임금에 대한 신하의 충忠이다.

이러한 직분을 수행하는 구체적 과정이 예禮이다. 예의 본질은 명분에 있고, 예의 내용은 명분에 입각한 질서의 정립에 있으며, 예절을 생활화하는 사람들의 목표는 극기克己하여 복례復禮하는 것에 있다. 극기복례克己復禮란 공동체적 규범으로 설정된 예를 좇아 행동함으로써 인간, 즉 '나'와 '너'의 관계 속에 존재하는 '우리'를 실현하는 것이다. 사람들은 각자 그들에게 부여된 직분을 깨닫고 수행함으로써 개체의 실현, 즉 입신양명을 실현하게 된다(최봉영, 1997: 182-183).

따라서 유교의 행동 지침인 예는 결국 이러한 직분을 지키는 지침서라 말할 수 있다. 예의 기능은 각자의 직분을 확실히 해줌으로써 인간 사이의 관계를 올바로 묶어 주는 데 있다. 그러나 예를 지킨다는 것은 단순히 예의 규범만을 지키는 것을 넘어 구체적인 상황에 따라 그에 맞게 해석하고 조절할 수 있음을 의미한다(최준식, 1995: 123). 예는 개인이 공공적 질서와 높은 수준의 가치를 따르기 위해 자신의 이기적 욕구를 억제함으로써 갖추어진다. 따라서 예는 자신과 남의 차별성을 인식하고 상대에 대해 존경의 마음을 표시하는 것이다. 이는 결국 자신의 한계를 자각하는 겸양의 감정의 표현이다. 이를 통해 공동체 내의 도덕과 신뢰가 보존되며, 사회적 조화도 이루어지게 된다. 예를 통해 사람들은 다른 사람에 대한 배려를 할 줄 아는 덕德이 함양되고 이를 통해 조화로운 공동체적 삶이 이루어질 수 있는 것이다(청중잉, 1999: 1-8). 예에 대해 다년간 연구해온 송복은 현대 사회에서 예의 가장 큰 역할은 인간의 회복이라 보고, 우리는 예를 구현함으로써 현대인이 빠져 있는 무기력 상태, 무의미 상태, 무규범 상태, 고립감, 그리고 자기유리自己遊離 상태를 치유할 수 있다고 주장한다(송복, 1999: 219-221).

이렇듯 유교에서는 사람이 자신의 직분에 맞는 절도 있는 행동을 함으로써 자신과 남 모두가 편안하고 나아가 사회 질서가 안정된다고 보았다. 결국 유교는 인간관계에 질서를 부여함으로써 인간관계를 원활하게 하고 이를 통해 가족과 사회의 질서를 유지시키고자 하는 원리라고도 볼 수 있다. 따라서 유교는 인간이 가족이나 사회라는 공동체 속에서 마찰과 갈등을 줄이고 원만한 관계를 유지하며 살아갈 수 있는 질서를 부여해주고 있다. 유교의 이러한 역할을 승화·발전시키면 사회 발전 과정에서 더욱 심화되는 개인 및 집단적 이기주의로부터 나타나는 갈등과 반목을 조정하는데 일정한 역할을 할 수 있으리라 본다.

3. 한국인의 행동규범: 가족주의와 국가

유교는 가족(家)을 가장 중요하고 원초적인 사회적 단위로 보았기 때문에 가족에서의 직분을 가장 중요시하였다. 가족의 관계에서도 가장 중요한 것은 자식의 부모에 대한 직분인 효孝이다. 유교의 모든 유대 관계는 가족에서 시작하여 동심원 형식으로 뻗어 나간다. 즉 가장 가까이 있는 사람에게 먼저 친하게 하고 단계적으로 먼 데 있는 사람들의 유대를 넓혀 간다(親親之

殺). 유교에서 볼 때, 친함의 대상이 가족에서 친족, 공동체, 사회로 넓혀지는데, 이러한 원근에 따른 친교의 차이는 자연스럽고 당연한 것으로 간주된다(최석만, 1997: 173). 이 과정에서 가족의 화목을 도모하는 일은 무엇보다도 우선되었다. 가족의 모든 일은 가족간의 화목(家和)을 출발점으로 삼았는데, 이를 표현한 문구가 '가화만사성'家和萬事成이다. 유교에서 말하는 가족 간 화목의 바탕은 친親에서 우러난 애경愛敬이다. 애愛는 윗사람이 아랫사람을 사랑하는 것이고, 경敬은 아랫사람이 윗사람을 공경하는 것이다. 가정은 애경을 통해 화목을 꾀하고 단합된 힘을 가질 수 있었다. 그러나 가화의 바탕인 애경은 명분적 질서로서 사랑하는 것도 분수에 입각하여 행하고, 공경하는 것도 분수에 입각하여야 함을 의미한다(최봉영, 1997: 172-173).

유교적 삶에 있어서 '가'家가 개인에 우선하고 시간을 초월하는 독자적 조직으로 존재한다. 가족 성원으로서의 개인은 '가' 속에서 태어나고 '가' 속에서 생활하다 '가' 속에서 죽어간다. '가'는 가족에 의해 구성되는 것이 아니라 가족 이전에 전제되는 것이다. 따라서 유교 전통에서는 가족 구성원의 개인적 삶보다 '가'의 존속이 우선되었다. '가'의 목표는 지고한 가치를 가지는 성원의 생명을 실현하는 것에 있다. 이러한 사람의 생명은 '생명의 마음'이자 사랑의 이치인 인仁을 실천함으로써 구현될 수 있는데, 인의 실천에서 중심이 되는 것은 '가'이다. 왜냐하면 인을 실천하는 근본이 부모와 형제, 즉 가족에 있기 때문이다.

'가'는 가족인 부모와 형제가 인을 실현함으로써 생명이 싹트고 자라고 꽃피게 하는 생명 집단이다(최봉영, 1997: 163-164).

인仁은 효제孝悌라는 가족 간 사랑에서 시작한다. 부모·자식 간 사랑과 형제간 우애는 인위적으로 갖추어지는 것이 아니라 태어나면서부터 주어지는 것이다. 이처럼 태어나면서부터 타고난 사랑을 부모·형제를 넘어 이웃이나 가족 외의 모든 사람에게까지 연장시키는 것이 '인仁의 길'이다. 인의 출발점은 '나'를 닦는 수기修己로부터 시작하여 효제孝悌로, 이웃으로, 그리고 국가 및 사해동포에게로 동심원적으로 퍼져 나간다. 이 가족 밖으로 확대해 간 사랑을 충서忠恕라 한다. 내 가족 외의 사람들에 대해 내 가족을 대하듯 몸과 마음을 다하는 것이 충忠이고, 나와 내 가족을 이해하는 마음으로 미루어 남을 이해하는 것이 서恕다. 송복은 인仁이 오늘날 붕괴되고 있는 가족의 재건에 중요한 역할을 할 것이라고 예견하고 있다(송복, 1999: 49-64).

한국을 비롯한 동아시아의 가족주의는 많은 비판을 받아 왔다. 후쿠야마는 서구 사회와의 비교를 통해 동아시아의 가족 구조를 낮은 신뢰 사회의 원형으로 보고, 이러한 사회에서는 가족 이외의 성원들에게는 불신감을 보여 고차원적인 사회적 신뢰가 이루어지지 못하고 있다고 주장하였다(후쿠야마, 1996). 그러나 이는 동아시아에서 가족(가문)이 역사적으로 어떻게 형성되어 왔으며 그것이 갖는 사회적·사상적 의미가 무엇인지를 충분히 연구하지 못한 가운데 내린 결론이다. 가족에 대한 사랑과 헌신이 결코 전체 사회적 신뢰를 약화시킨다고 일반화할 수는 없는 것이다. 최준식은 한국의 전통적 가족 구조에서 구성원들의 개인적 인권이 무시되고 있다고 비판하는 동시에 가족의 이익이 국가의 이익과 상충될 때 효를 중시하는 한국 사회에서는 가족의 일을 먼저 생각하는 폐단이 있다고 지적하고 있다(최준식, 1995: 166). 과연 유교 윤리에서 가족과 국가의 이익이 상충될 때 항상 가족의 이익이 우선함을 강조하고 있는가? 또 실제 생활에서 가족의 이익과 국가의 이익이 그렇게 상충되고 있는가?

실제에 있어서 유교에서는 국가와 가족의 관계를 그렇게 대립적이고 상충적인 것으로 보지 않는다. 도리어 가족과 국가는 상보적일 수 있다. 유교에서는 '가'家를 친친親親의 원리에 입각하고 있는 '본가'와 인민人民의 원리에 입각하고 있는 '국가'의 두 가지로 나눈다. 여기서 친친은 친소의 등급에 따라 사물을 구별하고 차등적으로 대우한다는 의미를 내포하는 반면 국가는 문화적 생명에 근거한 공적 집단이며, 이를 조직하고 움직이는 것은 애민愛民의 원리이다. 애민은 사회적 관계로 친소의 구분을 두지 않고 모든 사람을 공평하게 대하는 대동大同의 세계를 뜻한다. 따라서 '가'의 목표는 본가에 뿌리를 두고 있는 신체적 생명과 국가에 뿌리를 두고 있는 문화적 생명을 동시에 실현하는 것에 있다. '가'를 통해 실현되는 신체적 생명과 문화적 생명은 상보적일 수도 있고, 상충적일 수도 있다. 혈연적 관계성은 친親의 기준에 따르기 때문에 배타적인 속성을 갖고 있는 반면 문화적 관계성은 의義의 기준에 따르기 때문에 개방적 속성을 갖고 있다. '가'가 실현하고자 하는 이상적인 형태는 본가 중심의 신체적 생명과 국가 중심의 문화적 생명이 상보적 관계 속에서 일체를 이루는 것이다. 이와 같이 생명의 실현에 근거하고 있는 '가'의 목표는 '가'에 속해 있는 소속원들에게 역사적 당위로서 주어진다. '가'에 속해 있는 사람들은 '가'가 지향하고 있는 목표를 적극적으로 실현해야 할 의무를 갖고 있으며, 이러한 의무는 윤서倫序에 따른 구체적인 직책과 직분으로 부과된다. 따라서'가'에 속해 있는 사람들이 갖고 있는 직책 중 가장 중요한 것은 본가에 대한 '효'와 국가에 대한 '충'이다(최봉영, 1997: 163-165).

어느 사회에서든지 가족 윤리와 사회 윤리 간의 충돌은 있을 수 있다. 또한 가족 윤리에는 배타적 속성이 있는 것이 사실이다. 이것은 동양의 유교만이 아니라 모든 사회, 모든 종교에서 기본적인 속성으로 존재한다. 도리어 유교에서는 인仁의 실천을 통해 가족을 넘어서는 국가 및 사해동포에게까지 사랑을 실천할 것을 강조하고 있다. 사람들이 국가의 이익보다 가족의 이익을 우선하는 것을 결코 폐단이라고 말할 수는 없다. 사회의 여러 단위 중 가장 원초적이고 친밀한 단위가 가족인 만큼 가족성원간에 서로 이해하고 아껴 주는 것은 당연한 것이다. 이는 본능적인 것이다. 그러나 사회 전체에 위기가 도래하여 이러한 가족 구조 자체의 존속이 위협받을 때 가족들은 일치단결하여 가족 성원의 희생을 무릅쓰고 사회(국가)를 지키려 한다. 역사적으로 볼 때 나라가 어지러울 때 백성이 자발적으로 민병을 조직하여 국난 극복에 앞장선 전통과 IMF 경제 위기 시기에 온 국민이 들고일어나 금 모으기 운동을 전개한 것이 한국이다. 따라서 한국에서 가족의 이익이 항상 국가의 이익에 우선하였다고 볼 수는 없다.

Ⅳ. 결 론

뒤쳐진 근대화와 경제적 낙후를 극복하고자 정신없이 달려온 지난 반세기를 돌이켜 볼 때, 1960-80년대 30여 년 동안 한국사회에서 최대의 관심사는 경제성장과 근대화였다. 그러나 1970년대 말에서 1980년대 후반에 이르는 기간 동안 어느 정도 경제적 성취가 이룩되자 사람들의 관심은 정치 영역으로 이동하면서 독재타도와 민주화가 주요 관심사항이 되었다. 1990년대에 이르러 문민정부가 들어서고 최소한의 절차적 민주주의가 이룩된 이후에 사람들의 관심은 사회의 민주화 및 삶의 질 향상이라는 일상생활과 관련된 주제로 옮겨가고 있다. 시민사회운동은 이러한 사회적 변화의 분위기 속에서 발달하였다.

서구에서 발달한 시민사회론은 억압적인 정치권력으로부터 개인을 해방시키는 과정에서 발달된 실천적 이론이었다. 이는 개인의 자유를 극대화하고, 국가 권력을 최대한 억제하며, 자유로운 경제활동과 사유재산권을 보호하는 가운데 시민의 자유가 보장된다고 보는 사상이었다. 이러한 서구적 사상은 다분히 이상적인 정치이념으로 이것이 역사와 문화적 전통이 다른 한국적 상황에 적용될 때 여러 차원에서 갈등을 빚을 것은 자명한 사실이었다. 실제로 한국에서 널리 알려진 대부분의 시민사회론은 서구의 역사적 경험과 사상에 바탕을 둔 것으로 우리 사회에 이어져 내려오는 문화적 연속성과 역사적 특수성에 대한 깊은 이해나 고려가 거의 없이 주장되고 있다. 일반적으로 시민사회론자들은 유교 문화적 전통에 대해 강한 거부감을 보이고 있다.

이미 살펴보았다시피 한국인의 삶은 주로 특수한 관계의 망 속에서 이루어져 왔다. 사람들의 다양한 관계 속에는 각 관계에 적절한 행동규범이 존재한다. 적절한 행동규범은 관계를 맺는 대상 및 주변 상황에 따라 다르다. 유교에서는 이를 '직분'職分이라는 말로 표현하였다. 전통적으로 우리나라 사회에서는 사람들이 각자의 직분에 맞는 올바른 행동을 할 것이 기대되었다. 각자가 대상과 상황에 따라 자신의 직분에 충실할 때 원만하고 예측 가능한 인간관계가 이루어진다. 따라서 유교적 배움의 중요한 부분은 바로 상황에 따라 자신의 직분에 맞게 올바르게 처신하는 법을 배우는 것이다. 일반적으로 전체 상황을 잘 판단하고 그 상황에서 요구되는 인간관계의 필요에 따라 합당한 행동을 하는 사람이 결국 집단의 지도자가 되고 존경받는다.

이러한 기본적 행동양식은 학생운동 조직, 사회운동 단체, 일반 사회조직, 학교, 관공서 할 것 없이 대부분의 집단 내부에서 인간관계의 골격을 이룬다. 사람들은 가족에 대해 헌신적이고, 스승을 존경하고, 연장자를 공경하고, 학연에 따른 선후배 관계에 엄격하며, 동향을 중요시한다. 따라서 한국인의 만남에서는 가능한 모든 연분을 따져본 후 관계에서의 직분과 역할이 결정된 후에라야 좀 더 깊은 관계가 맺어진다. 이러한 인간관계에서는 정적인 친밀성이 강조되고 권위에 대한 존중이 나타난다. 따라서 한국의 관계망 형성 과정에서 연고는 중요한 자산이 된다. 특히 학연과 지연은 한 개인의 생활 과정에서 지대한 영향을 미친다. 외국인뿐만 아니라 외국에서 태어나서 외국에서 공부를 한 한국인 2세도 한국에서 생활할 때 연고라는 중요한 자산의 결핍으로 커다란 불이익을 받는다. 따라서 학연과 지연은 한국에서 살아가는 사람들에게 중요한 자산이 되고 있으며, 이러한 상황을 고려하지 않고 무조건적인 연고주의와 지역주의의 청산을 부르짖는 것은 공허한 주장이 될 소지가 많다. 유석춘이 잘 지적한 대로 한국적 현실에서 연고주의를 강하게 비판하는 비판세력과 시민운동가들도 결코 연고로부터 자유로울 수 없음을 볼 수 있다(유석춘, 2002). 많은 경우, 다양한 시민사회운동 세력들이 결코 학연과 지연에서 자유롭지 못함을 볼 수 있고, 따라서 비슷한 주장을 함에도 불구하고 연고나 이해관계에 따라 각기 다른 사회운동 조직으로 존재하면서 상호간에 배타적인 태도를 보이고 있는 상황을 자주 목격하게 된다. 우리 사회 곳곳에서 비슷한 목적을 가진 서로 다른 성격의 다양한 시민사회운동 단체들이 난립하여 상호 대립하면서 각자의 정통성을 주장하고 있음을 볼 수 있다.

따라서 한국 사회에서 다양한 관계와 그에 따른 직분을 무시하고 고립된 개인으로서 살아간다는 커다란 고통이요 손실이다. 예로부터 귀양이라는 형벌은 그 사람의 평소 관계를 끊어버림으로써 고통을 준다는 측면이 강하다. 따라서 한국 사회의 삶 속에서 대부분의 사람들은 자신에게 주어진 연고적 자산을 잘 활용하여 더 많은 관계망을 개발하고 그에 따른 이익에 충실하게 살아가고 있다. 일반적으로 관계망이 넓을수록 사회로부터 얻는 이익이나 혜택도 늘어난다. 반면에 관계망이 약해지거나 끊어지면 그에 따라 사회로부터 받을 수 있는 혜택이나 이익도 급속히 줄어든다. 따라서 한국인들은 관계망을 늘리는데 많은 노력을 하고 있다. '연고'는 이러한 관계망 형성을 위한 중요한 자원이 된다. 한국에서의 이익집단 형성이나 시민사회의 활성화도 많은 경우 이러한 연고라는 관계 속에서 이룩된다.

전통적으로 한국사회의 권력과 부는 중앙 권력 또는 국가로 집중되었다. 따라서 모든 민원은 국가를 향한다. 실제로 한국 사회에서 모든 권력은 국가로부터 나왔으며, 국가는 국민들에 대해 막강한 권력을 휘둘러 왔다. 따라서 한국의 모든 사람들과 사회 조직들은 문제 해결에 있어서 무조건적으로 국가에 의존하려고 한다.

좀 더 극단적으로 표현할 때, 오늘날 한국사회에서 대부분의 시민사회운동가들은 이러한 국가 권력에 접근하기 위한 정치지망생들이라고 볼 수도 있다. 그 동안 한국의 시민사회운동을 이끌었던 비판적 시민단체의 지도자들의 대부분이 최종적으로 가는 길은 역시 정치권임을 지난 10여 년간의 역사가 보여주었다. 따라서 국가권력에 대한 건전한 비판세력으로서의 시민사회라는 개념은 현재의 한국적 현실과는 거리가 먼 개념이다.

그렇다면 시민사회가 되면 세상이 낙원으로 변하는가? 시민사회론의 진원지인 서구의 시민사회는 어떻게 진행되고 있는가? 만약 이상적인 시민사회의 발전 방향이 있다면, 서구의 시민사회는 그러한 이상적인 방향으로 진행되고 있는가? 시민사회의 원조 격인 서구의 현실은 어떤 것일까?

오늘날 서구에서는 전통적인 핵가족 형태의 가족 구조가 붕괴되고 있다. 서양에서 새로 나타나고 있는 가족 구조는 한 부모 가족, 일인 가족, 동성애 가족, 아이가 없는 가족, 조부모와 손주로 이루어진 조손가족, 타인들로 구성된 결합가족 등으로, 이처럼 다양한 형태의 가족이 등장하면서, 미국의 경우, 전통적인 핵가족(결혼한 부부와 자녀로 이루어진 가족)은 전체 가족의 1/4도 되지 않는다. 이들 핵가족 중에서도 과반 수 이상의 아이들이 양자이거나 부모가 직접 낳지 않은 아이들이다(Castells,

1997: 134-242). 이는 서구의 극단적 개인주의의 당연한 결과이다. 개인을 무엇보다 우선하는 서구적 사고에서는 가족보다 개인이 우선적인 고려 대상이기 때문이다. 가족보다 개인의 이해가 우선하는 만큼 서구에서는 이혼이 일반화되고 있고 버려지는 아이들이 늘어나면서 커다란 사회 문제가 되고 있다. 아울러 개인의 정치적 자유와 사적 이익추구를 중시하는 시민사회적 전통은 결과적으로 사회적 불평등을 정당화시켰고, 그 결과 나타난 극단적 빈부격차는 커다란 사회문제가 되고 있다.

한국의 경우는 어떨까? 최근 통계에 의하면 우리 사회에 이혼율이 급속히 증가하고 있으며 여러 가지 이유로 가족 해체가 늘어가고 있다. 또한 곳곳에 버려지는 아이들과 유기되는 노인들이 급증하고 있다. 이는 결코 바람직한 현상이 아니며 유교 문화적 가족주의 전통과도 크게 어긋나는 현상이다. 서구의 전통과 가치관에서는 이러한 가족해체 및 가족구조 변화는 개인을 해방시키고 여성 인권 향상을 위한 과정의 일부로 본다. 그러나 혈통을 중시하는 유교적 가족주의의 영향이 사회 깊숙이 스며들어 있는 한국 사회의 현실은 서구와 다르다. 이혼 여성에 대한 사회적 배려는 매우 미약하며, 양자 관행의 미발달은 버려지는 아이들을 소외시키고 있다. 나아가 핵가족 이외의 가족은 일탈적인 가족의 형태로까지 비쳐지고 있다. 따라서 오늘날 한국 사회에 가족해체 현상이 가속화되어 나타나고 있지만 이에 대한 사회적 인식과 처방은 개인주의가 발달한 서구에 비해 매우 열악한 것이다. 따라서 서구 개인주의 가치관의 영향을 받아 한국 사회에 가족 구조 변화 및 해체의 징후가 다양하게 나타나고 있지만 한국의 가족 구조 변화가 서구처럼 진행될 것인지에 대해서는 의문의 여지가 많다.

여기서 다시 한 번 생각해야 할 주제들은 다음과 같다. 한국인의 내면세계에서 우러나오는 인간관계 및 행동규범은 시민사회론자들의 주장대로 하루빨리 버려야만 할 전근대적이고 비효율적인 가치 및 행동규범인가? 또 그것이 가능한가? 서구적 시민사회는 항상 옳은 것인가? 또한 서구적 시민사회가 우리 사회에서 실현가능한가? 나아가 서구 사회는 시민사회의 이상에 따라 우리가 본받고 추구해야할 이상사회로 발전해가고 있는가?

서구의 개인주의적 전통과 그에 따른 시민사회 운동에는 우리의 전통문화 속에서 미처 발견하지 못한 많은 장점이 있다. 그러나 사회의 질서와 국민적 결속을 해치고 국민들의 삶을 황폐화시키는 요인도 동시에 존재하는 것이다. 근대화 과정에서 한국의 가족주의와 관계 중심적 문화는 많은 비판을 받아왔지만 이러한 문화 속에는 사회 질서 유지와 결속을 강화시키는 긍정적인 요인들이 존재한다. 사회 발전 과정에서 항상 옳은 영원한 가치란 존재하지 않는다. 한국의 시민사회가 외양과 형식에서 서구적 가치와 사상을 추구하지만 내면적 인간관계와 행동규범의 측면은 매우 비서구적 또는 한국적이라는 것이 필자의 생각이다. 오늘날과 같이 노동조합을 포함한 각종 이익집단들이 자신들의 집단이익에 집착하면서 사회의 다른 영역이야 어떻게 되든 말든 무조건적인 실력행사를 하여 사회를 불안하게 만드는 현상을 어떻게 이해해야할 것인가? 오늘날 빈번히 일어나고 있는 집단행동과 같은 물리적 실력행사는 화합과 조화를 강조하는 유교 문화적 전통과는 전혀 다른 배경에서 나타난 것이다.

유교 문화적 전통은 인내와 관용으로 대화를 통해 갈등을 해결하는 것이다. 오늘날과 같이 실력행사 위주의 노동운동과 극단적/이기적 지역운동을 통해 공동체적 정신이 훼손되고 집단 및 지역 간 이해의 대립이 첨예화 될 때, 가족 간 유대 강화와 사회적 관계망 회복을 통한 공동체적 질서의 확립과 대화와 타협의 능력을 향상시키는 유교 문화적 전통에 대한 재발견이 필요한 시점이 도래했다는 제언으로 글을 마치고자 한다.

참고문헌

국민호, 1999. "한국의 경제발전: 유교자본주의, 아시아적 가치와 인권." 『동아시아의 국가주도 산업화와 유교』. 전남대학교출판부.

권영달, 김재휘, 최오경, 1993. 『현대 정치이념』. 지구문화사.

김석근, 1999. "한국의 전통사상과 자유민주주의: '유교'와 '근대'의 만남과 갈등." 김석근, 김세중, 김주성, 장훈, 진미경 공저. 『한국의 자유민주주의』. 인간사랑. 9-50.

김성국, 2001. "한국의 시민사회와 신사회운동." 유팔무, 김정훈편, 『시민사회와 시민운동2: 새로운 지평의 탐색』. 한울. 50-102.

______, 2002. "한국 시민사회의 성숙과 시민사회운동의 과제." 중앙일보시민사회연구소 편, 『참여민주주의 실현을 위한 시민사회와 시민운동』. 아르케. 71-131.

김호기, 1999. 『한국의 현대성과 사회변동』. 나남.

김은희, 1997. "신중산츠의 일 · 가족, 그리고 성역할의 의미." 조혜정 외 6인, 『성, 가족, 그리고 문화: 인류학적 접근』. 집문당. 235-271.

손호철, 2001. "국가-시민사회론: 한국정치의 새 대안인가?" 유팔무, 김정훈편, 『시민사회와 시민운동2: 새로운 지평의 탐색』. 한울. 17-49.

송 복, 1999. 『동양적 가치란 무엇인가: 논어의 세계』. 생각의나무.

신수진, 1998. "가족 성원의 삶을 산다는 것, 특히나 한국 사회에서." 『한국 문화와 한국인』, 사계절. 197-231.

어수영, 1991. 『민주주의와 한국정치』. 법문사.

유석춘편, 2002. 『한국의 시민사회, 연고집단, 사회자본』. 자유기업원.

이승환, 1998. "유교와 인권: 상호보완의 필요성에 대하여." 한상진 편. 『현대사회와 인권』. 나남출판 99-119.

______ 외, 1999. 『아시아적 가치』. 전통과 현대.

정수복, 1999. 『시민의식과 시민참여』. 아르케.

조대엽, 1999. 『한국의 시민운동-저항과 참여의 동학』. 나남출판.

조효제, 2003. "시민사회와 노무현 정부." 한겨레 신문(2003. 5. 26, 조효제 시평).

청중잉, 1999. "예의 포괄적 이론수렴을 위한 소고." 『새로운 21세기와 유교의 禮』, 국제학술대회보, 전남대학교 인문과학연구소. 1-25.

최봉영, 1997. 『조선시대 유교문화』. 사계절.

최석만, 1997. "유교와 공동체 윤리." 황필홍 외, 『새로운 공동체를 찾아서』. 도서출판한맥. 149-180.

최준식, 1995. 『한국종교 이야기: 한국인의 마음을 빚는 巫·儒·佛·道』, 한울.

후쿠야마, 1996. 『트러스트』. 한국경제신문사.

Castells, Manuel, 1997. *The Power Identity*. Blackwell Publishers.

제4장
한국의 근대화와 산업화 과정에 나타난 유교 문화적 전통

Ⅰ. 문제제기

지난 반세기 동안 한국 사회에서는 개인의 자유와 권리, 평등을 강조하는 서구의 자유민주주의적 가치가 모든 사회에 보편적으로 적용될 수 있다고 보고 서구의 자유민주주의를 궁극적인 정치모델로 간주하여 왔다. 따라서 오늘날 한국사회는 정치적으로 자유민주주의를 추구하고 있으며, 경제적으로 자본주의 시장경제를 지향하고 있다. 이러한 서구적 가치와 체제에 대한 추구는 상대적으로 전통 문화에 대한 무관심과 무시를 가져왔다. 특히 전통문화의 핵심적 요소인 유교는 권위주의, 정실주의, 연고주의의 상징으로 배척당해 왔다. 그러나 그 동안의 지속적인 경제성장과 성공적인 서울 올림픽 개최로 인해 국가 위상이 높아지자 1990년대에 들어와 사회의 일각에서 전통에 대한 재인식이 강하게 요구되었다. 나아가 정보사회의 진전과 함께 문화 및 민족 정체성에 대한 의식이 높아지고, 또한 시장경제의 진전과 함께 상품으로서의 문화적 가치가 높아짐에 따라 전통 문화에 대한 재인식 · 재평가가 더욱 활발해졌다.

동아시아 문화적 전통에 대한 주장은 아시아적 가치 논쟁으로 정점을 이루었는데, 아시아적 가치 논쟁은 동아시아 국가들의 지속적인 경제성장과 함께 주창되기 시작하였다. 1960년대 초 경제성장을 시작한 동아시아 국가들은 1990년대 중반에 이르기까지 30여 년 간 지속적인 고도 경제성장을 이룩하면서 서구 선진국에 도전하는 차세대 공업국으로 급부상하였다. 이들 동아시아 고동성장 국가들 모두가 유교권 국가들이었기 때문에 많은 학자들이 유교와 경제성장과의 연결고리를 찾아보고자 하였다. 이에 따라 동아시아 경제성장의 예외성이 강조되었고 이를 설명해보려는 노력이 발전국가론, 유교자본주의론 등으로 나타났다. 이러한 연구들을 흔히 '동아시아 발전론'이라 부른다. 아시아적 가치 논쟁 역시 유교 문화적 전통에서 동아시아 발전의 고리를 찾으려는 작업의 일환으로, 이는 동아시아 발전론의 이론적 또는 사상적 기초를 제공해주고 있다. 따라서 동아시아 발전론과 아시아적 가치 논쟁은 동전의 양면과 같이 논의되어져 왔다.

동아시아 발전의 특수성에 관심을 갖는 학자들은 유교와 경제발전이라는 관계를 넘어서서 유교적 문화전통이 우리의 일상적 삶에 어떻게 남아있는지 또 일상생활에서 우리의 사고 행동을 어떻게 규정하는지에 관심을 갖기 시작하였다. 이 과정에서 사람들은 유교적 전통과 서구에서 수입된 자유와 평등을 강조하는 서구의 자유민주주의 사상이 어떻게 조화를 이루는지에 대해 강한 관심을 표명하였다(국민호, 2000; 유석춘·장미혜, 1999; 최석만, 1997; 함재봉, 1999).

이러한 관심은 우리에게 몇 가지 문제점을 던져준다. 우리의 근대화와 산업화는 어떻게 진행되어져 왔는가? 그 과정에서 자유민주주의의 기본 원리인 자유, 민주, 평등 등의 이념이 얼마나 잘 실현되고 있으며, 자본주의의 자유시장경제원리는 얼마나 잘 지켜지고 있는가? 유교 문화적 전통은 우리의 삶에 어떻게 영향을 미치고 있으며, 이는 서구적 가치가 지배적인 현대적 삶과 얼마나 잘 조화를 이루고 있는가? 어떤 사회가 우리에게 바람직한 사회인가? 나아가 우리의 삶을 지탱해주는 정신적인 지주는 무엇일까 하는 의문이 꼬리를 이이 일어나고 있다.

이 글에서는 한국의 경제성장과 근대화 과정에 대해 살펴봄으로써 한국의 근대화 및 산업화가 갖는 의의와 한계점을 살펴보고자 하였다. 이를 통해 한국의 근대화와 산업발전과의 관계를 재조명해 보고 난 후 근대화 과정에서 사람들의 일상적 삶에 영향을 미치는 유교 문화적 전통에 대해 살펴보고자 하였다.

Ⅱ. 근대화와 한국의 경제발전

근대화란 불란서 혁명 이후 급격하게 추진된 서구의 사회 및 경제 변화의 충격을 설명하기 위해 19세기 중엽 서구에서 처음 나타난 개념이다. 서구인들은 산업혁명을 통해 자본주의라는 새로운 경제활동의 장을 만들고 종교개혁과 혁명의 과정을 통해 자본의 시대에 살아갈 인간의 정치적 이념인 '자유'와 제반 새로운 사회적 관계의 내용들을 만들었다.

서구의 근대화란 전통적으로 사회를 지배해 온 자연, 종교, 정치, 사회로부터의 해방을 의미한다. 서구에서 자연은 모든 무질서와 혼란의 원천으로 간주되었다. 근대화란 인간의 이성에 의해 자연을 정복하고 길들이는 과정이었다. 이는 종교로부터의 해방과 함께 진행되었다. 서구 근대에서의 개인은 지금까지 서구의 질서를 유지시켜오던 신이 더 이상 기능을 못하게 되자 신의 자리를 대신하여 서구의 세계관을 응집시키는 일을 담당하였다. 인간은 자연과의 관계에서 그것과 대립하고, 정복하고, 복속시킴으로써 자신을 유지하였고, 인간관계에서는 자신과 동질적인 집단과 그렇지 못한 타자를 양분시켜 타자에 대한 정복과 길들이기의 권력을 행사하였다(장석만, 1997:127).

1. 한국의 근대화

한국의 근대화는 전통사회와의 대립과 갈등을 통하여 새로운 사회를 성취하려는 노력으로 이해할 수 있다. 우리의 근대화는 일본의 근대에 대한 모방으로부터 시작되었다. 1876년 개항으로부터 시작하여 지난 1세기 동안 끊임없는 외세의 침략과 간섭아래서 진행된 우리의 근대화는 그 시작부터 일본에 의해 각

색된 서구 근대화의 모방을 바탕으로 한 것이기 때문에 모방의 과정에서 주체성 형성이 매우 약했으며, 이에 따라 자기성찰의 기회가 거의 없었다. 우리의 근대화는 자생적인 근대의 이상과 인간성을 성취하기도 전에 전통과 근대와의 대립과 갈등으로 이어졌고, 식민지 경험과 미국의 원조를 통한 경제성장이라는 역사적 상황은 전통에 대한 부정과 근대에 대한 무조건적인 찬미로 이어졌다.

우리 사회의 근대화는 일제 식민지 경험과 해방 후 미국의 영향 하에서 형성되었다. 우리 사회의 근대에 대한 이해를 직접적으로 규정지은 것은 두말할 필요도 없이 일본적인 근대와 미국적인 근대다. 근대의 일본적 구성이 과학과 기술 그리고 국가주의와 결합된 것이라면, 미국적인 구성은 과학과 기술 그리고 개인주의라고 할 수 있다(송두율, 1997:103-4). 일본 모델의 특징은 뿌리 깊은 국가주의로부터 유래한 일본의 정치문화와 개인의 자율성과 주체성의 미성숙이라 말할 수 있고, 미국적 근대의 특징은 바로 그의 정치, 경제, 군사력에 의한 패권주의였다. 전후 냉전체제의 최전선인 한반도는 그러한 미국의 힘이 가장 적나라하게 표출된 곳의 하나였다. 따라서 한국에서 미국은 근대의 가장 모범적인 모습으로 나타났고, 한국인들에게 미국은 흔들리지 않는 근대화의 모범이 되었다(송두율, 1997:106-7).

20세기에 들어와 일제 식민지시기를 거치면서 한국의 지식인들은 그 존립 기반에 앞선 과거 역사와 단절하고 새로운 시대를 영접하고자 하였기에 근대성의 담론은 쉴 새 없이 생성되고 또 장려되었다. 그러나 식민지 치하에서 민족국가란 현실적으로 존재할 수 없었다. 민족국가는 단지 상상 속에서 그리고 일제 억압에 투쟁하면서 쟁취해야할 이상으로 존재할 수 있었을 뿐이었다. 식민지하의 한국은 민족국가로서 자신의 정체성 형성에 일본의 존재를 필수적인 요소로 편입시키면서 '대립하면서 닮는' 전형적인 편입과정을 밟게 되었다(장석만, 1997:138-9).

19세기 말부터 한국의 개혁가들을 이끌어온 주요 사상은 기독교와 자유주의였다. 그러나 1917년 러시아 혁명을 계기로 사회주의 이념이 젊은이들 사이에 널리 퍼졌다. 점차로 한국의 지식인들은 과거 역사와 유교적 전통으로부터 등을 돌리고 과학, 민주주의, 사회주의와 같은 서구 사상을 열광적으로 선호했다. 이로부터 과거에 대한 거부의 싹이 거세게 자라났다. 이러한 전통에 대한 거부는 해방 후의 독립국가 형성과정에서 남북한 모두에서 더욱 극단적으로 추구되었다(Cumings, 1997:158).

2. 일제 식민지시기의 근대화 경험: 산업화와 경제발전

근대화의 정도는 이러한 여러 측면들을 종합적으로 측정하여야 한다. 근대화란 정치적으로 전제군주제에서 근대 민주주의 국가로 체제변화를 하는 것이고, 경제적으로 농업사회에서 산업자본주의로 변모하는 동시에 공업화를 달성하는 것이고, 사회적으로 전근대 신분제 사회로부터 근대 시민사회로 변화하는 것이며, 문화적으로 특권 귀족문화로부터 일반 국민 중심의 근대 민족문화로의 변혁적 발전을 성취하는 것이다(신용하, 1997:10). 그러나 이러한 여러 측면 중에서 경제적 측면에서의 근대화가 가장 기초적이고 중요한 의미를 갖는다. 그것은 공업화가 근대화의 선결조건이 되기 때문이다. 경제적 근대화가 이루어지면 그에 따라 국민의 생활수준 향상이 이루어지고 의식과 가치관의 변화가 이루어지면서 정신적, 정치적 근대화가 함께 수반되기 때문이다. 따라서 한국의 근대화 과정에서 가장 중시되는 것이 산업화와 경제발전이었다. 우리는 일제 시기부터 경제의 근대화가 어떻게 진행되어져 왔는지를 살펴볼 필요가 있다.

1910년 한일합방을 통해 일본이 한국에서 식민지 정권을 세우자 일본인들은 초기 식민지 정책의 기본 목표인 쌀을 한국 농민들로부터 빼내면서도 한국 농촌을 안정화시키는데 한국인 지주들을 이용하는 것이 유리하다는 것을 알았다. 이에 따라 일본 식민지 정부의 기본 정책은 전통적인 지주제를 온존·강화시켜 이들 지주계급을 식민지 지배 동조세력으로 만들어 다수의 농민을 지배하는 것이었다.

이에 따라 한국인 지주들은 이러한 일제 식민지 정책으로 인해 초기부터 많은 이득을 보았으나 상대적으로 그들이 산업이나 상업에 투자할 길은 봉쇄당하였다. 식민지 정부가 지주들에게 제공하는 모든 유인은 오로지 토지에 관한 것이었다. 일본 식민지 정부는 한국인 지주들이 농촌에 거주하면서 농촌 마을을 통제하는 것을 선호했다. 따라서 이러한 식민지 정부의 정책 및 전략에 따라 식민지 한국에서 산업 및 상업에의 투자 이익은 토지 경작에 따른 이윤보다 적었다. 이에 따라 지주들이 상업이나 산업에 투자할 유인이 적었고, 한국 자본을 동원하려는 기관들도 거의 없었다. 이들 한국인 지주계급의 한국 민중에 대한 지배적 지위는 해방에 이를 때까지 거의 손상되지 않은 채 남아있었다. 따라서 1945년 해방 직후에 나타난 대부분의 한국인 경제 엘리트는 지주이거나 아니면 토지와의 관계를 끊지 못하는 지주기업가들이었다. 상업과 산업에서 두각을 나타낸 소수는 오직 일본 정부 및 일본 기업가들과 결탁함으로써 그것이 가능했고, 한국인들의 눈에 그들의 경제적 성공은 기업가적 능력에 의한 것이라기보다는 식민지 권력과의 결탁에서 나오는 것으로 비쳐졌다(Cumings, 1984:490-492).

이처럼 지주계급의 산업계급으로의 변모가 차단된 일제치하에서 한국의 산업화는 멈추어진 것일까? 한국의 산업화는 결국 1960년대 초 박정희 정권부터 시작되었다고 보아야 할 것인가? 과연 한국의 산업화의 기원을 어디에 둘 것인가?

일제하 한국의 산업화는 1930년대 일본의 만주 점령과 중일전쟁 이후 급속하고 또 극적으로 확장되었고, 이러한 한국의 산업화는 1945년 일본의 패전과 함께 급속히 중단되었다. 1945년 이전의 미완성의 산업화는 많은 한국의 학자들로 하여금 오늘날 우리가 알고 있는 한국의 정치경제 형성에서 식민지 시기의 중요성을 낮게 평가하게 만들었다. 그러나 일제 식민지는 의도적이건 아니건 간에 식민지 산업화를 일으켜 한국 산업발달에 커다란 영향을 미쳤다(Eckert, 1991).

일본의 만주침략과 중일전쟁으로부터 비롯된 식민지 산업화는 한반도의 물질적 외향뿐만 아니라 사회적 지형도 변모시켰다. 일본치하에서 한국인 기업가의 발달은 제한되었으나 전적으로 금지된 것은 아니었다. 일제 치하에서 1919-45년 동안 처음으로 자생적인 한국인 자본가 계급이 출현하였다. 일제시대에 대표적인 한국인 기업가는 경성방직의 김성수·김연수 일가였다. 그러나 그들은 단지 1945년 이전에 활동한 한국인 자본가들 중에서 가장 뛰어난 인물이었을 뿐이다. 이 기간 동안에 결코 김씨 일가와 같은 지위를 획득하지 못하였으나 후에 유명한 기업가가 된 많은 한국인 기업가들이 다수 존재하였다(Eckert, 1991:253).

이들 한국인 기업가들은 공통적인 과거를 갖고 있다. 김씨 일가와 마찬가지로 그들은 1945년 이전에 식민지 자본주의 세계에서 처음으로 사업 경험을 쌓았으며, 그들 모두는 후기 식민지 기간의 급속한 산업화에 참여하였다. 광복 후 초기 한국 50대 재벌 창업자의 60% 가까이가 이런저런 형태로 식민지 사업 경험을 갖고 있었다(서재진, 1991). 이들 한국인 자본가들은 일본 식민지 정부 하에서 한국 민중들로부터의 신뢰를 희생하면서까지 일본 식민지 정부에 적극적으로 협력하면서 경제적 성공을 이루었다(Eckert, 1991:254).

사실상 한국인 자본가들이 식민지 산업화 과정에 참여한다는 것은 그들이 일본 자본가들과 같아지는 것을 의미했다. 그들은 일본 기업과 차이 없이 심지어는 더 가혹하게 한국인 노동자들을 착취하였으며 이는 궁극적으로 전체로서의 한국 민중의 민족 정체성을 분리시키고 몰아내려는 일본의 시도와 맞아떨어졌다. 그 결과 한국인 자본가들의 한국인 사회 내에서의 정치적 입지는 더욱 불안정해졌고 그에 따라 더욱 더 총독부의 억압적 권력에 의존하게 되었다. 식민지 시기 말기에 이르면, 강력한 식민지 정부의 독재는 한국인 자본가들의 자본축적을 위한 편리한 정치 양식이 되었을 뿐만 아니라 그들의 생존을 위한 정치적 선결조건이 되었다. 이렇듯 식민지 치하에서 일본 권력과 결탁한 한국인 자본가들의 성공의 비용은 매우 비쌌다(Eckert, 1991:257). 따라서 해방 이후에 한국 사회에서 그들의 입지는 매우 취약했다. 결국 자본주의는 남한에서만 살아남았다. 그것도 미국으로부터 실질적인 정치, 경제, 그리고 궁극적으로 군사적 지원을 통해서 가능한 것이었다.

일제 식민통치 하에서 총독부의 독재는 기업가의 성공에 장애가 되지 않았다. 오히려 그 반대였다. 한국의 자본주의는 이러한 억압적인 국가구조 하에서 최초의 급성장과 번영을 경험하였다. 1945년 이전의 한국인 자본가는 전적으로 권위주의적인 정치적 테두리 안에서 작동하도록 조건지어졌다. 실제로 정치적 독재가 경제적으로 효율적이고 동시에 이익이 된다는 것은 전후 자본가들에게 당연한 상식이 되었다(Eckert, 1991:257).

3. 식민지적 유제

한국의 근대로의 행진은 일본의 침략과 식민지 수탈과 함께 이루어졌다. 이는 한국인들이 인정하기 매우 힘든 사실이다. 일본 식민지는 한국의 근대화에 어떤 것을 가르쳐 주었을까? 미국은 필리핀에게 식민지민들이 어떻게 독립이라는 목표를 성취하는가를 가르쳐주었고 영국은 인도에게 무엇이 자유민주주의인지를 가르쳐주었다. 일본은 한국에게 강력한 국가를 산업화에 이용하는 방법, 급속한 경제성장과 근대적 산업구조에 대한 것을 가르쳐 주었다.(Cumings, 1984:486). 식민주의는 자생적인 자본가 계급을 창출하였다. 그러나 그것은 정부의 지도와 후원에 익숙해진 계급이었고, 더욱 강력하고 더욱 선진화된 자본주의 체제로부터 대대적인 후원을 받는데 익숙한 계급이었다.

식민지 산업화의 유산은 실제로 자생적인 자본가 계급의 창출에 국한된 것은 아니었다. 식민주의는 전후의 발전을 위한 사회적 기초를 남긴 것 이외에도 성공적인 자본주의 성장모델의 역사적 기초를 마련하였다. 그 첫째는 국가의 강력한 경제지배다. 식민지 한국에서 기초적인 국가-기업 관계는 더욱 기능적인 단위로 작동했다. 재계는 일반적으로 민간부문에서 충분한 보상을 받은 국가 정책의 시녀였다. 정부와 기업의 일원적 연대는 강력했고, 이는 공유된 유교적 가치와 물질적 이익의 기초의 결합을 통해 유지되었다. 두 번째 요소는 한국 자본주의의 일본 자본주의에의 종속이다. 이는 일본 자본주의의 선진적 상태와 일본의 식민지라는 한국적 상황에서 필연적인 결과였다. 이러한 모델은 그러한 일본 정책에 참여하였던 한국인들에게 살아있는 유산의 일부가 되었고, 후에 한국의 자본주의 발전 과정에서, 의식적이건 무의식적이건, 수정된 형태로 소생되었다. 명백한 것은 전후 한국의 자본주의 발달 유형이 다른 어떤 것보다도 식민지 한국의 경험을 따라갔다는 것이다. 세 번째 요소는 자본가들과 사회와의 관계이다. 일제하에서 한국인 자본가들은 권위주의적인 일제 권력과 동맹을 맺었다. 더욱 중요한 것은 한국 자본주의가 일본 식민주의의 요람 안에서 태어났다는 것이다. 이는 한국인 자본가 계급이 일본 식민지 국가의 보호 및 국가와의 밀접한 협력 하에서 발달했음을 의미한다(Eckert, 1991: 255-257).

일본 국가의 역할을 모방한 고도로 중앙집권화된 일제 식민지 국가는 경제에 간섭하고, 시장을 창출하고, 새로운 산업을 낳고, 국민들의 분노를 억압했다. 일제 식민지 치하에서 한국인들은 정치적으로는 거의 숨을 쉬기도 어려웠지만 경제적으로는 크게 성장하였다(Cumings, 1997:148). 일제 식민지 기간 동안에 경험한 강력한 식민지 국가, 거대한 관료집단, 경제에 대한 행정지도, 국가간섭 하에서의 새로운 산업 추진, 노조와 반대자에 대한 강력한 억압은 1945년 이후의 한국 발전모델의 원형을 제공해 주었다. 일본 식민지 정부는 전후 한국의 산업화의 특징인 “관료적 권위주의” 경로의 초기 모델을 보여주었다(Cumings, 1997:150). 즉, 일본의 식민지 경험은 한국에게 정치적 독재를 통한 경제성장의 길을 가르쳐 주었다.

우리의 관심은 결과적으로 한국이 계승한 식민지의 사회적 유제다. 이들 식민지 모델의 모든 중요한 요소들이 함께 작동하기 시작한 것은 경제지향적인 박정희 정권 하에서였다. 1960년대 한국의 산업화를 주도한 박정희 대통령은 그 자신이 식민지에서 고도의 일본식 훈련을 받은 사람이었다. 박정희 정부가 1960년대에 급속한 산업발전의 경제계획을 시작했을 때 정부는 1930년대 후반에서 1940년대 초에 이르는 일제 식민지 기간 동안의 급속한 산업 성장 과정에서 성장하고 1950년대 경제재건에 참여하면서 경험을 쌓은 핵심적인 배터랑 기업인들을 다시 불러들여 산업화를 추진하였다(Eckert, 1991:254). 당시 한국 정부는 근대화를 목표로 설정하고 산업화를 수단으로 삼았다. 그 과정에서 국가는 항상 재계의 상위 파트너로 존재했고 또 정부는 사회의 제 계급적 압력으로부터 자유롭게 경제정책을 집행할 수 있었다. 일본 식민지 경험은 한국을 비롯한 동아시아 국가들의 발전방향에 커다란 영향을 미쳤다. 따라서 동아시아 발전론의 내용 중 상당부분은 일제 식민지시기에 대한 연구에서 찾아야 할 것이다.

4. 해방 후 근대화와 문제점

한국은 식민통치, 국토의 분단, 동족상잔의 비극, 혁명과 쿠데타 등 수없이 많은 좌절과 고통, 시련과 역경을 딛고 일어나 오늘날 전 세계가 찬사를 보내고 부러워하는 경제적 산업화와 정치적 민주화를 동시에 이룩하는데 성공하였다. 그러나 이러한 놀라운 성취에도 불구하고 오늘날 한국은 가치관의 혼란과 사회가 나아가야 할 이상의 상실 속에서 방황하고 있다. 물질만능주의 풍조, 사회 곳곳에서 발견되는 무질서와 무책임, 사회통합을 어렵게 하는 이념갈등과 지역주의, 탈권위주의와 노인경시풍조, 극단적 이기주의가 팽배한 가운데 전통과 사회 윤리가 붕괴하고 가족이 해체되고 있으며 건전한 권위구조가 흔들리고 있다. 이러한 가치관의 혼란과 이상 부재 현상의 근원은 무엇인가?

해방 후 한국이 추진한 근대화는 경제적 근대화였다. 그 추진 과정에서는 빈곤문제의 해결이 근대화의 첩경이라고 보고 이를 위한 경제의 산업화에 역점을 둔 근대화를 추진하였다. 실제로 1962년부터 국가주도로 진행된 수출위주의 산업정책은 한국을 신흥 경제 강국으로 만들었다. 그러나 산업발전과 고도 경제성장만을 목표로 한 급속한 근대화는 한국 사회에 많은 새로운 문제를 일으켜 근대화 전략에 대한 재점검이 요청되고 있다. 특히 부의 고른 분배를 통한 사회정의의 실현, 인륜 및 도덕성의 회복, 급속한 산업화로 나타난 환경오염의 제거, 기술혁신을 통한 국제경쟁력 유지 등은 한국의 근대화 및 산업화가 풀어야 할 중요한 과제가 되고 있다.

1960년대 경제성장과 함께 진행된 근대화 과정에서 풍족한 빵과 자유의 이념으로 무장한 근대의 논리는 우리의 전통사회와 그 기반을 더욱 심하게 난도질하기 시작했다. 오늘날 우리는 풍족한 빵을 만들 경제적 토대를 확보했지만, 진정으로 성취해야 할 많은 것을 찾지 못해 방황하고 있다. 전통이 파괴된 현 시점에서 우리는 무엇을 성취하고 버려야 하며, 어떤 질서체제를 만들고 지켜야 할지에 대한 혼돈상태에 있다. 산업화, 도시화를 내세운 근대화 과정에서 전통적인 공동체와 삶의 양식은 붕괴되어 갔다. 그 과정에서 공동체의 언내의식과 결속력은 완화되었고, 개인들은 하나하나 파편으로 떨어져 나갔다. '우리'로 대변되는 전통적인 공동체는 제 기능을 상실하였고, 개개인들은 공동체 밖에서 개인의 이익만을 추구하는 독자적인 개인으로 존재하고 있다. 연대감을 상실한 개인들은 이제 서로가 서로에게 예측할 수 없는 위험 요인이 되고 있다.

만인이 만인에 대해 위험의 불씨로 작용할 때 사람들은 타인으로부터 자기를 지킬 수 있는 사회적 수단을 찾게 마련이다. 그러한 수단으로 현대인이 지향하는 것은 돈과 권력이다. 산업화와 사회발전이 진행되면 될수록 사람들은 돈과 권력만이 자신을 지켜주는 수단임을 믿는다. 이제 사람들은 수단과 방법을 가리지 않고 돈과 권력의 획득을 위해 질주하고 있다. 남에 대한 이해와 배려가 약화된 가운데 오로지 돈과 권력에의 무한 질주는 사회를 더욱 더 개인주의, 이기주의, 물질만능주의로 이끌어가고 있다. 사회 전반에 돈과 권력이라는 물질적 가치와 수단만이 팽배할 뿐 남과 더불어 산다는 공동체 의식과 그에 따른 책임과 질서의식은 더욱 희박해지고 있는 것이 오늘날 한국의 실정이다. 따라서 우리의 시급한 문제는 개인이라는 조각 하나하나를 결속시켜 유기적으로 움직여갈 수 있게 하는 새로운 공동체 질서의 확립이다.

현재 한국사회가 겪고 있는 가치의 혼란과 이상 부재 현상은 경제개발과 정치 민주화를 통하여 지난 1세기 동안 우리의 이상으로 군림해 온 근대화 작업이 한편으로는 왜곡되게 다른 한편으로는 성공적으로 급속하게 진행되는 과정에서 나타난 것이다. 한국의 민주주의와 자본주의의 성숙은 비록 가난과 압제와 같은 근대화 초기의 문제점들을 해소하였지만 다른 한편으로 근대사회의 본격적인 도래로 인하여 파생되는 문제들을 더욱 심화시키는 결과를 초래하였다.

그렇다면 근대사회의 도래, 자본주의와 민주주의의 성숙이 가져오는 가치와 이상의 문제란 무엇인가? 그것은 다름 아닌 '전통과 근대의 부조화'다. 현재 한국사회가 겪고 있는 가치관과 이상의 혼란은 지난 1세기 동안 점진적으로 받아들여진 근대의 사상과 이상이 전통사상, 가치, 사고방식, 그리고 생활양식과의 충돌을 일으키는 과정에서 파생된 것이다(함재봉, 2000:21).

근대성을 향한 무비판적인 돌진은 동시에 유교를 중심으로 한 전통사상에 대한 무시와 배격을 수반하였다. 그러나 비록 전통사상이 이념과 제도의 차원에서 배제되어 왔음에도 불구하고 우리 삶 속에는 전통 문화가 곳곳에서 살아 숨 쉬고 있다. 우리의 전통 사상과 문화는 한국인의 인식체계와 정치의식, 행동양식에 지대한 영향을 끼치고 있다. 오늘날 한국인들의 가치관과 사고방식을 보면, 형식적이고 당위적인 차원에서는 자유민주주의적 근대사상이, 실질적 행동과 관습의 차원에서는 유교로 대변되는 전통 문화적 요소들이 복합적으로 얽혀있다.

Ⅲ. 미국식 발전모델과 서구식 가치

오늘날 우리는 개인의 권리와 자유, 평등을 강조하는 서구의 민주주의를 궁극적인 정치발전 모델로 간주하고 있다. 따라서 우리는 한국사회가 정치적으로는 민주주의 국가이며 경제적으로는 자본주의 국가임을 자임하고 있다. 그렇다면 오늘을 사는 한국인이게 민주주의와 자본주의는 무엇인가? 좋든 싫든 우리에게 민주주의와 자본주의는 정치와 경제와 기본 틀로써 선택의 여지가 없어져 버렸다. 다행히 한국은 수많은 후발 개도국 중에서 그나마 성공적으로 이 두 제도를 수용한 나라다. 한국에서는 과연 민주주의와 자본주의가 어떻게 실제 생활에 반영되고 있는 것일까?

한국은 경제성장을 토대로 정치적 민주주의를 이룩한 나라다. 비서구 국가들 중 이러한 성취를 이룬 나라는 거의 전례가 없는 만큼 이는 20세기 세계사에서 실로 획기적인 사건이라 말할 수 있다. 한국은 대만과 함께 경제발전과 민주화란 두 마리의 토끼를 모두 잡는데 성공하였다. 실재로 20세기를 통하여 서방선진국과 일본을 제외한 제3세계 국가들 중에서 저발전과 정치적 독재의 질곡에서 탈출한 나라는 한국과 대만이 거의 유일한 예외적인 사례다. 그렇다면 이들의 근대 사회로의 전환은 경제적 성공만큼이나 성공적이었을까?

우리가 유교에 대해 관심을 갖는 이유는 두 가지다. 하나는 동아시아 경제발전과의 연계이고, 다른 하나의 현대 자본주의가 갖는 문제점에 대한 대안이라는 측면이다. 우선 경제발전이라는 측면에서 볼 때, 유교가 보편사적인 의미를 갖게 되는 것은 한국을 위시한 동아시아 유교권 국가들의 놀라운 경제발전에 기인한다. 20세기를 마감하는 시점에서, 수많은 비서구 국가들 중 오직 동아시아의 유교 문화적 전통을 갖고 있는 국가들만이 성공적인 자본주의 체제를 이룩하였고 정치적으로도 민주화를 쟁취하는데 성공한 것처럼 보인다. 더구나 이 국가들은 서구식 자본주의를 이식하여 모방하는데 그치지 않고 여러 측면에서 서구 자본주의 국가들보다 더 안정적인 사회 질서를 창출해내고 있다. 그 결과 전 세계적으로 유교에 대한 관심이 급증하고 있으며 이러한 관심은 곧 유교사회의 특수성에 한정된 연구만이 아니라 근대 자본주의 사회에 대한 보다 근본적이고 포괄적인 재검토의 기회도 동시에 마련하고 있다(함재봉, 2000:19).

다음으로 유교가 자본주의가 갖는 문제점에 대한 대안이라는 측면을 살펴보자. 오늘날 한국 사회에서 우리가 경험하고 있는 자본주의 경제체제와 민주주의가 무엇인가 부족하고 불만족스럽다고 느껴지는 이유가 무엇일까? 많은 사람들은 그 이유가 우리가 자본주의와 민주주의의 본래의 이상을 실현시키지 못하고 있기 때문이라고 본다. 실제로 일제 식민지와 냉전 및 분단 속에서 이루어진 한국의 근대화는 서구의 외형적 모방에 치우쳐 불철저하고 왜곡된 상태로 진행되었다. 전통에 대한 부정 속에서 무비판적으로 수용된 서구 문화와 서구적 가치는 당연히 우리의 삶에 많은 문제점들을 노정시키고 있다.

근대화 및 산업화 과정에서 우리의 전통문화가 겉으로는 무시되고 배척당해 왔지만 한국 사회에서 제기되는 자본주의나 민주주의에 대한 이해나 비판 모두는 우리 문화 속에 살아 숨쉬고 있는 유교 문화적 전통이 제공하는 삶의 현장(field)에서 이루어지고 있다. 대부분의 한국인에게 자본주의나 민주주의 이론과 제도 및 역사는 아직도 이해하기가 쉽지 않은 가치와 사상으로 존재한다. 다시 말해 이 두 현대 사상과 체제에 대한 이해와 비판은 그에 대한 깊은 이해에서 비롯된다기보다는 한국인의 가치관과 정체성 속에 내재화되어 있고 그들의 일상 속에 체화되어 있는 사상, 즉 유교적 가치관에 기반을 두고 있다(함재봉, 2000:13). 따라서 한국에서의 자본주의와 민주주의는 우리의 전통적 이해와 사고방식과 떨어져 이해될 수 없다. 그렇다면 서구의 가치는 무엇이고 그것이 우리 사회에서 어떻게 적용되고 있을까?

1. 미국식 발전모델과 그 한계

동아시아 발전모델과 대비되는 서구적 발전모델, 특히 미국모델의 내용은 무엇인가? 영국의 식민지로 출발하여 영국을 상대로 독립운동을 전개할 때부터 미국인들은 개인의 자유와 자율을 신성한 가치로 설정하였다. 미국의 자유주의 정신은 국가와 정부를 극단적으로 불신하는 데서 출발한다. 미국 자유주의 사상의 핵심은 국가와 정부는 최소한의 질서유지를 위하여 필요한 것으로 국가가 조금이라도 과도한 권력을 갖게 되면 국가는 억압과 압제의 도구로 전락하고 만다는 것이다. 경제, 사회, 문화, 복지 등의 영역은 철저하게 개인의 자율적인 영역이다. 그리고 그 개인의 자율성을 유지해주는 기제가 바로 시장이다. 시장은 개인들의 자율적인 계약을 통해서 자신의 이익을 극대화시키는 장이다. 여기에는 그 누구의 개입도 없이 오직 개인의 의사와 판단, 그리고 책임이 있을 뿐이다. 이러한 세계관은 개인의 이성과 합리성, 그리고 자율성에 대한 무한한 신념에서 출발하는 자유주의에 기반을 두고 있다(함재봉, 2000:90).

미국인에게 시장이란 국가의 하위부문 이거나 정부가 국민들의 복지를 위해서 관장하는 영역이 아니라 오히려 개인의 자율성과 자유를 지켜주는 영역으로 국가와 정부보다 우월한 기제다. 시장이란 그저 효율적인 경제정책의 수단이 아니라, 인간의 자유와 자율을 지켜주는 존엄하고 이상적인 제도다. 그러나 개인의 능력과 자율에 대한 확신은 역설적으로 복지문제를 등한시하는 전통을 배태시켰다. 미국의 자유주의적 전통에 따르면 가난은 게으름의 소치로 간주된다. 여기에서 부의 불평등 문제는 당연시되고 경제적으로 가난한 자에 대한 사회적 배려가 상대적으로 약하다.

1960-70년대를 통해 경기침체를 겪던 미국에게 1980년 레이건의 당선은 1932년 루스벨트 낭선 이후 유시되어 온 미국의 정치경제 운영방식(케인즈주의)의 획기적인 전환을 의미하였다. 미국의 신보수주의자들은 1970년대 미국이 겪은 경기침체와 사회불안은 과도한 복지지출과 방만한 연방정부의 운영에서 비롯된 것이라고 주장하였다. 이러한 정치적, 사회적 흐름을 바탕으로 레이건은 과감한 규제철폐와 세금 인하를 통하여 시장에 대한 정부개입을 줄이면서 시장의 기능을 활성화시키고자 노력하였다(함재봉, 2000:95-96). 그러나 이러한 복지축소 정책은 의도하지 않았던 결과를 가져왔다. 이는 미국의 중·하류층과 빈곤층에게 엄청난 고통을 가져다 준 것이다.

오늘날 미국은 미국식 모델, 시장중심주의를 바탕으로 하는 미국적 가치의 저력을 과시하는 한편 경제위기를 겪었던 동아시아 여러 나라들에게 자국의 모델과 가치관의 선택을 강요하고 있다. 그러나 미국경제의 소생 원인은 전통적인 시장중심주의의 결과라기보다는 정보통신산업이란 새로운 분야의 급속한 부상에 힘입은 바가 크다. 불과 20년 안에 전통적으로 중공업이 주도하던 미국의 산업구조는 이제 완전히 정보통신 산업이 주도하는 구조로 바뀌어 버렸다. 정보통신기술의 발달을 선점한 미국 중심의 글로벌 금융시장의 발달은 전 세계적인 금융 자본주주의 시대를 열었고, 국제적 금융시장을 장악한 미국은 미국식 발전 모델(신자유주의)을 전 세계의 지배적인 경제모델로 정착시키고 있다.

그러나 미국 내부를 자세히 들여다보면, 미국경제의 변신은 실로 많은 대가를 지불하였고 아직도 지불하고 있기에 가능했다. 전통적 제조업의 붕괴는 많은 실업자를 창출했으며, 이들 노동자들의 생활수준은 1970년대와 비교해볼 때 특별히 나아진 점이 거의 없다. 도리어 정보통신기술의 발전을 통해 이룩한 미국의 화려한 복귀는 반대급부로 빈부격차의 심화, 중·하층민들의 생활수준 저하를 가져왔다(Castells, 1996). 그 결과 신보수주의 정책이 적극적으로 추진되던 기간 동안 미국의 각종 범죄율과 함께 이혼율, 미혼모 출산율, 마약 복용율, 문맹율 등이 급증하였다(Castells, 1997). 이러한 것들이 현재 미국의 중요한 사회문제가 되고 있다.

이러한 미국적 가치와 제도는 전통과 역사, 경제적 상황 등 모든 여건이 현저하게 다른 한국의 선택이 될 수 없다. 우리가 취해야 할 가치관과 제도는 지금까지 우리의 성공을 가능케 해 주었던 요소들을 유지, 발전시키면서 수정하고 개혁해야 될 점들을 과감하게 고쳐나가는 길이다. 물론 정부 자체도 하나의 이익집단으로 전락할 수도 있다. 이것이 아시아적 가치를 비판하는 사람들, 특히 국가와 정부에 대한 불신에서 출발하는 시장주의자들의 기본적인 인식이다(함재봉, 2000:104). 그러나 우리의 경험으로 볼 때 미래의 국가체제는 여전히 강한 국가를 요구한다. 전 세계적으로 지배적인 신자유주의의 흐름 속에서 어떻게 우리의 독특한 가치와 제도를 유지해 나갈 수 있을까 하는 것이 앞으로의 중요한 과제이다.

2. 자유민주주의적 가치

1990년대에 들어와 냉전이 종식되면서 정치에 있어서는 자유민주주의가, 경제에 있어서는 자본주의 시장경제가 인류의 유일한 대안이 되어버렸다. 자유민주주의를 더욱 강력하게 만드는 것은 그것을 떠받쳐 주는 자본주의 사장경제 체제다. 자유민주주의는 자본주의 시장경제라는 독특한 경제체제와 동전의 양면과 같은 관계를 유지하면서 발전해 왔다. 자유주의와 자본주의의 두 체제는 개인의 자유와 선택을 사회를 조직하고 운영하는 절대적인 기준으로 간주한다는 점에서 완전히 일치하고 있다. 자유주의와 자본주의는 모두 개인이 자율적인 의사결정을 통해서 자신의 권리와 이익을 극대화시키는 것을 당연시할 뿐만 아니라 이를 모든 정치, 경제 제도의 근간으로 삼고 있다.

이처럼 개인주의를 바탕으로 하는 경제운영방식인 자본주의는 실로 놀라운 효율성을 과시하면서 그것을 채택하는 모든 국가와 사회의 모습을 완전히 바꾸어 놓았다. 그리고 자본주의 시장경제체제의 맛을 본 사람들은 결코 그것을 거부할 수 없게 된다. 따라서 많은 나라들은 엄청난 부와 물질적 풍요를 가져다주는 자본주의 시장경제체제를 앞 다투어 채택하고자 하고 있다.

자유민주주의는 수많은 보통 사람들의 능력을 믿고 존중하는 데에서 출발한다. 이는 개개인의 개성을 존중하고 서로 다른 개인들의 올바른 선택이 진보와 발전을 이룩한다고 믿는 사상이다. 자유민주주의는 인간의 합리성과 자율성을 기초로 한다. 인간은 자율적이고 합리적이기 때문에 남에게 해를 끼치지 않는 한 자기가 원하는 대로 행동할 수 있고 또 그러한 행동은 존중되어야 한다는 것이다. 자유민주주의 체제는 개인의 자율성과 합리성을 존중하는 만큼 자신이외의 모든 존재, 질서, 도덕 체계, 당위로부터 자유로운 '절대개인'을 상정하고 있다. 즉 독립된 개체로서의 개인이 상정된다. 개인은 누구나 당연히 자신의 이익과 목적을 위해 노력한다(김석근, 1999). 따라서 자유민주주의는 '절대개인'의 사적 이익추구를 존중하고 사유재산권을 옹호한다. 결국 자유민주주의에서는 다수의 고립적인 개인들이 합리적으로 자신의 경제적인 사적 이익을 추구할 수 있도록 보장해주는 제도라고 말할 수 있다.

정치 이념으로서의 자유민주주의를 구현하기 위한 기본 요소로서 '자유'와 '평등'이 있다. 여기서 자유는 개성의 자각과 가치를 본질로 하고 있다. 서구 근대는 시민의 자유에 대한 인식 확립과 이를 쟁취하기 위한 투쟁의 역사라 해도 과언이 아니다. 역사적으로 근대 시민사회의 성립 과정에서 시민계급이 추구했던 자유의 가치는 남으로부터 강제되거나 지배를 받지 않는 상태로 부당한 간섭이나 압제로부터 벗어날 수 있는 자유였다. 이는 봉건적인 제약과 구속으로부터 벗어나는 과정에서 강하게 추구된 것이었다.

자유의 여러 이념에서 오늘날 자본주의를 낳은 영국의 고전적 자유주의자들은 특히 사유재산권을 중시하였다. 그들은 사유재산을 목적을 향한 수단으로 보고 사유재산이 인간을 인간답게 만들고 또 행복하게 만든다고 보았다(어수영, 1991). 따라서 자유주의자들의 주장은 독립적인 개인의 사유재산권 보장으로 요약될 수 있다. 자유주의자들이 강조한 경제활동의 자유는 개개인의 자유로운 경제행위를 옹호하였고, 나아가 경제활동에 대한 국가의 규제와 간섭을 최소로 하는 방임주의적 자유주의를 발전시켰다(국민호, 2000:14).

이러한 서구의 자유관은 동아시아의 그것과 많은 차이를 보인다. 동아시아에서는 고상한 인격 함양과 자신을 희생하여 공동체에 이바지할 수 있는 도덕적 자유를 선호했다(이승환, 1998). 이러한 동아시아의 자유에 관한 사고는 자기수양과 공동체에 대한 헌신을 강조한 유교의 가르침에서 발현되었다.

자유민주주의 체제에 따르면 모든 사람은 법 앞에 평등하며 누구나 정치적으로 자유를 누릴 수 있다. 따라서 자유와 평등은 자유민주주의 이념의 핵심적인 내용이다. 그러나 자유민주주의는 사유재산제도를 존중하는 만큼 결코 모든 사람들의 경제적 평등을 인정하지 않는다. 따라서 자유와 평등은 자유민주주의의 근본이념이면서도 내부적으로 강한 갈등의 소지를 내포하고 있다.

문제는 오늘날 우리가 체험하고 있는 자유주의가 자본주의 발전과정에서 원래의 취지가 많이 변질된 것이라는 점이다. 현재 우리가 답습하고 있는 자유주의는 냉전을 통하여 형성된 독특한 사상체계다. 냉전이라는 특수한 역사적 상황 속에서 형성된 자유주의는 극단적인 체제경쟁과 이념전쟁의 결과로 극도로 방어적이고 경직된 자유의 개념을 중심으로 형성되어 왔다. 나치즘으로 대변되는 우파적 전체주의와 스탈리니즘으로 대변되는 좌파적 전체주의를 경험한 서구 학자들(예: 포퍼)은 인간의 자유를 그 어떤 경우에도 희생될 수 없는 절대불가침의 신성한 것으로 절대화시켰다. 이들의 개인의 자유에 대한 애착은 그만큼 강했다(함재봉, 2000:32). 버얼린은 '적극적 자유'와 '소극적 자유'를 대비시키고 있다. '소극적 자유관'은 자유란 내가 하고 싶은 것을 타인의 방해 없이 할 수 있는 것으로써 가장 '원초적인' 의미의 자유를 뜻한다. 반면에 '적극적인 자유관'에 의하면 진정한 자유란 그 자유를 누릴 수 있는 자격과 조건을 갖춘 사람들, 즉 그 사회가 규정하는 도덕성, 시민정신, 공공정신 등을 갖춘 사람들만이 누릴 수 있는 것이라고 말한다. 버얼린은 공산주의, 사회주의, 민족주의, 공화주의 등의 사상들은 자유를 누릴 수 있는 자격을 특정 인종이나 민족, 계급 등에 국한시킴으로써 자칫 나치즘이나 스탈리니즘과 같은 독재주의 또는 전체주의로 전락할 수 있다고 주장하면서 진정한 자유주의는 소극적 자유관을 바탕으로 할 때만 가능하다고 주장했다(함재봉, 2000:34). 함재봉은 냉전 종식 후에 남게 된 자유주의 사상은 극단적인 형태의 소극적인 자유만을 신봉하는 지극히 개인주의적이고 이기주의적이며, 반 공동체적이고 반 도덕주의적인 동시에 미래에 대한 희망을 상실한 자유주의라고 강하게 비판하였다(함재봉, 2000:35-6).

따라서 오늘날의 자유주의는 보편주의적 가치를 상실한 채 일부 서구 국가들의 부와 패권을 정당화시켜주는 지엽적인 가치로 전락하고 있다고 비판된다. 전적으로 서구의 경험과 이해관계 속에서 배태된 자유민주주의 논리가 역사와 문화전통이 전혀 상이한 한국이 겪고 있는 변화, 즉 가치 규범의 혼란과 윤리 도덕의 갈등을 해결해줄 수 있기를 기대할 수는 없다. 이제 우리는 우리 자신의 역사와 문화전통 속에서 한국사회의 혼란과 갈등을 해결해줄 수 있는 도덕과 가치관이 무엇인지를 찾아야 할 것이다.

3. 한국적 현실에서의 자유민주주의와 전통문화

우리나라에 민주주의가 제도적이고 절차적인 측면에서는 정착이 되었다고 하지만 서구적인 의미의 민주주의가 뿌리를 내리고 있지 않음은 자명하다.

오늘날 한국사회에서는 자유민주주의 원리들이 얼마나 잘 지켜지고 있을까? 우선 개인주의 문제에 대해서부터 살펴보자. 우리나라 학생들은 자신들의 미래를 생각해 자율적으로 공부하는 것 같지가 않다. 학생들은 대부분 부모의 성화에 의해 공부를 하고 또 부모를 기쁘게 해드리기 위해 좋은 대학에 진학하고자 한다. 성적이 떨어지면 부모가 걱정함으로 결사적으로 더 좋은 성적을 얻으려 노력한다. 나아가 부모의 기대를 실망시키지 않으려고 자신의 생활을 부모의 틀에 맞춘다. 부모 또한 자식의 성공과 출세를 위해 모든 것을 희생한다. 따라서 부모의 기대에 못 맞추는 학생들의 자살과 탈선이 커다란 사회문제가 되고 있다. 부모는 자녀의 결혼에 간섭하고 심지어는 결혼 후의 삶에 대해서도 간섭한다.

이처럼 우리나라 사람들의 행동과 사고에는 개인 이전에 부모와 자식이라는 가족 관계가 존재한다. 한국에서의 개인은 자율적이고 독립적인 개인으로 존재하는 것이 아니라 가족이라는 공동체의 한 구성원으로 존재한다. 한국에서의 개인은 결코 가족으로부터 자율적이거나 독립적일 수 없다. 따라서 한국 사회에서의 관계는 자율적이고 동등한 개인들 간의 계약에 의해 성립된 합리적 사회라기보다는 가족이나 집단을 개인에 우선하는 공동체적 사회라 말할 수 있다.

이렇듯 한국에서는 개인은 독립된 개인으로 존재하기보다는 가족의 성원으로 존재하고 가족과의 관계는 일생을 통해 지속되며 그 속에서 가족에 대한 책임과 헌신이 강조된다. 이러한 공동체 중심의 사고 속에서 사람들은 공동체의 발전을 위해서는 개인의 권리가 어느 정도 제약될 수 있다고 본다. 이러한 집단의식은 국가의 역할과 책임론으로 발전하였다. 국가가 전 국민의 경제적 이익을 위한 경제계획을 수립하고 집행하는 가운데 일부 개개인의 이익은 어느 정도 희생될 수 있다고 보는 동시에 국가는 모든 국민들의 기본권을 지켜줄 도덕적 의무를 지고 있다고 본다.

따라서 한국에서 개인은 자율적이고 독립적인 개인으로 존재하기보다는 공동체의 한 구성원으로 존재하며 개인보다는 개인이 집단에서 갖는 위치가 더 중요시된다. 한국 사회에서는 모든 사람이 존중하게 대우받는 것이 아니라 그 개인이 가족이나 직장에서 점유하는 위치나 지위에 따라 차등적인 대우를 받는다. 각 개인은 그 자신의 위치와 서열에 따라 지켜야 할 가치와 덕목이 다르고 개인의 욕구 또한 그에 따라 크게 제약을 받는다.

일상생활에서 사람들의 사고와 행동은 합리적 사고와 계약에 의하기보다는 개인적 친소와 학연, 지연, 혈연과 같은 연고에 의해 더 크게 영향을 받는다. 따라서 한국 사람들은 이념적으로는 자유민주주의의 이념을 신봉하지만, 실제생활은 고유한 문화와 제도적 관행에 의해 크게 지배되고 있다고 말할 수 있다.

우리는 서구 사상이 강조하는 고립된 개인주의적 삶보다는 남과의 관계 속에서 자기의 위치에 맞게 살아가는 것에 편안함을 느낀다. 우리는 누구나 남과의 관계에서 자신의 위치를 찾고 그에 맞는 행동을 하기를 기대하고 또 그런 속에서 더욱 편안함을 느낀다. 우리는 남에 대해서는 신경 쓰지 않고 제 할 일에 충실한 서구의 개인주의적 삶보다는 항상 남에게 신경을 쓰며 체면을 중시한다. 그것은 우리가 항시 남에게 부끄럽지 않게 행동해야 한다고 교육받았기 때문이다. 이러한 행동은 다분히 유교적 영향 속에서 이루어져 왔다. 서양에서는 은퇴를 해방으로 받아들이지만 한국에서는 은퇴란 곧 관계의 단절, 즉 사회로부터의 고립을 의미한다. 서양에서의 은퇴는 또 다른 삶의 시작이지만 한국에서의 은퇴는 곧 인생의 종착역에 가깝다. 이는 한국사회가 조직에서의 지위와 관계를 삶의 중심에 놓기 때문이다. 이렇듯 한국인의 사고와 행동은 다분히 유교 윤리적 영향 하에 있다. 이러한 유교 문화적 영향 속에서 한국 사회에 공동체적 또는 집단주의적 성격이 강하게 자리 잡고 있다. 한국 사회가 이념적으로는 자유와 평등을 강조하는 자유민주주의와 개인주의를 추구하지만 실제 한국인들의 삶은 공동체 지향적인 측면이 다분히 남아있는 것이다.

Ⅳ. 동아시아 발전모델과 아시아적 인권

1. 동아시아 발전모델

동아시아 발전론에서는 지난 반세기 동안 동아시아가 경험한 경이적인 경제발전의 근본 요인이 경제발전을 정치발전에 우선하는 가치로 두는 국가주도형 경제발전모델이었다고 본다. 발전국가론으로도 대표되는 국가주도형 발전모델은 경제개발에 있어서 강력한 정부의 역할을 긍정하면서 동시에 사회질서와 안정, 그리고 안보를 국가의 최우선 과제로 설정한다. 동아시아 발전모델의 핵심은 강력한 국가가 산업정책을 통해서 전략산업을 지정, 육성하면서 국내 산업기반을 구축하는 동시에 수출지향적 산업화를 통해 생산성을 향상시켜 국부를 늘리는 것이다.

동아시아 발전모델이 갖는 세계사적 의미는 무엇인가? 한국과 대만 그리고 홍콩과 싱가포르로 대변되는 동아시아 신흥공업국들의 경이로운 경제발전은 일본이 19세기말에 경제발전에 성공한 이후 실로 100년 만에 다시 한 번 후발산업국가들이 보여준 산업화와 경제발전의 모범이었다. 이러한 동아시아 국가들의 고도 경제성장은 근대화론에 따르는 사례를 찾지 못해 고심하던 서구의 주류 경제학자들을 크게 자극하였다. 이후 서구에서 먼저 동아시아 발전론에 대한 연구가 활발히 진행되었고 이후 이러한 연구는 동아시아 학자들에게도 크게 퍼져나갔다.

그러나 자본주의 시장은 그렇게 쉽게 생성되고 유지되는 제도가 아니다. 자본주의 시장은 수많은 법과 제도, 그리고 부의 뒷받침을 필요로 하는 고도로 세련되고 민감한 장치이다. 현대의 자본주의 시장만큼 수많은 규칙과 규정, 규범 그리고 규제가 필요한 정교한 기제도 드물다. 따라서 시장은 적극적으로, 그러나 경제개발 초기단계에서는 정부에 의해 매우 조심스럽게 육성되어야 한다. 후진국의 시장은 그 형성 초기단계에서 자칫하면 적나라한 생존경쟁과 수탈을 일삼는 무정부상태로 전락해 버리기 쉽다. 따라서 정부가 적극적으로 나서서 시장의 잔혹성을 방지하는 한편 기술을 개발하고 부족한 자원을 효율적으로 그리고 전략적으로 분배, 할당함으로써 안정된 경제개발을 꾀할 필요가 있다(함재봉, 2000:85). 남미나 서남아시아 국가들의 시장 창출 노력이 계속적으로 실패를 거듭하는 것은 그를 뒷받침해줄 만한 문화적 전통과 사회적 기제가 미흡하기 때문이다.

동아시아의 신흥공업국들이 시장주의자들의 우려에도 불구하고 경제발전에 있어서 순기능을 할 수 있었던 것은 시장 창출을 향한 정부의 강력한 의지, 이를 수행할 수 있는 강력한 관료집단의 존재, 어느 정도 기업가적 경험과 마인드를 갖춘 기업집단의 존재, 높은 교육수준을 갖춘 고등 노동인력의 존재, 그리고 반공과 반일로 표현된 민족주의와 잘살아보겠다는 국민들의 강력한 의지가 합쳐졌기 때문이다. 특히 충효로 대변되는 유교 윤리와 도덕주의는 국가 정책에 대한 긍정적 신뢰와 기초적인 사회질서를 창출함으로써 서구의 자유주의 세계관과는 달리 국가의 적극적인 역할을 용인하는 동아시아 특유의 정치문화를 창출하였다.

또한 유교전통은 동아시아의 근세사와 맞물리면서 동아시아 특유의 발전모델을 가능케 하였다. 유교적 전통과 근대의 식민지 경험에서 생성된 동아시아의 가치관에서 요구되는 바람직한 사회란 외부 세계의 경제적 압력과 군사적 침략에 대항해서 독립된 주권과 민족자결을 담보해줄 수 있고 적극적인 경제개발을 통해서 민생의 문제를 해결해주고 국력을 신장시킬 수 있는 강력한 국가와 정부가 존재하는 사회다. 동아시아 발전론은 서구의 경험과 다른 동아시아의 독특한 발전 경험에 대한 주장이다. 여기서 아시아적 가치론은 서양의 경험과 다른 이러한 동아시아 특유의 발전방식에 대한 정당성을 제공해주는 이데올로기적인 역할을 하고 있다. 그렇다면 아시아적 가치란 무엇을 말하는 것이며, 이것이 동아시아 경제발전과 어떤 연관을 갖는 것일까?

2. 아시아적 인권 속에 나타난 아시아의 독특한 가치관

최근 들어 아시아적 인권이라는 주제가 동아시아 경제 및 민주주의 발전이라는 문제와 맞물려 중요한 현안으로 떠오르고 있다. 특히 1997년 아시아의 경제위기 이후 신자유주의적 시장 경제가 대안으로 떠오르면서 보편적 가치, 보편적 인권 문제가 중요한 이슈로 회자되고 있다.

인권문제는 앞서 논의한 아시아적 가치의 핵심적인 논제다. 아시아적 가치는 가치의 상대성을 강조하는 것으로 보편주의를 주장하는 서구적 가치와 크게 대조가 된다. 아시아적 인권은 1993년 4월 태국 방콕에서 개최된 유엔 아시아지역 인권위원회에서 한국을 포함한 40여 개 아시아 국가들이 채택한 [방콕 인권선언]에서 잘 나타난다. 방콕 인권선언문의 내용을 보면 인권은 '본질적으로 보편적인 것'이지만 국가와 지역적 특성, 다양한 문화적, 역사적, 종교적 배경의 맥락 속에서 고려되어야 하며 원칙과 가치들도 시대에 따라 바뀐다고 덧붙였다. 선언문은 정치적인 권리 이외에도 경제, 사회, 문화적 권리 역시 존중되어야 하며 특히 '개발권'은 인권의 보편적이고 핵심적인 부분임을 천명했다. 이 선언문은 또한 경제적, 사회적 발전은 민주주의와 인권의 신장을 돕는다는 점을 강조하였다. 방콕 선언문에 조인한 아시아 정부들은 민주주의에도 선결조건이 있을 뿐만 아니라 정치적 권리 역시 사회, 경제적 발전과 함께 중산층과 시민사회의 성숙, 그리고 정치제도와 과정의 성숙이 전제되어야 한다고 주장하였다. 이와는 반대로 서구의 정부와 인권단체들은 민주주의란 아무런 선결조건 없이 어떤 국가에서나 즉각적으로 실시할 수 있고 또 실시해야만 한다고 주장하면서 민주주의의 즉각적인 실시를 거부하는 것은 독재정권을 유지하기 위한 핑계에 지나지 않는다고 주장하였다(함재봉, 2000:76).

서구의 많은 지식인들과 인권 단체들이 인권유린은 정부에 의해서만 용인되거나 자행되는 것이라고 규정하고 있는 반면에 아시아의 정부와 지식인들은 인권이란 의식주와 같이 가장 기본적인 생존권임과 동시에 외부의 위협으로부터 자유로울 수 있는 안보권이라고 주장한다. 자유주의자들이 볼 때 범죄는 인권유린의 범주에 들지 않는다. 그러나 아시아적 가치론자들이 볼 때 범죄로부터 보호받을 수 있는 권리야말로 가장 중요한 인권의 하나이며 이러한 인권을 보호하는 것이 국가와 정부의 존재 이유다. 이들이 볼 때 서구사회의 높은 범죄율과 마약문제, 빈부간의 격차 등이야말로 가장 심각한 인권유린의 사례들이다. 이들은 아시아의 국가들이 보유하고 있는 강력한 경찰력과 군대, 사법제도 등은 기본적인 사회질서와 기강을 유지함으로써 국민들에게 안정된 삶을 제공해주고 범죄 등의 사회불안 요소로부터 자유로울 수 있는 권리를 보호해주는 기제들이라고 본다. 그러나 서구의 자유주의자들과 인권단체의 입장에서 볼 때, 이는 자국민을 억압하고 민주화를 지연시키며 권위주의 체제를 유지하기 위한 수단에 불과하다(함재봉, 2000:77).

방콕선언에서 인권은 정부 간의 대립이나 비판, 무역과 경제원조에 대한 조건 제한을 통해서 보다는 협력과 합의를 통해 추구되어야 한다고 명시하고 있다. 미국은 특정국의 민주화세력과 인권단체들을 직접 또는 간접적으로 지원하면서 이로 인하여 발생하는 사회, 정치 불안을 보다 나은 정치체제의 구축을 위한 '창조적 불안'으로 규정한다. 그러나 많은 아시아의 정부 입장에서 볼 때 이는 무책임한 이상주의이거나 불공정한 내정 간섭이다(함재봉, 2000:77).

방콕 인권선언은 동아사아 사람들의 사고 유형을 잘 대변해준다. 아시아 사회는 아시아의 독특한 문화적 특성, 주변상황, 역사적·종교적 배경 속에서 이해되어야 하고, 그에 따른 아시아들의 생활양식을 규정하는 독특한 가치가 있다는 것이다. 따라서 서구적 가치인 자유와 평등 이념은 아시아의 실제 생활에 도움을 줄 수 있어도 아시아인들의 삶 자체를 지배할 수는 없다는 것이다. 아시아적 가치 주창지들은 동아시아의 경제적 성공이 단순히 서구의 경제 및 정치원리에 충실한 데에 기인하기보다는 서구의 자본주의 원리를 아시아적 상황에 맞게 현명하게 취사선택한 데에서 찾고 있다. 여기서 핵심적으로 작용하는 것은 유교적 사고 유형과 행동 지침이다.

오늘날 한국 현실에 도움이 될 수 있는 유교적 전통의 내용은 무엇인가? 유교는 도덕적 인간을 추구한다. 유교의 도덕적 인간은 타인과의 관계 속에서 비로소 존재의 의미를 갖게 되는 존재다. 인간이 인간답기 위해서는 특정한 도덕성이 전제된다. 인간은 동물과 구분되는 특정한 도덕성과 윤리성을 갖출 때 비로소 진정한 인간이 된다. 따라서 유교적 가치관에서 볼 때, 인권은 획득되는 것으로, 그의 행동여하에 따라 잃을 수도 있는 것으로 본다. 인간의 존엄성과 가치는 타고난 것도 아니요 내재된 것도 아니다. 인권은 그가 인간이기 때문에 반드시 주어지는 것도 아니다. 인권은 도덕적인 인간이 되도록 노력하는데 따라 갖추어지는 것이다.

이러한 인간관은 유교 특유의 정치사상을 낳는다. 각 개인은 개인적 이해와 욕구보다는 인간이 기본적으로 지켜야 하는 가치와 덕목을 우선적으로 상정한다. 여기서 절대적인 인권, 신성불가침한 개인의 영역이란 있을 수 없다. 유교에서는 인간관계와 사회를 매개하는 것이 '권리'가 아닌 '도덕'이라고 보는 것이다. 유교적 이상은 인간의 이성을 통하여 공공선을 실천할 수 있다고 보는 것이다. 따라서 유교권 국가에서 국민들은 이러한 도덕적인 지식을 터득하고 이를 실현시킬 수 있는 지도층에 대한 믿음을 갖는다. 국가는 바로 이러한 사람들이 운영하는 것으로 사회기강을 세우고 국민을 도덕적으로 계도하는 주체로 여겨진다. 따라서 유교 정치사상에서 국가는 근본적으로 선할 수 있고 또 선해야 된다고 본다. 나아가 이 세상의 궁극적인 가치는 국가를 통해 실현될 수 있다고 본다(함재봉, 1998:120-123).

이렇듯 유교적 정치전통은 정부의 역할을 긍정적으로 볼뿐만 아니라 바람직한 사회를 건설하고 인간다운 삶을 영위하는데 있어서 필수 불가결한 것으로 간주한다. 국가의 역할은 위민사상과 민본주의에 입각해서 국민들의 안위와 복지를 보장해 줌은 물론 도덕적, 윤리적 모범을 보이면서 '덕치'로써 이끄는 것이다. 현재 우리에게 필요한 체제와 정부는 이처럼 도덕적 정치 이상에 입각한 강력하면서도 투명하고 효율적인 정부다. 유교의 국가론은 국가를 하나의 가족, 하나의 유기체로 보고 구성요소 사이의 조화와 보완적 관계를 전제로 한다(이영찬, 2001:431-2). 따라서 유교적 전통에서는 서구의 자유주의 전통과는 다르게 국가가 국민의 일에 적극 간섭할 수 있고 반면에 국민들의 정부에 대해 각종 요구를 할 수 있는 것이다. 이것이 국가의 간섭을 최소화하는 서구의 발전론과 대조가 되는 동아시아 발전론의 핵심 사상이다. 물론 이러한 유교적 국가는 잘못하면 독재와 전제로 흐를 여지가 충분히 있다. 그러나 그것은 사회를 운영하는 우리들의 능력과 노력에 달린 문제다.

오늘날 우리가 겪고 있는 각종 문제는 우리의 유교 문화적 전통과 가치가 잘못되었기 때문에 나타나는 것이 아니라 오히려 그 이상을 충분히 실현하지 못하고 있거나 실현 의지가 없기 때문에 발생하는 것이라고 볼 수 있다.

Ⅴ. 결 론

서구의 자유민주주의는 봉건 사회를 타파하고 근대로 넘어가는 과정에서 근대를 대변하는 새로운 정치 이념으로 나타난 것이다. 따라서 자유민주주의의 근본 원리인 자유와 평등 사상은 전근대 서구의 정치사상과 단절된 전혀 새로운 산물이다. 이러한 정치사상은 자본주의의 발달과 함께 자본주의 시장경제와 함께 발전하면서 그 실천의 장을 얻었다.

한국의 근대화는 일본과 서구의 모방 속에서 자라났다. 한국은 자생적으로 서구와 같은 격동적인 근대로의 사상적 변화를 겪지 못한 채 일제 식민치하에서 일본화 된 서구의 근대를 모방하게 되었다. 즉 한국에서는 자생적으로 근대를 위한 코페르니쿠스적인 사고의 전환을 경험하지 못한 가운데 근대를 맞이했다. 특히 한국의 근대화는 식민지 과정에서 시작된 만큼 근대에 대한 왜곡의 정도가 더욱 심했다. 식민지 경험과 냉전 및 분단이라는 극단적 생황에서 전통의 거듭남이 없이 근대화를 경험한 한국은 오로지 경제제일주의만을 추구하였다. 지난 수십년 동안 한국에서 근대화가 목표였다면 산업화를 통한 경제성장은 그 수단이었다. 그 과정에서 다른 모든 것은 부차적인 것으로 인식되었다. 동아시아 발전의 역동성과 문제점 모두는 이러한 역사적 맥락으로부터 발생하였다.

동아시아 경제발전은 오로지 성공의 역사만으로 그려지지 않는다. 오늘날 한국이 과거 역사에 비추어 볼 때 눈부신 경제적 성취를 이룩하였다는 것은 두말할 나위가 없다. 그러나 그 과정에서 전통의 거듭남이 없이 오로지 경제 제1주의만을 추구하는 가운데 우리는 사회의 삶의 목표와 방향을 잃어버렸다. 우리 고유의 전통 양식인 가족과 이웃에 대한 배려는 계속 약화되었고,

개인주의, 이기주의, 물질만능주의가 사회를 지배하고 있다. 개인과 개인이 파편화 되어 일대 일로 맞서는 사회 속에서 개인을 지켜줄 수 있는 것은 돈과 권력뿐이다. 한 때 아시아 제1의 예의지국이었던 한국은 오늘날 동아시아뿐만 아니라 호주와 같은 서구 국가들과 비교해볼 때도 사회의 예절 수준이 크게 못 미치고 있다. 한국은 점점 더 어른과 이웃을 배려하지 못하는 사회가 되어가고 있다. 사람들은 공중도덕과 예의 및 질서를 지킬 줄 모르고, 사회적 지도층은 자신의 말과 행동에 대해 책임을 질줄 모른다. 즉 한국적 질서와 제도를 유지해주던 유교 문화적 전통은 더욱 희박해져 가는 반면, 서구의 근대 이념은 왜곡된 형태로 수입되어 전통과 근대의 갈등이 증폭되는 가운데 사회의 전반적인 목표와 방향이 혼란을 겪고 있다.

이러한 혼란에 대한 치유책 중의 하나로 우리는 유교의 부활을 주장한다. 이는 물론 교조주의적 유교 원리를 말하는 것이 아니라 시대에 맞게 재해석된 유연하고 합리적인 유교의 적용을 말한다. 실제로 유교 원리에는 현대의 우리가 배워야할 많은 것들이 있다. 유교는 가진 자의 이익만을 대변하는 서구의 개인주의와는 다르게 개인의 이익보다 공공의 선을 먼저 실현시킬 것을 가르친다. 유교가 추구하는 목표는 개개인이 자신과의 대면에서 떳떳하도록 사고하고 행동할 것, 자신의 이익보다는 공공의 이익을 먼저 실현하도록 자기 수양을 쌓는 것 등이다. 이것이 서구 개인주의와는 다른 유교적 공동체주의의 근본 내용이다. 따라서 유교에서는 모든 사람을 다 똑같이 보지 않는다. 좀 더 도덕적 수양을 쌓고, 좀 더 사회에 이익이 되는 사람은 더욱 존경을 받지만 사회에 해가 되는 행동을 하는 사람은 인권 자체가 무시된다. 이런 과정에서 유교에서의 개인은 개인의 이익보다 가족과 공동체의 이익을 우선하게 되는 것이다.

한국 사회의 근대화 및 경제성장 과정에서 누적된 문제점들은 결코 서구적 가치와 제도만으로 해결될 수 없는 것이다. 한국 사회에서 자유민주주의 이념은 우리의 유교 전통과 조화롭게 혼합될 때 더 큰 힘을 발휘할 수 있을 것이다. 개개인의 이해관계보다 가족과 공동체에 대한 공공선을 우선시하는 전통은 남에 대한 배려와 사회에 대한 신뢰를 창출한다. 또한 유교적 정치사상은 도덕적인 시도자와 국가를 상정하고 국가와 사회에 대한 신뢰를 바탕으로 하는 사회질서를 창조해간다. 오늘날 우리가 겪고 있는 이기주의적 개인주의, 물질만능주의, 무질서, 무책임 등의 문제는 전통의 붕괴 속에서 개인주의 사상과 자유주의 사상을 무제한적으로 확장시킨 결과로 보여진다. 서구의 개인주의와 자유이념은 서구의 역사적 경험과 문화적 전통 속에서 태어나고 자라난 것이다. 우리는 서구의 역사적 경험과 문화적 전통을 우리의 현실에 맞게 취사선택하여 수용할 수는 있어도 그것으로 우리의 경험과 전통을 대신할 수는 없다. 우리는 우리만의 독특한 역사적 경험과 문화적 전통을 갖고 있다. 우리는 우리에게 주어진 독자적인 환경 속에서 최선을 다할 뿐이다.

이런 관점에서 우리는 정보화와 세계화의 진전 속에서 더욱 보편화되는 시장경제의 또 다른 측면에서 자기 정체성을 찾기 위한 아시아 국가들의 처절한 몸부림인 아시아적 가치, 아시아적 인권, 유교자본주의론, 동아시아 발전론 등의 주장에 대해 좀 더 진지한 이해를 해 볼 필요가 있다.

참고문헌

국민호, 2000. "유교문화적 전통과 자유민주주의." 『동양사회사상』 제3집. 동양사회사상학회. 5-38쪽.

권영달, 김재휘, 최오경, 1993. 『현대정치이념』. 지구문화사.

김석근, 1999. "한국의 전통사상과 자유민주주의: '유교'와 '근대'의 만남과 갈등." 김석근, 김세중, 김주성, 장훈, 진미경 공저. 『한국의 자유민주주의』, 인간사랑. 9-50쪽.

서재진, 1991. 『한국의 자본가 계급』. 나남.

송두율. 1997. "우리에게 근(현)대는 무엇을 의미하는가." 『현대사상』 1997년 여름호. 100-116쪽.

신용하, 1997. "'식민지근대화론' 재정립 시도에 대한 비판." 『창작과 비평』 1997년 겨울. 8-38쪽.

어수영, 1991. 『민주주의와 한국정치』. 법문사.

유석춘, 장미혜, 1999. "연고집단과 사회발전." 이승환 외. 『아시아적 가치』. 전통과 현대. 123-162쪽.

이승환, 1998. "유교와 인권: 상호보완의 필요성에 대하여." 한상진 편, 『현대사회와 인권』. 나남. 99-119쪽.

이영찬, 2001. 『유교사회학』. 예문서원.

장석만, 1997. "한국 근대성 이해를 위한 몇 가지 검토." 『현대사상』 1997년 여름호. 117-141쪽.

최석만, 1997. "유교와 공동체 윤리." 황필홍 외. 『새로운 공동체를 찾아서』. 한맥. 149-180쪽.

함재봉, 1998. "유교전통과 인권사상." 한상진 편, 『현대사회와 인권』.

나남. 120-123쪽.

함재봉. 2000.『유교 자본주의 민주주의』. 전통과 현대.

Castells, Manuel, 1996. *The Information Age, Volume I: The Rise of the Network Society*. Blackwell Publishers.

Castells, Manuel, 1997. *The Information Age, Volume II: The Power of Indentity*. Blackwell Publishers.

Cummings, Bruce, 1984. "The Legacy of Japanese Colonialism in Korea." in Myers & Paettje (eds.) *The Japanese Colonial Empire 1895-1945*. Princeton University Press. pp.478-496.

Cummings, Bruce. 1997. *Korea's Place in the Sun: A Modern History*. W.W. Norton & Company.

Eckert, Carter J., 1991. *Offspring of Empire: The Koch'ang Kims and the Colonial Origins of Korean Capitalism 1876-1945*. University of Washington Press. Seattle & London.

제5장 중국의 정치 문화 속에 나타난 유교 문화적 전통

Ⅰ. 문제제기

우리가 유교 문화라 할 때 이는 단지 종교로서의 유교를 말하는 것이 아니다. 유교는 수백 년 동안 중국을 비롯한 동아시아 사회를 지배하고 통치해온 정치이념이자 사회·문화적 가치를 구성하는 뿌리인 것이다. 따라서 오늘날 비록 종교로서의 유교는 거의 존재하지 않지만 유교적 가치와 문화는 아시아인의 삶 곳곳에 스며들어 있으면서 사람들의 일상생활에서 사람들의 가치, 행동, 판단을 규정하는 중요한 요인이 되고 있다.

중국은 수천 년 동안 유교 문화의 영향 하에서 발전하였다. 이러한 문화적 영향력은 사회주의 하에서도 크게 변하지 않았다. 유교는 도덕적 인간을 추구한다. 유교의 도덕적 인간은 타인과의 관계 속에서 비로소 존재의 의미를 갖게 된다. 유가에서 각 개인은 개인적 이해와 욕구보다는 인간이 기본적으로 지켜야 하는 가치와 덕목을 우선적으로 상정한다. 여기서 절대적인 인권, 신성불가침한 개인의 영역이란 있을 수 없다. 유교에서는 인간관계와 사회를 매개하는 것이 '권리'가 아닌 '도덕'이라고 보는 것이다. 유교에서 볼 때 인간은 끊임없는 수양과 노력을 통해서만이 공공선을 실천할 수 있다고 본다. 그리고 이러한 도덕적인 지식을 터득하고 이를 실현시킬 수 있는 지도층 (또는 도덕적 엘리트)에 대한 믿음을 갖는다. 국가란 바로 이러한 사람들이 운영하는 것으로, 국가란 사회 기강을 세우고 국민을 도덕적으로 제도하는 주체라고 여긴다. 따라서 유교의 정치사상에서 국가는 근본적으로 선할 수 있고 또 선해야 된다고 본다. 나아가 이 세상의 궁극적 가치는 국가를 통해 실현될 수 있다고 본다. 이러한 중국의 문화적 전통이 최소국가론을 주장하는 자유주의 시장경제와 가장 큰 대립각을 보이는 부분이다. 국가의 역할은 위민사상과 민본주의에 입각하여 국민들의 안위와 복지를 보장해 줌은 물론 도덕적, 윤리적 모범을 보이면서 '덕치'로써 국민을 위해 봉사하는 것이다(함재봉, 1998:120-123).

이러한 유교적 전통에서는 국가가 국민의 일에 적극 간섭할 수 있다고 여긴다. 또한 국민들도 국가에 대해 각종 요구를 할 수 있는 것이다. 한편 이러한 국가의 요구에 대해 개인은 기꺼이 희생을 감내할 준비가 되어 있다. 중국의 마오쩌둥과 덩샤오핑으로 대변되는 강력한 정치적 권위와 강한 국가[1]의 기반이

1) 이러한 유교적 전통은 서구 특히 미국의 가치관과 크게 대비된다. 미국은 영국을 상대로 독립전쟁을 할 때부터 개인의 자유와 자율을 신성한 가치로 신봉하였다. 미국의 자유주의 정신은 국가와 정부를 극단적으로 불신하는데서 출발한다. 미국 자유주의 사상의 핵심은 최소한의 질서유지를 위해 국가 (또

여기에서 창출되는 것이다. 그렇다면 오늘날 중국의 정치 및 경제발전 과정에서 유교 문화적 전통이 어떠한 의미 있는 영향을 미치고 있다고 말할 수 있을까?

Ⅱ. 관료적 지배

중국은 오랜 역사 속에서 그 어떤 체제보다도 지속적인 통치 체제를 구축해왔다. 중국 통치의 핵심에는 관료계층이 존재한다. 제국시대 중국에서는 국가 관료, 지주, 학자 등으로 구성된 신사(紳士, gentry)로 알려진 응집력 있는 사회집단이 경제와 정치 및 사회 권력의 주요 수단을 독점하였다. 농촌 토지의 대부분은 지주의 토지였다. 농민들이 빌려 경작하는 토지의 85% 가량은 언제나 지주의 토지였다. 지주는 농촌 지역의 신용도를 통제했고 기층 정치를 지배했다. 그러나 지주는 국가의 도움을 필요로 했다. 위압적인 권력의 암묵적인 위협은 가혹한 소작제를 유지하고 농민의 봉기를 막는데 절대적으로 도움이 되었다. 실

는 정부)를 필요로 하지만, 국가가 조금이라도 과도한 권력을 갖게 되면 억압과 압제의 도구로 전락할 가능성이 있음을 크게 염려하는 것이다. 그래서 개인의 자율성을 유지해주는 기제를 발달시켰는데 이것이 바로 '시장'(market)이다. 시장은 개인들이 자율적인 계약을 통해 자신의 이익을 극대화시키는 장이다. 여기에는 그 누구의 개입도 없이 오직 개인의 의사와 판단, 그리고 책임이 있을 뿐이다. 이러한 세계관은 개인의 이성과 합리성, 그리고 자율성에 대한 무한한 신념에서 출발하는 자유주의에 기반을 두고 있다. 따라서 미국인에게 시장은 인간의 자유와 자율성을 지켜주는 존엄하고 이상적인 제도로 국가나 정부보다 우월한 기제로 간주한다.

제로 중국 역사에서 제국 군대는 농민의 봉기를 진압하는 중요한 역할을 맡아왔다. 따라서 국가 권력이 토지보다 더 중요한 부의 원천이었다고 말할 수 있다(마크 불래치, 2001:31-32).

보통 국가 관료는 지주보다 훨씬 더 많은 소득을 올렸다. 일반적으로 신사계급은 그들 소득의 절반가량을 정부 관료로서나 그와 유사한 방식으로 벌어들이며, 소작을 통한 소득은 전체 수입의 1/3 정도에 지나지 않았다. 따라서 지주들이 자신의 영향력과 재산을 유지하기 위해서는 자신의 가족을 국가 관료로 만드는 것이 필수적이었다. 관료는 유교 경전에 대한 지식을 시험하는 과거제도를 통해 선발되었다. 형식적으로 과거는 누구에게나 열려있었으나 그 준비 과정에서 들어가는 막대한 비용을 지불할 수 있는 사람들은 결국 신사계급이었다. 지주는 시험을 위해 학자들을 필요로 했다. 학자들은 자신을 고용해주는 지주들이 필요했거나, 아니면 그들 자신이 지주이거나 퇴직관료였다. 지주의 친자이든 친척이든 일단 과거시험에 합격하여 국가관료가 되면 그와 지주와의 관계는 더욱 강화되었다. 그들은 자신들의 지위를 이용하여 국가에서 주는 봉급보다 훨씬 많은 소득을 올렸는데, 이러한 소득의 대부분은 토지를 구입하거나 자식의 과거시험 준비를 위해 소비되었다.

이처럼 지주, 국가 관료, 학자 집단들은 역할과 이익을 서로 강화시켜주는 복합적인 관계망으로 연결되어 있었다. 그들은 사회 전반에 걸쳐 토지, 재산, 정치권력, 사회적 이념 등을 통제했다. 그들은 또한 유교문화의 재생산과 친족조직, 그리고 수많은 문화적 상징을 통해 사회적 지위를 강화시켰다. 신사계급은 농민을 절대적으로 지배하였으며, 상업과 공업을 도덕적으로 열등한 일로 취급했다. 이는 중국에서 상인계급의 발달을 저해하였다. 이러한 상황에서 상인이나 공인들은 좋은 물건을 만들어 이익을 내거나 상업을 발달시키는데 힘쓰기보다는 토지를 구입하거나 신사계급과 결탁하여 자신을 보존할 수밖에 없었다. 그 결과, 중국의 재능 있는 젊은이들은 과학자가 되거나 상공인이 되기보다는 과거시험에 합격하기 위해 유교 경전을 익히는데 몰두하였다. 따라서 중국 근대화 초기에 자본가계급은 신사와 국가권력의 한계를 극복할 수 없었고, 서구와는 달리 근대화 과정에서 지도적 역할을 할 수도 없었다(마크 블래치, 2001:33-39).

그렇다면 중국을 지배해온 유교 사상과 관료적 지배의 핵심 내용은 무엇일까? 중국에서 유교 사상이 정말로 치도治道에 유익하다는 것을 깨달은 것은 한漢 고조, 혜문제, 경제 때의 불유쾌한 사건을 겪으면서이다. 고조 때 신信·월越 등의 공신 반란, 혜제 때의 제여諸呂 외척들의 반란, 경제 때 오吳·초楚 등 종실의 반란은 공신과 외척들, 그리고 종실도 믿을 수 없게 만들었다. 따라서 이러한 인척 관계보다는 좀 더 객관적 관계 속에서 국가를 지속적으로 안정되게 통치하기 위한 대일통大一統의 사상이 필요했다. 천하를 하나의 마음으로 유지하기 위해서는 어느 한 학설을 전적으로 승상하지 않으면 안 되었다. 여기서 한무제는 동중서의 건의[2]를 받아들여 공자 학설을 정통으로 인정하였다.[3]

전제통치에 가장 편리한 전제 관료정치의 수단으로서 유교는 천도天道설, 대일통大一統 관념, 강상교의綱常教義의 세 가지 항목의 내용을 이용하고 있다. 이 세 가지는 전제 관료정치를 보호, 유지하는데 있어 하나라도 없어서는 안 되었다. 천도 관념에 대해 살펴보면, 전통적으로 유가에서는 귀신을 말하지 않고, 신을 말하지 않으며 오직 '하늘(天)'만을 강조하였다. 유교에서 天천 또는 상제上帝는 그 의지를 마음대로 행할 수 있음을 밝히고 있다. 그러나 천의 행위는 반드시 천자 혹은 제왕의 손을 빌어 행한다. 따라서 제왕 혹은 천자의 행위는 바로 "인간을

2) 동중서의 "현재 은사님의 사상은 불일치하고 사람마다 논설도 서로 다르며, 제자백가의 관점도 상이하며 의향도 모두 불일치합니다. 때문에 높은 자리에 있는 사람이 통일적인 정치·도덕·사상을 유지할 방법이 없습니다. 법제가 수차례 변하여 직책에 있는 사람이 무엇을 준수해야 할지 모릅니다. 저는 이러한 것이 六藝육예 및 공자사상의 논설에 속한다고 생각하지 않으며, 모두를 금지하고 이러한 언론이 통행하지 못하도록 해야 한다고 생각합니다"라는 건의가 받아들여졌다(왕야난, 2002:125-126).

3) 그렇다면 그들은 왜 백가의 학설 가운데 유독 공자의 학설만을 선택했을까? 원래 백가 가운데 공자·노자·묵자의 학설이 가장 뛰어났다. 당시 봉건사회는 계급의 명분을 중시하고, 군권 국가는 권위의 존중을 중시했다. 그러나 노자는 무명무위武名無爲를 주장하여 간섭을 하려는 이론으로는 불리하였으며, 묵가는 兼愛겸애를 주장하여 평등에 역점을 두고 상현임능尙賢任能하도록 함으로써 전제정치에는 더욱 더 불편하였다. 오로지 공자학설만이 당시 제왕이 백성을 다스리는 현실 사회에 대해 가장 잘 맞는 학설이었다(왕야난, 2002:126).

상제로서 대체하여 상제의 대공을 완성한다"는 것으로써 통속적인 말로 바꾸면 곧 "하늘을 빌어 도道를 행하는 것이다." 그러나 하늘을 빌어 도를 행하는 일은 지나치게 번잡하여 천자 혼자서는 도저히 할 수가 없다. 그렇기 때문에 크고 작은 관료들이 일종의 정치조직으로 그를 대신하여 일을 처리해야만 하였다. 결국 제왕이나 천자의 존재적 지위는 관료들로 하여금 통치적 정치질서를 유지하게 하였다(왕야난, 2002:127-130).

다음으로 대일통주의에 대해 살펴보자. 앞에서 '하늘로부터 명을 받은' 제왕이나 천자는 여전히 '천지天地'나 '천하天下'의 최고 주권자로 하늘의 명을 받아 세상을 모두 차지하고 다스리는 천하의 임금이었다. 따라서 온 천하는 왕토王土가 아닌 곳이 없으며, 전국의 방방곡곡에 왕의 신하가 아닌 사람이 없다는 것이다. 공자는 이러한 천명의 최고 주권을 불가분의 명제에서 출발하여 '존왕尊王'을 주장하였으며, 형식적으로 西周서주의 대일통을 주장하였다. 현대 이전의 중국인들의 사전에는 '나누어 통치'하거나 '연합하여 통치'하는 유의 명사는 없었다. '하나로 통일된 강산' 혹은 '하나로 통일된 정치'가 실현되지 않으면 '창업은 반밖에 이루어지지 않았다'라고 평가했다(왕야난, 2002:130-132).

마지막으로 강상교의綱常敎義에 대해 살펴보자. 천하를 획득하는 방법이 강탈이든 아니면 찬탈이든 일단 황제의 자리에 오르게 되면 그가 획득한 천하는 그와는 상반된 대의명분을 제시한다. 그리고 그의 신하들이 '강탈' 혹은 '찬탈'을 본받는 것을 방지하려고 애쓴다. 강상의 가르침의 핵심은 삼강三綱, 즉 군위신강君爲臣綱, 부위자강父爲子綱, 부위부강夫爲婦綱이다. 이것은 군권君權과 부권父權 그리고 부권夫權의 확립됨을 의미한다. 표면적으로는 군신의 관계는 단지 정치와 관련이 있고, 부자와 부부의 관계는 가족과 관련이 있는 것처럼 보인다. 그러나 중국에서 강상교의의 진정한 의미는 오히려 그들 사이에 있어서의 정치관계이다. 적극적인 측면에서 말한다면 덕이 있는 군자는 부모를 섬김에 있어 효행을 다하는데, 부모를 섬기는 효행을 그대로 옮겨 임금을 섬기면, 그것이 곧 임금에 대한 충성이 된다. 또 덕이 있는 군자는 형을 섬김에 아우의 도를 다한다. 그러므로 형에 대한 아우의 도를 옮겨 널리 이웃사람을 섬기면 그것이 곧 윗사람에 대한 순종이 된다(왕야난, 2002:132-135).

공자는 효도하고 우애하는 것이 바로 정치라고 보았다. 이 말은 한편으로는 가족의 정치화요, 다른 한편으로는 국가의 가족화를 뜻하는 것으로, 윤리정치의 목적이 바로 여기에 있다. 분명한 것은 이러한 윤리정치의 목적은 전국의 사람들 모두가 한 가족과 마찬가지로 서로 사랑하는데 있지 않고, 전국의 피지배 계급인 인민들로 하여금 모두가 마땅히 순종하게 하려는 데 있다(왕야난, 2002:127-136).

중국의 관료정치는 비교적 포용성이 많다는 특징을 지니고 있다. 곧 중국 관료정치가 비교적 장기간의 발전과정에서 점차 어느 정도는 다른 사회현상과 체제에 적응되고 있다는 것이다. 몇 가지 측면에서 살펴보기로 한다. 첫째, 중국은 가부장을 중심으로 하는 가족제도와 종법조직을 가지고 있었다. 국가와 가정은 서로 통하였고, 국권과 부권은 상호간에 이용되고 있었다. 둘째, 법률과 정치가 매우 밀접한 관련을 맺고 있었다. 일반적으로 중국에서는 사회질서가 법률에 의해 유지되는 것이 아니었고, 종법宗法, 강상綱常, 하층민의 상층에 대한 절대적인 복종 등에 의해 유지되었다. 따라서 '인치'와 '예치'가 '법치'를 대신하여 널리 찬양되었다. 셋째, 모든 문화현상을 말할 수 있을 것이다. 중국에서는 학술과 정치가 하나로 통일되었다. "도와 학문과 정치가 하나로 합쳐졌다"라고 하여 학술, 사상 더 나아가 교육 자체까지도 완전히 정치의 도구로 작동하였다. 따라서 정치의 역할과 침투력은 정치 자체가 도달할 수 없는 모든 영역에까지도 영향을 미칠 수 있었다(왕야난, 1948:79-81).

Ⅲ. 중앙집권적 사회

중국은 그 거대한 인구와 광대한 영토에도 불구하고 오랜 세월 동안 하나의 통일된 국가를 이루어 왔다. 중국 문화의 경이로움은 바로 강력하게 통일된 중앙집권국가를 그 오랜 세월 동안 유지할 수 있었다는 데 있다. 중국인들에게 있어서 과거 지도자들의 모든 깨어진 약속은 끊임없이 새로운 지도자의 밝은 미래를 계속적으로 수용함으로써 잊혀져 왔다. 유교는 현세지향적 종교다. 그리고 중국인들은 현재를 중시한다. 덩샤오핑의 실용주의에 대한 약속을 열광적으로 환영한 중국인들은 과거의 우상이었던 마오쩌둥에 대해 그의 과오에 대해서는 비판하려고 하나 사회주의 정권의 근간이 되는 마오쩌둥 사상이나 현재의 정치에 대해서는 비판하려 하지 않는다. 중국인들의 정치적 태도는 객관적인 법이나 사실에 의한 이해관계에서 이루어지기보다는 오히려 권위 속에서 찾아질 정도로 거의 마술과 같은 권력에 대한 신념에 의해 결정된다(Pye, 1985:183).

전통적으로 중국 지방정부의 권력은 전적으로 제국 황실의 대행자 역할을 했고, 사회주의 정권 하에서의 지방권력도 과거와 똑같이 중앙권력의 훈련된 신하와 동일시되었다. 지방 행정장관과 간부의 권위는 전적으로 중앙권력의 신분 증명에 달려있었다. 유사하게, 과거는 물론 현재의 관료적 위계에서도 하위관료들은 오직 상급자의 지령에 따라 행동하도록 기대되었다. 모든 권력은 중앙권력에 달려있다는 중국인들의 확신은 중국역사를 구성하는 가장 강력한 요소들 중의 하나가 되었다. 그것은 중국에서 단일한 정치제도를 유지시키는 원동력이 되었다. 따라서 중국인들은 대립하는 다양한 정치권력의 존재를 불편하게 여겨왔다. 또한 중국에서 지방에 기초한 권력의 계속적인 취약성은 역사적으로 중앙권력이 정책 결정 시에 지역적 차이를 무시하도록 만들었다. 지역적 특성들의 현저한 차이에도 불구하고 중국의 정치는 역사의 어느 순간에도 지역적 차이를 염두에 두지 않았다. 중요한 정치적 결정은 거의 모두 중앙에서 이루어졌다. 만약 중앙 이외의 지방에서 압력이 나타나면 이는 즉시 진압되거나 중앙정부에 의해 인계되어 전 국가적인 문제가 되었다(Pye, 1985:183-184).

중앙권력 관념을 보존하는 중국의 비결은 문화적인 요소들을 혼합하는데 있다. 우선적으로, 가장 중요한 것은 지도자로서의 위대한 사람에 대한 과장된 전형으로 이는 가족 내에서 절대적 권위를 가진 가장을 확대 적용한 유교적 모델이다. 가족 내에서 아버지의 권위가 절대적인 것처럼 지도자에게 도전하는 어떠한 세력도 지도자의 자비를 기대할 수 없다. 지도자에 못 미치는 인물이 권위를 주장하기 위해서는 절대권력의 위대함을 더욱 크게 주장함으로써 그 자신을 보호해야 한다. 중앙의 간부들과 지방의 지도적 간부들은 스타플레이어가 되기 위해 노력하기보다는 위대한 지도자의 참모를 자처함으로써 승진했다. 그들이 가족의 연장자를 따르고 지도자가 전능하다는 것을 인식하고 추종한다는 것을 증명한 후에라야 그들은 안전하게 자신의 이해관계를 주장할 수 있었다(Pye, 1985:195).

유교 문화적 전통과 덧붙여, 중국에서의 권력집중 현상은 중국적 의미의 강력한 인종적 정체감에 의해 쉽게 이루어졌다. 다양한 언어 및 여타 문화적 차이에도 불구하고 중국인들은 오랫동안 무엇보다도 우선하는 단일민족(漢族)이라는 의식을 갖고 있다. 한 조상의 자손이라는 인식은 모든 중국인을 한 핏줄이라고 느끼게 함으로써 중국인들을 강력하게 결속시킨다. 또한 문화적 위대함에 대한 중국인들의 역사인식은 근대에서 쉽게 강력한 민족주의 감정으로 변형되었다. 중국 역사는 중국인들로 하여금 거의 병적으로 파벌주의와 사회적 혼란 및 무질서를 두려워하게 하였다. 이것이 중앙권력 이념을 떠받치는데 중요한 역할을 하고 있다. 중국인들은 일반적으로 형제끼리 싸우거나 마을 간에 불화가 일어나거나 정치가 나뉘어 지면 큰 재앙이 따른다는 믿음을 갖고 있다. 중국인들은 모든 것이 조화로워야 한다고 본다(Pye, 1985: 185-186).

중국인들은 정치가 도덕적 이념 안에서 행해져야 한다는 오랜 동안 잘 정립된 유교적 전통을 갖고 있다. 이는 유교적 가족주의에 근거한 절대권력에 대한 신념과 갚게 연관되는 것으로, 중국에서의 정통성은 언제나 단 하나의 국가적 권위를 정당화하는 것을 의미했다(Pye, 1985:186-187). 따라서 중국의 전통은 중앙집권화된 형태의 권력을 선호하는 동시에 다양한 형태의 정당한 권력의 존재를 좋아하지 않는다. 특히 20세기 전반기의 군벌의 경험은 이러한 사고를 더욱 강화시켰다. 군벌시대는 중국에게 지역 권력구조를 포함한 다양하고 경쟁적인 권력의 시험기라고 볼 수 있었는데 이 기간의 경험은 중국인들에게 수치스러움만 안겨주었고 이는 다시 한번 중앙집권적 정치를 추구하도록 만들었다. 그러므로 사회주의 정권 하에서도 중국인들은 다양하고 지방화된 권력을 수용하는 문제에 대해 거부감을 나타내고 있다. 개혁·개방이 급속도로 진행되고 사회주의 시장경제가 커다란 성과를 보이는 현 상황에서도 중앙 권력은 오히려 사회주의 일당독재를 더욱 강화시키고 있다.

지방분권에 대한 불편함은 "혁명" 개념에 대한 흥미로우면서도 독특한 중국식 설명을 창출하고 있다. 대부분의 국가에서 혁명은 사람들을 해방시키고 더 큰 자유를 주기 위해 전통적 권위를 파괴하는 것과 연관된다. 그러나 중국에서 "혁명 완수"의 표어는 언제나 더 강력하고 더 잘 싸여진 중앙 권위의 창조를 지향했다. 중국에서의 이상적인 혁명의 내용은 "우리가 우리의 일을 할 수 있도록 절대자를 몰아내자"는 것이 아니라 도리어 "우리는 더욱 강력하고 더 좋은 절대자를 원한다"는 것이다. 예를 들어, 국민당의 장제스의 이념적 지향이 어떠했던 간에 그는 그의 군대가 "혁명을 수행한다"고 믿어 의심치 않았다. 또한 외부인들이 볼 때 마오쩌둥은 이념적으로 장제스의 반대자였다고 생각했지만, 그들 둘의 이념에 관계없이 그들 자신들은 모두 "혁명가"라고 언명했다. 중국인들에게 있어서 "혁명"이라는 개념은 진정한 지배적 권위를 창출하는 것이었다. 그들이 정치적으로 반동적이든 또는 급진적이든 간에 중국인들은 "혁명"을 원했고, 이를 통해 그들은 더욱 강력한 권력과 "중국에게 가장 좋은"이라는 도당적 견해를 도덕적으로 언명했다(Pye, 1985:189-190). 이러한 문화적 전통 하에서 앞으로 중국 사회에 다시 혁명이 일어난다 해도 이는 다원주의적 문화를 수용하기보다는 또 다른 강력한 중앙집권적 권력과 지도자를 만들어내는 방향으로 진행되기가 쉽다고 보여진다.

마오쩌둥 시대에 당은 사회 전반에 침투하는데 매우 성공적이었다. 따라서 지방간부들은 모든 지방민들에게 중앙의 메시지를 전달할 수 있었다. 그 메시지의 내용은 일반적으로 중앙권위의 행동지침에 순응할 것을 요구하였고 또한 최고 지도자의 지시에 복종할 것을 요구했다는 점에서 전통적인 중국의 정치문화와 일치했다. 마오쩌둥의 혁명 이념은 합의와 순응을 존중하는 중국의 유교적 전통을 고수하였다. 아직도 많은 중국인들에게 있어서 다수의 자율적인 권력집단의 존재는 경제적·기술적 성취를 막론하고 위험한 징조로 간주된다.

중국의 중앙권력은 유교적 전통에 따라 자비심을 가지고 나라의 모든 부분을 동등하게 돌봐주어야 하는 도덕적 책임을 진다. 반면에 지역적 이해관계는 공개적으로 중앙의 권위에 도전해서는 절대로 안 된다. 일반적으로 중앙의 권위에 도전하는 어떠한 세력도 철저하게 처벌당한다. 그래서 중국인들은 가능한 한 중앙권력에 도전하기를 삼갔으며 또한 중앙권력은 지방에 근거한 권력에 결코 관대하지 않았으며, 중앙권력에 대한 도전을 절대 용서하지 않았다.

Ⅳ. 중국의 정치지도자

일반적으로 유교문화적 전통의 영향이 가시적으로 나타나는 영역은 국가와 통치 부문이다. 유교의 핵심 교리인 군신유의君臣有義와 부자유친父子有親이 강력한 추진력을 가진 중앙집권적 국가와 강한 가부장적 가족주의를 만들어 냈다. 여기서 아버지에 대한 효와 지도자에 대한 충성은 절대적인 도덕적 덕목으로 간주되었고, 나아가 연장자에 대한 존경과 복종, 온정주의적 지도자, 도덕주의, 현세지향적 세계관 등이 유교문화의 주요 요소를 이루었다(이동인, 1991; 박성환, 1994; Tai, 1989).

사회주의 혁명이 이룩된 이후에도 이러한 중국의 문화적 전통은 계속적으로 유지되었다. 뚜렷한 종교생활이 없는 중국에서 사람들의 신앙은 주로 체제나 위인들의 가르침에서 비롯되었다. 중국인들이 의지하는 이러한 사상들은 지나치게 도덕적이고 정치화되어 있어서 일반인들이 그들의 정신을 의탁할 수 있는 종교적 신앙으로 나아가지 못하는 데 중국문화의 특색이 있다(루이링거, 1995:268). 그러나 종교적 신앙이 없는 사회는 위태롭다. 사회주의 중국의 국민적 신앙은 마오쩌둥 사상에 의해 집대성되었으며, 이의 파괴는 사회주의 중국 자체의 사상적 몰락을 의미하게 되었다. 덩샤오핑의 개혁·개방 정책도 마오쩌둥 사상을 전면 부정하고는 설자리가 없다. 덩샤오핑이 문화대혁명을 비난하면서도 마오쩌둥의 이미지를 손상시키지 않도록 노력한 이면에는 이러한 배경이 깔려 있다.

마오쩌둥 사상으로 대변되는 중국식 사회주의의 특징은 '주체적 능동성' 또는 '혁명적 의식'을 강조하는 것이었다. 비록 중국 공산당이 공자 사상을 강력하게 비판해왔음에도 불구하고 마오쩌둥 사상에는 전통적인 유교 사상이 깊게 드리워져 있다. 공자는 도덕적 수양을 쌓은 지식인들이 사회를 이끌어야 한다고 보았다. 공자는 인간의 도덕적 요인을 중시하고 주관적, 윤리적 표현을 강조했다. 공자는 궁극적으로 인간의 주관적, 윤리적 의지에 의해 사물들이 처리되고 평가되어야 한다고 보았다. 즉, 유교적 금욕주의를 통한 자연과의 조화를 이루기 위해서는 구체적으로 필요한 물질적 조건의 개선보다는 오히려 인간의 심리적, 도덕적 수양과 시적, 예술적 정신의 함양을 통해 도덕적 정신훈련과 주관적인 심성을 연마해야 한다고 보았다(송영배, 1992:476). 마오쩌둥은 모든 상태를 의식의 차원에서 개선하길 바랬다. 마오쩌둥의 혁명적 의식의 요체는 결국 중국의 후진적 경제상황을 타개하기 위해 전통적 유교사상과 마르크스 사상을 결합시킨 것이라고 볼 수 있다(송영배, 1992:453-455).

그렇다면 중국 사회에서 지도자는 어떠한 지위를 지니고 있는가? 중국인들의 사고에 있어서, 모든 권력은 위로부터, 중앙으로부터, 하나의 절대적인 지도자로부터 퍼져 나온다고 본다. 중국인들은 계속적으로 그들의 최고 지도자를 실제 이상의 거대한 인물로 만들어 왔다. 쑨원孫文, 장제스蔣介石, 마오쩌둥,

그리고 덩샤오핑이 근대 중국 역사를 지배한 이름들이다. 이들 절대적 지도자들 둘레에는 언제나 정치집단들이 존재했고, 이들 주변 권력의 위치는 중앙의 절대권력에 복종적인 대리인에 불과한 경우가 대부분이었다. 중국식의 온정주의적 권위를 수행하는 아버지는 초월적인 자유와 권위를 지니고 있다. 그는 그의 근심을 남과 함께 할 필요가 없었고 과거 잘못을 가슴에 품고 영원히 은퇴하도록 기대되지도 않았다. 마오쩌둥이나 덩샤오핑과 같은 권위적 인물이 커다란 과오를 범하게 되면 그는 일시적으로 은퇴하여 고독을 즐기면서 문제를 다른 사람에게 넘긴다. 그러면 그의 과오는 용서된다. 그러다가 적당한 시기가 오면 그는 다시 권력의 중추에 서서 전권을 휘두르게 된다. 그러므로 지도적인 권위는 일시적으로 무대에서 은퇴할 때도 있지만 궁극적으로는 죽는 순간까지 전능하였으며 사후에도 후계자들에 의해 권위가 지속된다. 이는 중국의 이상적인 지도자의 상투수단인 책임의 전파를 용이하게 해준다. 중국에서 최고 지도자가 은퇴하였을 때 후계자들은 새로운 일을 시작하기보다는 일상적인 관례를 계속할 것이 기대된다. 왜냐하면 권력은 공유되는 것이 아니고 권력의 위임이란 거의 있을 수 없기 때문이다. 궁극적 권위는 다시 돌아올 수 있고 그가 없었을 때 발생한 것들에 대해 공공연히 비난할 수 있다. 더 나아가 그는 그의 부재 시에 그의 후계자나 부하들이 한 것을 꾸짖기 위해 돌아오기도 한다. 그러므로 중국 사회에서 최고 지도자에게는 진정한 의미의 책임이 지워지지 않는다(Pye, 1985:198).

중국의 정치문화에서 지도자 행위에 대한 엄격한 책임이 없다는 것은 책임에 관대하다는 것을 의미하지는 않는다. 이는 도리어 지도자와 대중과의 관계가 중국 가족 모델에 근거함을 보여준다. 일반적으로 모든 아버지는 가족 전체 성원의 복지를 위해 일하는 것으로 간주된다. 이러한 아버지의 결정에 도전하는 것은 단지 판단에 의문을 제기하는 것이 아니라 그의 가족과 조상에 대해 불충하는 것으로 간주된다. 중국의 어린이들은 어렸을 때부터 부모의 행동에 의문을 갖는 것은 현명하지 못하다고 배웠으며 그들이 배운 윤리규범에 따라 처신하는데 노력을 경주해야 한다고 배워왔다. 배움의 초기부터 중국의 어린이들은 권위가 논리적 이성보다는 감성에 의해 형성되어짐을 배워왔다. 따라서 중국사회에서의 권위는 합리적 이성의 판단과 냉철한 계산에 의해 얻어지는 것이라기보다는 좀 더 인간적인 차원의 관계에서 형성되어진다고 볼 수 있다(Pye, 1985:198-200).

이미 논의했듯이 유교적 전통은 중국인들에게 정치는 도덕적이어야 한다는 신념을 심어주었다. 사회주의 하에서도 이러한 신념은 지속적으로 지켜져 내려왔다. 도덕에 대한 강조는 감정과 행동의 분리를 야기시켰고, 교리 및 이론과 실제의 간격은 다른 어떤 문화에서보다 중국의 정치 문화에서 더 컸다. 다른 데서는 위선이라고 간주될 것에 대한 중국인들의 관용은 차후의 성가신 문제를 피하게 하는 그들만의 방식이다. 중국의 지도자들은 단순히 그들이 원하는 것은 이념적으로 옳다고 보았으며 일관성과 논리적 모순 문제를 종종 무시했다. 그러면서도 그러한 지도자들의 언행이 사회에서 그대로 수용되었다. 중국인들은 지도자들의 정책이 그들의 일상생활에 커다란 문제점을 야기시키지 않는 한 지도자들의 정책에 의문을 제기하거나 도전하지 않는다. 따라서 지도자들은 종종 초법적인 행동을 하고 지도자의 한 마디가 법이 되기도 하였다.

개혁·개방을 추진하는 초기 과정도 지도자의 의지를 실천에 옮기는 형식이었다. 개혁·개방 초기에 당 지도부에서 국력증강과 경제성공을 이룩하는 형태의 근대화를 추구한다는 합의가 이루어졌지만 그 목적을 추구하는 대안적 방법에 대한 진지한 토의는 없었다. 더욱 중요하게는, 중국의 전통에 따라 가치와 권력에 대한 공개적인 경쟁이 허용되지 않았다. 모든 결정은 위에서 이루어졌고 국민들은 그들의 결정에 따르기만 하면 되었다. 따라서 중국은 진정한 정치나 성실한 정치과정의 개선이 없는 가운데 경제발전을 중심으로 한 근대화를 시도했다. 전반적으로 의존할 만한 관계적 연계를 갖지 못한 대다수 사람들은 무력감 속에서 지도자의 결정에 의존적일 수밖에 없었다.

Ⅴ. 문제점

특정 지역을 중심으로 한 순차적 개발방식에 따른 시장경제의 발전은 필연적으로 지방화를 가져올 수밖에 없다. 사회주의 일당독재의 강화와 시장경제의 발달에 따른 지방 분권화가 어떻게 조화를 이루게 될지가 중국식 시장경제의 성공에 중요한 시금석이 될 것이다. 현실에 있어서 개혁·개방의 진행과 함께 중국의 사장경제가 발전해 감에 따라 중국 사회는 지방분권의 문제에 직면하게 되었다. 중앙의 요구를 실행하기 위해 지방의 당 간부는 지방 자원의 한계이익을 고려할 필요를 점차적으로 발견했다. 서로 다른 지방에서 서로 다른 정치적 혼합을 선호하게 되었고 그 결과 지역 이기주의가 대두되고 동시에 지방분권적 경향이 나타나기 시작한 것이다. 만약 이러한 경향이 계속된다면, 그리고 만약 중국의 지도자들이 공개적으로 서로 다른 지역들이 서로 다른 이해관계를 가질 가능성을 인정한다면 이는 마오쩌둥의 이념 혁명보다 더 심원한 중국 정치문화의 혁명이 될 것이다. 그러나 장쩌민 과 후진타오 지도부는 아직 공산당 일당독재와 권력의 중앙 집중을 포기할 충분한 준비가 되어있지 못하다. 그들은 일부 지역이 다른 지역보다 경제적으로 더욱 빠르게 성장해갈 것이고, 또한 평등을 위해 근대화 노력을 멈출 필요는 없다고 주장하면서도 이러한 선부先副 정책이 다른 부분의 이익에 손해가 될 것이리라는 사실은 받아들이지 않는다. 중국은 아직 다원적이며 경쟁적인 사회를 맞이할 준비가 충분히 되어있지 않다고 보여진다.

Ⅵ. 나오는 글

개혁·개방이 상당 정도 진척된 현 시점에서도 중앙권력에 대한 순응이라는 전통적인 중국인의 생활양식은 아직 강하게 영향을 미치고 있다. 개혁을 이야기하는 것은 쉽다. 그러나 중국사회는 아직도 일당 독재의 사회주의 국가이고 그 가운데 중앙집권화된 권력 체제가 굳건히 자리 잡고 있다. 덩샤오핑 이후 중국 지도자들은 시장경제로의 성공적인 전환을 위해서는 분권화가 필수적이라는 것을 잘 인식하고 있다. 그러나 정치 대국·경제 후진국으로서 강력한 산업정책을 추진하고 낙후된 국유기업 문제[4]를 해결하기 위해서는 강력한 중앙권력이 요구된다.

4) 중국은 개혁·개방 이전에 형성된 재산권 구조를 비롯한 체제의 근본적인 변화 없이 경제성장을 도모해왔다. 기업적 측면에서 볼 때, 기존의 국유기업을 사유화시키기보다는 그대로 둔 채 집체기업이나 사영기업, 외자기업 등 여타 소유제 부문의 성장을 독려해왔다. 논의에 앞서 우선적으로 중국의 기업을 분류해보면 크게 네 가지 유형으로 나뉜다. 첫 번째로 전인민소유제 기업인 국유기업으로 이는 중앙소유 국유기업과 지방소유 국유기업으로 나뉜다. 둘째는 집단소유의 집체기업으로 이는 주로 향진기업들이다. 그 외에 개인기업을 포함한 사영기업과 외자기업, 합작기업, 합변기업들로 구성된 기타 기업들이 있다. 1998년 현재 중국기업 수로 볼 때 75.7%가 사영기업이고, 22.5%가 집체기업인 반면, 국유기업 비중은 0.81%, 기타기업은 0.99%다. 그러나 종업원 수로 비교해볼 때 국유기업 비중은 52.7%로 급증한 반면, 집체기업은 16.9%, 기타 기업은 25.9%이고, 생산량으로 비교해보면 국유기업 28.2%, 집체기업 38.4%, 사영기업 17.1%, 기타 22.9%다. 전반적으로 볼 때, 국가나 집단이 소유하는 국유기업과 집체기업의 합은 종업원 수에서 74.1%, 생산량에서 66.6%를 점유하여 다수를 차지하고 있다(이나가키 기요시, 2002:61-66).

1980년대 초 개혁·개방을 주도하던 국유기업과 향진기업은 1990년대에 나아가 한층 높아진 국제적 위상과 주변국과의 긴장 관계, 개혁·개방 과정에서 나타난 지역간·도농간 발전 격차와 더욱 커지는 빈부격차, 이에 따른 물질만능풍조의 확산과 더욱 대규모화되는 부정부패, 지방분권의 확산에 따른 중앙권력의 약화 문제는 중앙정부의 분권화 노력에 커다란 걸림돌이 되고 있다.

그리고 중국의 유교 문화적 전통과 역사적 경험을 두고 볼 때, 중앙정부가 권력 분산을 위해 노력한다는 것은 결코 쉽지 않은 일이다. 중국 사회주의의 공산당 지도부는 그 어떤 문제보다도 정권유지를 최우선 과제로 두고 있다. 중국의 급속한 경제발전과 시장경제로의 전환 과정에서도 중국 지도부는 내부 국론통합과 정권 강화를 위해 대만 침공설 등 강경 노선을 계속 발표하고 있다. 심지어 개혁·개방 정책도 정권유지 차원에서 이해될 수 있다. 정권유지가 위협을 받게 되면 중국 공산당 정권은 개혁·개방 정책도 포기할 수 있으리라 보여진다. 1989년의 천안문 사태에서 보듯이 중국 공산당 지도부는 정부에 반대하는 도전을 수용할만한 준비가 되어 있지 못하고, 이러한 도전에 대해서는 과감히 무력을 동원할 수 있다는 것을 보여주었다.

들어 문제가 심각해졌다. 국유기업의 적자와 자산유실이 심각해지고 향진집체기업 역시 경영부실이 심각해졌다. 1990년대 공유제 기업들의 경영부진은 더욱 격렬해진 중국내 시장경쟁이 그 주요 원인이다. 1992년 남순강화 이후 폭증한 외자기업의 중국에 대한 투자는 시장경쟁을 격화시켰고 이는 자금과 기술부족을 국가와 지방의 보호주의로 메꾸던 공유제 기업들의 경쟁력을 악화시킨 것이다(정환우, 2005:42-46).

또한 중국 중앙 지도부는 서구식 민주주의를 수용할 의지가 아직은 없다고 보여진다. 1992년의 남순강화에서 보듯이 지도자인 덩샤오핑의 한마디로 인해 근본 정책이 크게 바뀌었으며 다시 개혁·개방정책이 활기를 얻었다. 이는 중국 사회에서 최고 지도자의 의지가 얼마나 중요하며, 사회가 권력의 향방에 얼마나 민감한가를 잘 보여주는 사건이었다. 중국의 최고 지도자는 아직도 초법적인 권위를 갖고 있으며 이러한 권위는 모든 법에 우선한다. 중국 경제의 지속적인 성장을 위해서는 정치적 안정이 필수적이다. 따라서 중국 지도부는 정치적 안정과 경제적 성공 양자를 최우선으로 하는 정책을 펴고 있다. 성공적인 시장경제로의 전환 과정에는 아직도 많은 문제들이 산적해 있는 만큼 정치적 안정을 위해 공산당 1당 지배체제 및 중앙정부의 지도력은 더욱 강력하게 지속될 것이다.

가까운 장래에 나타날 중국 근대화의 길은 정치적으로 강력하게 중앙집권화되고, 도덕적 이데올로기에 의해 훈련되고, 지도자의 권위에 전적으로 의존하는 한편, 경제적 차원에서는 더욱 개방화된 시장경제체제로의 전환이라는 목표를 추구해갈 것으로 기대된다. 즉 개인의 경제행위에 대해서는 상당 정도 자율을 보장하면서도 정치적 행위에 대해서는 엄격한 통제 및 제재를 가하는 정책이 진행될 것이다. 개혁·개방의 물결에도 불구하고 중국 국민들은 아직 중앙권력의 절대적 권력에 따르고 심지어는 계속 의존하려는 경향을 보일 것이다.

그렇다면 중국은 앞으로 어떻게 변화해갈 것으로 전망하는가? 중국은 현재 공산당 1당 지배하의 강력한 사회주의 국가이다. 경제적 상황이 어떻게 변화해 가더라도 정치적 차원에서 중국이 서구식 민주주의 국가로 변화할 가능성은 희박하다. 개혁·개방을 통해 시장경제가 도입되고 배금주의가 만연될지라도 중국사회에서 자본주의 사회처럼 개인의 경제적 이익 추구가 최고의 사회적 가치가 되지는 않을 것이다. 중국은 중앙권력이 위협당하지 않는 적당한 선에서 시장경제와 타협할 것이다. 중국사회가 변혁의 물결 속에서 시장경제를 추구하는 것은 자본주의를 받아들이자는 것도 아니요 자본주의화 하자는 것도 아니다. 단지 더욱 가속화되는 국제 경쟁 속에서 중국의 생존을 지켜내려는 노력이다. 비록 현재 중국 곳곳에 부정부패가 만연해 있고 사람들의 불만도 많이 쌓여 있지만, 현실지향적 문화와 전통 속에서 현실에 충실한 대부분의 중국인들은 굶주림이 해결되고 나아가 더 많은 더 나은 삶의 기회를 제공해주는 현 체제가 갑자기 붕괴하기를 바라지는 않을 것이다. 또 과거 분열된 역사의 쓰라린 경험은 계속 강력한 중앙집권적 국가를 선호하겠고, 이런 차원에서 현 체제를 대신할만한 더 나은 대안도 없다. 비록 먼저 부를 축적한 동남 해안지역을 중심으로 지방정부의 중앙정부에 대한 도전 현상들이 나타나고 있지만 전통적으로 중국인들이 갖고 있는 중앙집권적 권력에 대한 선호와 '권력분열과 그에 따른 사회적 혼란에 대한 두려움'은 중요한 순간에 중앙권력에 힘을 모아줄 것으로 기대된다.

현 시점에서 개혁·개방정책의 성공과 지속적인 경제성장, 그리고 체제안정을 위해 중국 정부가 취할 수 있는 선택은 많지가 않다. 하나의 대안은 경제발전만을 일방적으로 추구하는 것이다. 그러나 이는 이미 나타났듯이 지역 간 발전격차와 극심한 빈부격차라는 또 다른 문제를 불러와 체제안정에 위협을 가할 수 있다. 또 다른 대안은 민주화와 같은 체제의 급진적 개혁을 통해 변화를 추구하는 것이다. 그러나 이것은 사회주의 체제의 근간을 흔드는 것으로 현 지도부가 받아들일 수 없는 대안이고, 사회의 불안을 염려하는 국민들로서도 선호할 수 없는 대안이다. 남겨진 유일한 길은 현 체제에 큰 변화를 주지 않는 가운데 경제발전을 추구하면서 동시에 정치적 안정을 도모하는 것이다. 이것이 현 지도부가 채택한 발전방향이기도 하다(김재철, 2005:17-21).

발전과 함께 안정을 병행적으로 추구하려는 노력은 1980년대 중반 자오쯔앙 시대부터 논의된 것으로 1990년대에는 당 지도부뿐만 아니라 지식인들로부터도 널리 지지를 받으면서 '신보수주의'라는 개념으로 정착되었다. 이는 경제발전이 모든 문제를 해결하는 근원이라고 보고 이를 위해서는 정치/사회적 안정이 필수적이라는 사고이다. 발전과 함께 안정을 병행적으로 추구하려는 노력은 1990년대 후반부터 구체화되었고, 이러한 정책 방향은 2000년대 초 후진타오와 원자바오로 대변되는 제4세대 지도부의 중심적 전략이기도 하다. 그러나 안정을 강조하는 정책은 결국 대중과 권력을 공유하기보다는 대중의 처지를 돌보아준다는 온정주의적 시도로 실질적 정책 결정은 대중보다는 당 지도부와 전문가가 결정한다는 측면에서 권위주의적인 속성을 강하게 갖는다(김재철, 2005:22-23).

오늘날 중국의 시장경제로의 진입과 급속한 경제성장은 동북아 화해협력을 위한 중국의 역할에 커다란 기대를 걸게 하고 있다. 그러나 본문에서 살펴본 바와 같이 중국의 경제발전은 정치체제의 민주화와는 별개의 것으로 진행되어 왔다. 중국의 정치체제는 경제 전반에 대해 정치권력이 강한 영향력을 미칠 여지가 충분히 있음을 보여주고 있으며 중국사회에 민주적인 시민사회가 건설될 수 있을지에 대해 강한 의문을 품게 한다. 중국을 축으로 한 동북아 지역의 화해협력과 사회통합은 중국사회에 정치적 민주화 및 건전한 시민사회의 형성이 있을 때 가능할 것이다. 이러한 측면에서 볼 때 중국은 아직 국내 문제 해결 및 중국 자체 사회통합 문제 해결에도 힘겨워 할 것이다. 나아가 일본의 우경화가 가속화되고 있고, 북한 핵실험이 세계적 위기를 고조시키는 현 시점에서 동북아 화해협력과 사회통합은 아직 요원한 일이 될 것이라 전망된다.

참고문헌

김세원, 2006. “동아시아 시장통합의 성공조건: 시장경제와 동아시아적 가치.” 선병해외. 『유교문화와 동아시아 경제』. 경북대학교출판부. 143-150.

김재철, 2005. 『새로운 중국의 모색 I: 발전과 안정의 병행』. 폴리테이아.

마크 블래치/전병곤·정한우 역, 2001. 『반조류의 중국』. 돌베개.

박성환, 1994. “한국의 종교발전과 문화적 변용,” 『한국사회학』 제28집 겨울호. 한국사회학회.

박세일, 2004. “21세기 동북아시대의 국가 시장 시민사회”, 『동북아 공동체를 향하여: 아시아 지역통합의 꿈과 현실』. 동아일보사. 25-35.

송영배, 1992. 『유교적 전통과 중국혁명－유교사상, 유교적 사회와 마르크스주의의 중국화』. 철학과 현실사.

왕야난/한인희 역, 2002. 『관료의 나라 중국』. 지영사.

이동인, 1991. “종교이데올로기와 사회발전: 동아시아의 경우.” 『사회사 연구와 사회이론』. 한국사회사연구회논문집 제31집. 문학과 지성사.

정환우, 2005. “소유제 개혁과 새로운 자산관리체제의 모색.” 김재철 편, 『새로운 중국의 모색 I: 발전과 안정의 병행』. 폴리테이아. 39-64.

제스퍼 베거/이은신, 2001. 『중국은 가짜다』. 홍익출판사.

중앙일보 특별취재팀, 2002. 『니하오 중국경제』. 중앙 M&B.

피터 놀란/임정재 역, 2002.『중국과 세계경제』. 함께읽는 책.

한중사회과학연구회, 2003.『현대 중국의 이해 2－중공 16차 당대회와 중국 사회의 동향』. 한울아카데미.

함재봉, 1998. "유교 전통과 인권사상", 한상진 편,『현대사회와 인권』. 나남.

홍하상, 2002.『중국을 움직이는 10인의 CEO』. 국일증권경제연구소.

Pye, Lucian W., 1985. *Asian Power Politics: The Cultural Dimensions of Autonomy*. The Belknap Press of Harvard University Press. Cambridge, Massachusetts and London, England.

Tai, Hong Chao ed., 1980. *Confucianism and Economic Development－An Oriental Alternative?* The Washington Institute Press.

2부

동아시아의 근대화, 산업화, 경제발전

제6장 일제 식민지시기 한국의 근대화와 산업화

Ⅰ. 문제제기

1960년대 초부터 40여 년 동안의 한국의 경제성장은 누가 보더라도 눈부신 것이었다. 그 동안 한국 경제는 비록 1997년 IMF 경제위기를 겪기도 했지만 불과 2-3년 만에 그 위기의 그늘을 말끔히 벗어버리고 오늘날 다시 한 번 힘찬 도약을 하고 있다.

세계 자본주의 역사를 보면 한국을 비롯한 동아시아 신흥공업국가들(한국, 대만, 홍콩, 싱가포르의 4개국을 말함)의 최근 40년 동안의 경제성장은 가히 예외적이라 할 정도로 뛰어난 것이었다. 제2차 세계대전 이후 독립한 대부분의 제3세계 국가들이 서구 이론가들이 제3세계 경제발전을 위해 제시한 '근대화 이론'의 멋진 전망에도 불구하고 경제정책의 실패로 가난과 불평등에서 벗어나지 못하고 있는 현실에서, 이들 동아시아 국가들의 지속적인 고도경제성장은 세계 자본주의 발전과정에서 극히 예외적인 사건이었다. 실제에 있어서 민주주의의 역사가 한국보다 길고 자원도 풍부한 남미 국가들이 최근까지 주기적으로 계속해서 경제위기를 겪는 것을 볼 때, 한국을 비롯한 동아시아의 작은 국가들이 40년 가까이 지속적으로 고도경제성장을 이룩해 왔다는 것은 매우 이례적인 사례라 아니 할 수 없다.

1960년대 초 한국이 산업화를 시작할 때 한국은 자원, 자본, 기술, 시장 그 어느 하나도 유리하지 못한 상태였다. 그럼에도 불구하고 지난 40년 동안 한국은 누구나 부러워할 만한 눈부신 경제성장을 이룩하였다. 1980년대 말부터 지난 10여 년 동안 동아시아의 발전에 관심을 가진 일부 학자들에 의해 주도된 "동아시아 발전론"은 한국을 포함한 동아시아 신흥공업국들의 지속적인 경제성장에 초점을 맞추고 이들 나라들에 나타나는 유사점을 찾는데 연구의 초점을 맞추었다. "발전국가론"으로 대표되는 이들의 관점은 결과로서의 경제발전을 중시하고 이러한 발전을 이룬 정치·경제적 요인들을 밝히려 하였다. 이들은 국가가 앞장서서 경제제도를 자유경쟁 시장논리에 맞게 변화시켜 시장에 적응하려 노력한 점을 높게 평가하고, 나아가 국내 기간산업을 보호하고, 산업의 우선순위를 정하여 제품 생산에 박차를 가하고, 수출주도형 산업화 정책을 통해 세계 자본주의 시장에 적극적으로 참여한 국가의 역할을 강조하였다(국민호, 1995; Johnson, 1987; Haggard, 1990; Wade, 1990).

이들 연구들의 대부분은 강력한 정부의 역할에 초점을 맞추었다. 따라서 대부분의 분석은 1960-70년대 박정희 정부의 경제정책 및 당시의 국내외 여건 변화에 맞추어진 반면 상대적으로 그 이전의 경제정책이나 산업화에 대해서는 거의 주의를 기울이지 않았다. 즉 "동아시아 발전론"에서는 한국의 산업발전을 설명하는데 1960-70년대 당시의 국내외적 정치적 상황과 경제적 조건, 그리고 국가의 역할을 중시한 나머지 그 이전 시기인 일제 식민지 시기나 해방 직후부터 1960년대 초까지의 시기의 산업화와 경제발전을 간과하거나 평가절하 하였다.

1990년대에 들어와 한국의 지속적인 고도경제성장은 국민들의 자긍심을 자극했다. 이 과정에서 전통과 문화에 대한 관심이 고조되면서 과거와 현대를 이어주는 문화적 요인으로서 유교가 관심의 대상으로 떠올랐고, 이어 유교가 동아시아 발전에 끼친 영향을 긍정적으로 평가하려는 노력이 나타났다. "유교자본주의론"으로 대변되는 이러한 노력은 1960년대 이후의 한국의 급속한 경제성장의 원인을 한국의 전통문화인 유교에서 찾아보고자 하였다(유석춘, 1997; 함재봉, 2000). 그러나 "유교자본주의론"도 결국은 한국의 고도경제성장이라는 결과를 놓고 설명하는 결과론적인 것으로 1960년대 이후의 한국의 경제성장을 유교 문화적 요인들로 설명하고자 하였다. 이 또한 일제 시기와 해방 직후부터 1960년대 초까지 시기의 산업화와 경제발전에 대해서는 여전히 침묵하고 있다.

'발전론'을 연구하는 한국인 학자들에게 있어서 일제 식민지 시기나 제1공화국 시기는 산업화와 경제발전에 전혀 도움이 되지 않는 잊어야만 될 시기, 또는 망각의 시기로 간주되고 있으며, 특히 일제 식민지 시기는 의식적·무의식적으로 연구의 대상에서 배제되어져 왔다.

최근 일부 국내외 학자들에 의해 일제 식민지 시기가 재조명되고 있다(McNamara, 1990; Eckert, 1991; 김동노, 1998; 전상인, 1999; 신기욱, 2001; 박지향·김철·김일영·이영훈, 2006). 이들은 한국이 과거 역사와 단절된 채 1960년대부터 갑자기 산업화되고 지속적인 고도경제성장을 이룩했다는데 대해 강한 의문을 표시하였다. 소위 "식민지 근대화론"을 주장하는 연구자들은 근대화 또는 산업화라 불리는 한국에서의 자본주의 경제발전이 일제 식민지시기에 시작되었으며 일제하에서의 산업화 경험이 이후 한국의 경제발전에 크게 영향을 미쳤음을 강조하고 있다.

본 연구는 "동아시아 발전론"이나 "유교자본주의론"에서 잊혀진 시기인 일제 식민지 시기의 한국의 산업화 과정을 살펴봄으로써 일제 식민지 시기의 산업화 경험이 1960-70년대 산업화 및 경제발전과 어떻게 연계되는지를 밝혀보고자 하였다. 본 연구는 특히 1960년대 이후의 고도 산업발전이 일제하 식민지 조선의 산업화 경험 속에서 배태되어 왔음을 보여줌으로써 한국의 산업화 역사를 1960년대 이전으로 확장시켜 "동아시아 발전론"에서 제기된 역사적 단절 문제를 설명하는데 조그만 단초를 제공해보고자 한다.

그러나 이 글의 주장과 관련하여 주의할 점은 일제하 산업화 경험이 1960년대 이후의 급속한 산업화 및 경제발전을 설명해

주는 중요한 요인들 중의 하나일 뿐이라는 것이다. 즉, 이 논문에서 주장하는 바는 일제 산업화 경험이 기존의 "동아시아 발전론"에서 설명 못한 부분을 보충해주는 것이지 이를 대체하는 것은 아니라는 것이다.

Ⅱ. 근대화와 산업화

근대화란 불란서 혁명 이후 급격하게 추진된 서구의 경제 및 사회변화의 충격을 설명하기 위해 나타난 개념이다. 서구인들은 산업혁명을 통해 자본주의라는 새로운 경제활동의 장을 만들고 종교개혁과 정치/사회혁명의 과정을 통해 자본주의 시대에 맞는 정치적 이념인 '개인'과 '자유'의 개념을 창출하고 기타 제반 사회적 관계의 내용을 만들어 새로운 변화에 적응하였다.

서구에서의 근대화란 전통적으로 사회를 지배해온 자연을 비롯하여 종교, 정치, 사회의 모든 것으로부터의 해방을 의미하였다. 서구에서 자연은 모든 무질서와 혼란의 원천으로 간주되었다. 근대화는 이성에 의해 이러한 자연을 정복하고 길들이는 과정이었다. 이는 또한 종교로부터의 해방과 함께 진행되었다. 신을 대신한 이성을 가진 인간은 자연과의 관계에서 그것과 대립하고 정복하고 복속시킴으로써 새로운 질서의 중심이 되었다 (장석만, 1997:127).

한국의 근대화는 전통사회와의 대립과 갈등을 통해 새로운 사회를 성취하려는 노력으로 이해될 수 있다. 그러나 한국의 근대화는 그 시작부터 파행적으로 진행되었다. 한국의 근대화는 일본 근대화의 모방으로부터 시작되었다. 1876년 개항을 기점으로 지난 1세기 동안 끊임없는 외세의 침략과 간섭 하에 진행된 우리의 근대화는 그 시작부터 일본에 의해 각색되고 변형된 서구 근대화를 모델로 한 것이기 때문에 모방의 과정에서 민족 주체성 형성이 매우 약했으며, 자기성찰의 기회도 거의 없었다. 한국의 근대화는 자생적인 근대의 변화와 이상을 미처 갖추기도 전에 전통과 근대의 대립과 갈등으로 이어졌고, 일제 식민지 하에서의 파행적인 근대화 경험과 이후 분단과 냉전체제 하에서 미국의 원조를 통한 경제성장이라는 역사적 상황은 근대화를 시구화 및 산업화라는 등식으로 대치시켰다.

한국의 근대화는 일제 식민지 경험과 해방 후 미국의 영향 하에서 형성되었다. 따라서 한국의 근대(화)는 일본적인 근대(화) 및 미국적인 근대(화)에 의해 크게 규정되었다고 말할 수 있다. 미국의 근대화의 내용이 과학, 기술, 개인주의로 구성되었다면 일본의 그것은 과학, 기술, 국가주의로 구성되었다고 볼 수 있다. 일본의 근대화 모델이 국가주의로 인해 개인의 자율성과 주체성의 미성숙을 전해주었다면 미국 모델은 정치, 경제, 군사력에 입각한 미국의 패권주의 하에서 살아가는 방법을 가르쳐주었다(송두율, 1997:103-107).

이렇듯 1876년 개항을 통해 근대로 진입한 한국사회는 개항

직후부터 일본을 비롯한 외세의 침략과 간섭 하에서 생존을 위한 처절한 몸부림의 1 세기를 보냈다. 자생적 뿌리를 갖지 못한 한국의 근대화 과정은 결국 일본과 서구의 근대화를 모방할 수밖에 없었다. 따라서 한국의 근대화는 서구화(일본화)라 말할 수 있다.

근대화란 정치적으로 전제군주제에서 근대 민주주의 체제로의 변화를 의미하는 것이고, 경제적으로는 농업사회에서 공업화를 통한 산업자본주의 사회로 변화하는 것이고, 사회적으로는 전근대 신분사회에서 근대 시민사회로 변화하는 것이고, 문화적으로는 특권 귀족문화로부터 일반 국민 중심의 민중사회로 변화하는 것을 말한다(신용하, 1997:10). 따라서 근대화란 이런 여러 측면들이 종합적으로 측정되면서 설명되어져야 그 의미가 더욱 커진다. 그러나 이러한 여러 측면들 중에서 경제적 측면에서의 근대화가 가장 기초적이고 그 효과도 가장 크다. 그것은 산업혁명 또는 공업화가 근대화의 선결조건이 되기 때문이다. 즉 경제성장이 이루어지면 그에 따라 생활수준의 향상이 이루어지고 이는 의식과 가치관의 향상으로 이어지며 결국에는 정신적, 정치적 근대화가 이루어지기 때문이다. 이러한 근거에서 필자는 한국의 근대화에서 가장 중요한 내용은 산업화와 경제발전이라 본다. 이런 논리에 따라서 한국에서의 근대화 과정은 산업화과정이라 말할 수 있다.

산업화로 대변되는 한국의 근대화는 일제의 의도적 방해로 크게 지연되고 왜곡되었다. 1876년 개항과 함께 근대 사회로 진입한 한국은 20세기에 들어와 산업 자본주의로의 길로 나아가기보다는 일제의 한반도 공업화 억제정책에 따라 전통적인 농업자본주의 사회로의 길을 계속해갔다. 한반도가 산업 자본주의로의 행보를 본격적으로 내디딘 것은 1930년대에 이르러서였다.

Ⅲ. 일제 초기 식민지 정책: 토지조사사업과 지주제 발달

1. 조선시대의 전통적인 양반 지주제

조선시대는 전형적인 농업사회로서 기본적인 지배관계유형은 토지를 중심으로 이루어졌다. 토지 이외의 생산수단이 발달하지 못한 조선사회에서 토지 소유관계는 지배적인 계급관계였다. 조선시대의 지배층은 양반으로 이들은 정치적으로 학문과 관직을 독점하는 학자관료였고 경제적으로 지주계급이었다. 양반은 현직관료, 퇴직관료, 예비관료로 관직을 독점하였으며, 이를 바탕으로 당시 유일한 생산수단인 토지를 독점하여 지주계급을 형성하였다. 이들은 당시 통치 이데올로기였던 유교이념의 담지자로서 지배에 필요한 지식과 정보를 독점하여 신분적 특권층을 형성하였다.

양반은 가족과 문벌을 통해 집단 세력화 되었으며 지방에 동족부락을 구성하여 자신들의 혈통과 문벌의 세력기반을 구축하는 동시에 이를 사회적으로 과시하였다. 양반 지주들은 전형적으로 직영지를 경작하였는데, 양반은 생산적인 노동에의 참여를 천시하였기 때문에 이에 필요한 노동력은 노비가 (이조 중엽 이후에는 소작인이) 담당하였다. 따라서 노비와 소작인은 양반이 양반다운 생활을 영위하거나 양반으로서의 사회적 권위를 지키는데 필수적인 요소였다. 이렇듯 조선 사회에서 양반은 정치권력, 경제력, 사회적 신분, 문화적 위세를 총체적으로 독점한 지배엘리트였다(전상인, 2001a:262-265).

조선시대 양반 지주들은 제도적 기반과 도덕적 당위를 갖춘 신분상의 특권계층이었다. 양반은 국왕의 국정 파트너로 국가를 실질적으로 통치하였으며, 통치 과정에서 자신들의 특수한 이해를 사회 전체의 보편적 이해로 만들었다. 양반은 자신들이 독점한 유교 논리를 사회 전반의 지배이념으로 확산시켰으며 국가는 이들 양반의 특수 이익을 전체 사회의 공통된 이익으로 확대 재생산하는 기제가 되었다. 유교를 모르는 하층계급도 유교의 도덕성과 윤리적 정당성에 입각하여 사고하고 행동하여야만 했다. 양반 지주는 한편으로는 농민을 정치적으로 억압하고 경제적으로 착취하는 지주세력이면서도 다른 한편으로는 사회질서를 유지하고 사회적 이상과 가치를 실현하는 제도적 기반이자 이념적 모범이었다. 따라서 일반 사람들에게 유교적 가치와 양반 지주의 삶은 비난과 배척의 대상이 아니라 이들이 추구하고 따라야 할 모범이요 이상이었다(전상인, 2001a:270-276).

2. 구한말 사회변동과 지주제의 변화

조선 후기에 들어와 이와 같은 전통적인 양반 지주와 농민들 간의 계급관계가 급격히 변화하기 시작하였다. 개항을 전후해 진전된 상품화폐경제의 확대로 농민들의 부담이 가중되었다. 지주들은 농민들에게 화폐납을 종용했고, 농민들은 값싸게 쌀을 판매하여 세납용 화폐를 비싸게 구입해야 했다(강민길, 2000:72). 이러한 화폐납은 지방관과 중간 상인들의 고리대 및 유통이윤 확대를 가져와 농민들의 부담을 가중시켰다.

결국 조선 말 농촌사회는 지주제의 확대·강화와 농민층 몰락이라는 양극화 현상을 가속화시켰다. 이는 동시에 양반으로 대변되는 사회적 지도층의 제도적·도덕적 당위를 크게 훼손시켰다. 구한말에 이르러 양반의 정치적, 신분적 위세가 극도로 약화되는 가운데 점차적으로 경제력 소유 여부가 사회적 신분의 중요한 기준이 되어갔다.

비록 개항 이후 초기 상업자본주의의 바람이 불었으나 이것이 조선사회의 근본적인 제도적 변화를 가져오지는 못하였다. 구한말 상업의 발달은 아직 초기 수준을 면치 못하였고 조선 전반의 농업경제도 크게 변한 것이 없었다. 구한말까지 한국의 지배적인 경제체제는 토지를 근거로 지주와 농민이 주축을 이루는 농업경제였다.

3. 토지조사사업과 지주제 발달

그렇다면 한일합방 이후 한국의 농업경제는 어떻게 변화했을까?

일제 식민정책의 가장 대표적인 것이 토지조사사업이다. 일제는 1910년 3월에 '한국토지조사국'을 개설하고, 1910년 10월에 조선총독부 안에 '임시토지조사국'을 설치하여 본격적인 토지조사사업을 전담 실시한 후에, 1912년 <토지조사령>·<조선민사령>·<부동산등기령> 등을 발포함으로써 전국적으로 토지조사사업을 실시하였다(신용하, 1977).

일제가 서둘러 토지조사사업을 실시한 목적은 첫째, 일본자본의 토지점유에 적합한 토지소유의 증명제도를 확립하는 것; 둘째, 조세수입 증대를 통해 식민통치를 위한 조세수입 체제를 확립하는 것; 셋째, 종래의 국유지를 찾아내어 조선총독부 소유지로 개편하여 세수를 확대하는 것; 넷째, 일본 상업고리대자본의 토지점유를 합법화하여 일본인의 토지소유를 보장하는 것; 다섯째, 한일합방 후 더욱 급증하는 일본 이민들에게 저렴한 가격으로 토지를 불하하여 그에 대한 제도적 보장조치를 확립하는 것; 여섯째, 한국 내 광대한 미개지를 총독부가 점유하여 개간함으로써 세수를 확장하는 것; 일곱째, 일본의 식량 및 원료기지화를 위한 토지제도를 정비하는 것; 그리고 마지막으로 일본 공업화에 따른 일본산업자본의 노동력 부족문제를 해결하기 위해 한국인 소작농의 임노동자화를 위한 제도적 기초를 마련하는 것이었다(신용하, 1977:78-82).

토지조사사업의 첫 단계인 토지소유권 조사는 신고주의 원칙 하에서 실시되었고, 지정된 30-90일 이내에 신고되지 않은 토지는 모두 국유화되었다. 이를 근거로 토지대장을 작성하고, 토지대장의 기재사항을 근거로 토지에 관한 제반 권리를 법적으로 인정받을 수 있는 토지등기제도를 확립했다. 이렇듯 토지조사사업을 통해 과세대상지가 색출되었으며, 일제의 정책의도인 조선총독부 소유 토지의 증가가 최대한 관철되었으며, 아울러 배타적 토지소유권을 확정하는 등기제도가 시행되는 등 토지의 상품화가 급격히 진행되었다(강만길, 2000:94-96).

토지조사사업을 통한 세원 색출 과정에서 일제는 지주층을 과세부담자로 선택하였다. 이를 통해 한국인 지주층은 식민정책적 차원에서 보호받는 세제특혜층으로 설정되었다. 이후 한국인 지주층은 적어도 1930년대 초까지 식민지배의 동맹자로서 확실한 지위를 보장받았다(강만길, 2000:97).

토지조사사업은 근본적으로 토지소유권 조사와 지세제도 개정을 목적으로 한 것이다. 다시 말해 이는 토지소유자를 확정하여 조세제도를 혁신하고 토지의 권리를 담보로 토지를 자본으로 전환하는 것이었다. 토지조사는 토지에 대해 일물일권一物一權의 배타적·독점적 소유권을 보장하는 것으로 토지의 상품화라는 경제적 의도가 강하게 놓여 있었다. 이를 통해 토지에 부여된 전통적인 도덕적·정치적 의미가 완전히 배제되고 오로지 경제적 의미만 남게 되었다(김동노, 1998:121-122). 조선총독부는 토지조사로 세원의 중간 유출분을 세원으로 확보하였고, 이를 통해 직접적인 수탈을 강화하지 않고도 상당 부분의 재원을 확보하였다(김동노, 1998:124-125).

일제 식민지 초기에 시행된 토지조사사업의 역사적 의미는 무엇일까?

합방 당시 일제는 산업화 초기단계로서 일본 국내 산업노동자의 낮은 임금수준을 유지하기 위해서 저곡가정책을 추진하고 있었다. 따라서 식민지 조선은 이를 위한 식량기지로 개발되어야 했다. 일본은 식민지 조선에 일본식의 개량농법과 개량품종을 보급하였고 조선총독부는 이러한 일본의 정책에 따르는 한국인 지주들을 우대하였다. 이러한 정치적 고려로 일제의 정책에 순응하는 한국인 지주들은 각종 특혜를 받았다. 이는 결국 일제와 한국인 지주들 간의 결탁으로 이어졌고 그 과정에서 지주제는 더욱 확대되었다(김동노, 1998:127).

일제와 한국인 지주들 간의 결탁은 소작인에 대한 수탈과 통제강화로 이어졌고, 이는 전통적인 지주와 소작인간의 긴밀한 이해관계를 제거하여 지주와 소작인간의 갈등과 대립으로 이어졌다. 이러한 총독부 정책에 따라 일제 초기부터 붉어진 식민지 조선의 지배엘리트인 지주와 다수 농민층인 소작인간의 분열과 대립으로 일본 제국주의의 침략에 맞서서 저항할 수 있는 민족적 역량이 크게 약화되었다(김동노, 1998:128-132).

일본 식민지 정부는 토지조사사업을 통해 두 마리 토끼를 잡았다. 일제는 한편으로는 조세수입 확충을 통해 식민지 통치에 필요한 세원을 확보하였고 다른 한편으로는 식민지 조선의 민중세력을 양분화 시킴으로써 민족적 저항을 약화시켰다. 이러한 일제 초기 식민지 정책은 산업화로 특징지어지는 한국의 근대화의 출발 시기를 크게 늦추었다. 토지조사사업으로 한편으로는 근대적 소유권과 조세제도가 성립되었지만 다른 한편으로 지주제가 강화됨으로써 전근대적인 농업경제가 재생되었고, 이로써 한국의 산업화는 크게 지체되었다.

일제의 초기 경제정책은 지주제를 강화시킴으로써 개항이후 싹터온 자본주의로의 이행과정을 단절시켰다. 이는 전통적인 농업사회를 산업사회로 변화시키기보다는 오히려 농업을 기반으로 하는 전통적인 지배질서를 강화시켰다. 산미증산계획을 통해 계속적으로 지주제가 확대·강화되면서 지주의 잉여미는 유리한 가격조건으로 상품화된 반면 대다수 농민들은 현금수입을 위한 기아적인 쌀 판매에 내몰리면서 급속히 빈민화 되어갔다. 쌀 생산이 충분한 경제적 잉여를 창출하는 상황에서 지주들은 토지 이외의 다른 산업으로 투자전환 할 필요가 없었으며, 일제 식민지 정부 또한 한국인 지주들에게 그러한 기회조차 제공하지 않았다. 실제에 있어서, 한국인 지주들은 다음에 설명할 <조선회사령>에 의해 다른 산업분야로 진출할 기회조차 크게 제한받았다.

4. 농민층의 몰락과 반발, 그리고 식민정책의 변화

그렇다면 일제 식민지 기간 동안 한반도에서 지주의 힘은 계속적으로 강화되었는가?

1930년대가 되면서 상황이 크게 변화하였다. 1차 세계대전의 후유증으로 1925년 이후 쌀값 하락이 가속화되었고 결국에는 농업공황을 맞이하게 되었다(1930년). 이 과정에서 금융부담 증가와 쌀값 폭락으로 소수의 대지주를 제외한 대부분의 중소지주나 부농층 역시 자신들의 경제기반을 유지하기 어려워졌다. 결국 부농은 중농으로, 중농은 빈농으로 전반적인 농민의 몰락이 이루어졌다(강만길, 2000:126-130).

이러한 농민층 몰락 과정에서 소작쟁의가 전국적으로 확산되었고 그 발생건수도 매년 증가했다. 쟁의 과정에서 농민운동이 점차 조직화되었고 각 지역에 소작인조합, 농민조합이 만들어졌다. 1927년에는 전국규모의 농민단체인 조선농민총동맹이 결성되었으며, 1930년대에는 혁명적 농민조합운동이 전개되면서 식민체제 자체가 위기에 처하게 되었다.

소작쟁의가 격화되면서 일제의 식민정책은 어떻게 변화했을까?

이러한 농민들의 반발 속에서 조선총독부는 농민을 포섭하여 체제 내로 끌어들이는 정책을 쓰지 않을 수 없었다. 이에 조선총독부는 지주의 권리를 제약하고 나아가 농업경영에서 지주를 배제하고 소작농들을 끌어안음으로써 식민지배체제의 안정을 도모하려 하였다(강만길, 2000:145-155). 그 대표적인 예로, 1930년대에 들어와 일제는 기존의 지주 중심의 생산제일주의의 한계를 인식하고 소작관계법의 제정으로 이를 해결하려 하였다. 소작관계법은 1933년의 <조선소작조정령>과 1934년의 <조선농지령>을 말하는 것으로, 전자는 사법적 권위로 소작쟁의에 대한 법적 통제와 행정적 개입을 강화하는 내용이고 후자는 마름 등 중간 착취자에 대한 행정기관의 직접적인 통제를 규정한 것이다. 이의 구체적인 내용을 보면, 소작권을 물권으로 간주하여 상속권을 인정하고, 3년 이상의 소작기간을 명문화하고, 합당한 사유가 있는 한 소작료 분납을 명시하여 이를 빌미로 한 지주의 소작권 박탈을 제한했다(강만길, 2000:147-154). 당시 소작입법은 소작료보다 소작권에 초점을 맞추었는데 이는 소작쟁의의 대부분이 소작권에 관한 것이었기 때문이었다.

이 과정에서 소작위원회의 활동은 매우 중요하였다. 소작위원회 구성원 중 내무부나 경찰관 등의 공무원들이 다수를 차지하였기 때문에 소작위원회는 실질적인 조정을 할 수 있었다. 이들에게 있어서 지주를 보호하는 것보다는 농촌의 안정화를 통한 식민지배체제를 유지하는 것이 더 큰 목적이었다(신기욱, 2001:10-12). 그러나 소작입법은 고율의 소작료에 대한 제한규정을 두지 않았다는 점에서 본질적인 한계를 갖고 있었다.

이러한 소작입법과 농촌사회 질서의 개편을 추구한 농촌진흥

운동은 소작관계에 대한 행정적 개입과 통제를 강화하여 농촌 사회를 안정시키고 농민을 체제 내로 포섭하려는 총독부 식민 정책의 전환이라고 볼 수 있다. 이를 통해 지주의 권한이 제약되고 농촌 지배엘리트로서의 지위가 약화된 반면, 중앙권력의 농촌사회 침투와 통제가 더욱 치밀해졌다. 이는 식민지 정부가 그 동안의 지주 중심의 식민지 정책을 포기하는 대신 농민을 체제 내로 적극 포섭한 정책의 변화로 볼 수 있으며, 이 과정에서 식민지 조선 사회의 질서와 지배구조가 크게 변화되었다(신기욱, 2001). 특히 1937년 중일전쟁 이후 실시된 전시농정은 지주제에 결정적인 타격을 가했다. 전시농정은 그 동안 지주가 갖고 있던 소작료의 현물수취권을 부정하고 사실상의 대금납 제도를 시행했다. 지주는 공출대금을 소작료로 받게 됨으로써 상품판매자로서 얻었던 상업적 이윤을 상실했다.

5. 농업자본의 상업자본으로의 전환

1930년대의 소작쟁의와 지주제의 약화는 차후 경제발전에 어떤 영향을 미쳤을까?

지주들에게 소작쟁의와 소작입법에 따른 사회적·정책적 제약이 가해지고 소작인의 권리가 강화됨에 따라 토지는 투자로서의 매력을 잃게 되었다. 지주들은 점차적으로 공업과 상업 등 다른 산업부문으로 관심을 돌렸고 자연스럽게 농업에서 상업 및 산업으로의 자본전환이 일어나게 되었다. 1930년대 말에 이르면 한국인 지주들은 더 이상 토지에만 매여 있는 순수 지주가 아니었다. 이들 중 많은 수가 비농업 부문에 투자함으로써 점차적으로 자본가의 일원으로 변모해갔다. 이렇듯 1930년대 이후 한국인 지주계급은 농촌에서 지배력을 상실해갔으며 이와 함께 지주의 토지 이외에의 자본에 대한 투자도 증대해갔다. 신기욱은 이러한 상황이 해방 후 농지개혁이 지주계급의 커다란 반대 없이 진행되는 요인이 되었음을 강조하고 있다(신기욱, 2001:13-14).

요약해볼 때, 1930년대의 농촌사회 변화는 한국인 지주들이 자발적으로 상업 및 산업자본으로 전환하는 계기를 마련하였다. 따라서 1930년대 중반 이후에 비로소 한국 사회에서 자생적인 산업사회로의 발전 가능성이 조성되었다고 말할 수 있다. 그러나 이들 대부분의 한국인 자본가는 중소규모의 상업자본가였으며 대규모 한국인 산업자본가의 출현은 좀 더 다른 배경 하에서 이루어졌다.

Ⅳ. 일제의 경제정책과 산업화

1. 일제의 경제정책과 한반도 상황

합병 초기에 일본은 산업화 초기단계에 있었기 때문에 자본의 해외진출에 대해 매우 소극적이었다. 따라서 일본의 식민지배 정책은 한국을 일본의 식량기지로 만들고 나아가 일본 공업

발전에 필요한 원료 공급지 및 제품 시장으로 만드는 것이었다. 이 같은 식민지정책의 의도를 집약한 것이 1910년 12월 조선총독부령으로 공포된 <조선회사령>이다.

회사령은 조선 내의 회사설립 및 일본자본의 본·지점 설치건에 대해서 총독부의 허가를 받도록 한 것이다. 조선총독부는 개항 이후 성장하던 조선인 자본에 제약을 가하고 조선인 자본이든 일본인 자본이든 한반도에 대한 민간 투자를 제한함으로써 한반도 내에 일본 본국자본의 이해를 위협할 만한 산업적 발전을 제약하였다. 이는 일본 정부의 식민지 조선 개발정책에 따라 조선의 근대공업건설을 억제하자는 것이었다.

그 때문에 1920년 회사령이 철폐될 때까지 한반도에 건설된 사업은 대부분 자금 10만 엔 이하의 영세규모 사업체였고 이들의 사업 내용을 보면 대금업이나 매매업, 토지 및 수리시설과 농수산물 가공산업이 주종을 이루었다. 그나마 이들 사업체들은 식민지 산업정책을 뒷받침하거나 일본상품의 진출을 촉진하는 업종이었다. 회사령 체제에서 한국인들은 조선총독부에 협력하는 회사를 설립하거나 일본인 회사에 동참할 수밖에 없었다(강만길, 2000:113-115). 이 기간 동안에 한국 내에 제조업 설립은 극히 억제되었다.

이러한 일본의 식민지 정책은 제1차 세계대전에 따른 전쟁특수로 크게 변화되었다. 1차대전 기간 중 과잉 투자된 일본의 산업자본은 해외진출의 욕망을 나타내게 되었고, 이에 따라 조선에의 투자욕구가 크게 증대되었다. 이러한 욕구를 수용하여 조선총독부는 1918년 회사령을 개정하여 조선에 지점을 둔 일본회사의 영업을 허용하였고 1920년에는 회사령을 철폐하였다. 이에 따라 그때까지 억눌렸던 많은 기업들이 설립되었는데 민족자본이 제조업에 진출하기 시작한 것도 이때부터이다.

쌀 상품화로 막대한 이윤을 얻은 대지주층도 1920년대가 되면 은행 등 기업설립에 동참하면서 자본전환을 꾀하기 시작하였다. 그러나 이들은 주력사업을 토지에 두고 토지자본의 일부분만을 상업자본으로 전환시켰다. 당시에 한국인으로서 제조업에 투자하여 성공한다는 것은 여건상 불가능한 것이었다. 따라서 대부분의 한국인 투자는 금융업과 매매업, 유통 가공업에 집중되었다.

1930년대가 되면 이러한 사정이 다시 바뀌게 된다. 1929년의 세계적 대공황으로 심각한 불황에 빠진 일본 산업계는 안으로는 기업합리화와 조업단축을 꾀하면서도 밖으로는 유휴자본의 해외진출을 서둘렀다. 1931년 신임 조선총독으로 부임한 우가키는 조선 내부적으로 공업진흥에 의한 생활의 향상과 개선을 통해 식민지체제를 안정시키고 외부적으로는 일본을 정精공업지대로, 만주를 농업지대로 하되 조선은 양축의 연결고리인 조組공업지대로 설정하여 앤 블록 경제권을 완성한다는 목적으로 '조선공업화' 정책을 실시하였다(강만길, 2000:162-172).

한편, 만주사변과 더불어 일본 경제는 자유경제체제에서 통제경제체제로 전환하였다. 이에 따라 일본 내에 많은 중소기업들이 몰락하고 대기업 중심의 독점자본이 형성되는데, 일본의 독점자본은 상대적으로 통제가 덜한 한반도로의 진출을 서둘렀다(박병윤, 1982:42). 1937년 중일전쟁 발발과 더불어 한반도가 전쟁을 위한 병참기지화 되면서 일본은 한반도 내에 군수산업 건설에 박차를 가하게 되었다.

이에 따라 한국의 산업화에는 커다란 진전이 있었으나 자립경제를 이룩하는 데는 많은 제약이 있었다. 1935년 말 현재 한반도에 설립되어 있는 회사들 가운데 자본금 1백만 원 이상 되는 회사는 128개였는데 그 가운데 한국인 회사는 은행들을 포함해 19개뿐 이었고, 제조업체는 경성방직과 조선제분 뿐이었다(박병윤, 1982:43). 당시 일제의 한국인 공업말살정책 때문에 한국인으로서 제조업에 참여하는 것이 극히 제한되었다. 따라서 일제하에서 산업자본으로 대기업체가 된다는 것은 매우 어려운 일이었다.

1930년대 후반 한국인 4대 부호는 금융자본과 토지자본을 지배한 민영휘, 상업자본으로 백화점 왕이라 불리던 박흥식, 광산업으로 노다지를 잡은 최창학, 그리고 경성방직을 운영하던 김연수였다. 그들 중 산업자본가는 경성방직의 김연수 뿐 이었는데 김연수도 제조업에 투신한 자본가로서보다는 토지자본을 장악한 대지주로 더 잘 알려져 있었다(박병윤, 1982:48).

2. 일제하 산업화와 한국인 산업자본가의 성장

1919년 3.1운동 이후 일본 식민지 정부는 '관대한 자본주의'(benign capitalism)를 표방하였으나 이는 한국인의 기업소유나 자율적인 국민경제 발전과 같은 민족주의적 고려를 상실한 것이었다. 한국인 기업가들은 일본 기업들의 주도적인 투자 환경 속에서 면밀히 감시당하는 가운데 생존하고 성공하기 위해 노력하여야 했다. 식민지 정부는 한반도의 경제발전을 제국의 목적 안에서 수행하는데 대해 추호도 흔들림이 없었다. 일본 식민지 정부는 식민지 조선에 대한 통치에서 군사적 안전과 경제의 생산성을 최우선적으로 고려하였다.

1920년대 '관대한 자본주의'를 표방한 이래 일제 식민지 정부는 한국인 기업가들에게까지 협조적 관계를 확대하였다. 나아가 조선총독부는 그와 같은 협조적 관계 속에서 한국인 기업가들을 효율적으로 일본인 재벌과 연결시켜주었는데 이는 일본의 제국주의적 목표 수행에 크게 공헌하였다. 한국인 자본가와 식민지 정부의 결합은 한국인 자본을 일본 자본에 종속시켰을 뿐만 아니라 대륙의 제국주의 경제구조에 한국자본을 적극적으로 참여시키는 결과를 가져왔다.

일제는 소수의 한국인 엘리트 기업인들을 지원하여 그들의 경제적 성공을 보장하는 것이 식민지 운영에 이익이 된다고 보았다. 나아가 이들을 통해 관대한 자본주의의 성과를 선전하고 동시에 좌익의 비판을 무마시키고자 하였다. 이러한 목적 하에 총독부는 극소수 한국인 엘리트 기업가들과 이들 기업 엘리트들을 대표하는 국내 자본가 연합을 직·간접적으로 지원했다(McNamara, 1990:34-35). 조선총독부는 조선산업은행과 같은 국가소유 은행의 신용과 대부를 통해 식민지 정부에 협조적인 한국인 대기업을 적극적으로 지원하였으며, 이들 기업들은 식민지 정부가 우선순위를 둔 프로젝트에 대해 직접 투자함으로써 식민지 정책에 동참하였다. 당시 산업은행과의 밀접한 관계로 이익을 본 대표적인 기업은 경성방직으로 경성방직의 성장과 확장에 대한 산업은행의 지원은 막대한 것이었다.

식민지 말기까지 식민정부의 이익에 대항하여 대규모 하부구조에 투자하거나 이익이 나는 산업계획을 수행할 정도로 규모가 큰 한국인 소유 기업은 거의 없었다. 대부분의 민족기업들은 자본규모도 크지 못했을 뿐만 아니라 식민정부의 간섭을 염려하여 국가소유 은행의 직접투자를 환영하지도 않았고 또한 은행으로부터 신용과 융자를 얻을 수도 없었다. 이렇듯 일제 식민지 시기에 효율적인 기업운용에 따른 이익창출보다는 국가의 지원과 은행대부 같은 간접적인 투자가 한국인 대기업의 생존과 번영의 열쇠였다.

또한 법의 내용과 실행 그리고 식민지 정부의 기업에 대한 간섭과 지원 행위가 일제 하의 '국가와 기업 관계'에 크게 영향을 미쳤다. 일제 치하에서 비록 사유재산과 경제적 원리가 법에 의해 보호되었으나, 실제에 있어서 식민지 정부는 민간기업을 매우 면밀하게 통제하였다. 이 과정에서 일제는 극소수의 한국인 기업들을 선정하여 금융지원과 정부 보조로 경쟁에서 보호하였고, 나아가 본토로부터의 막대한 투자를 이들 기업들에게 연결시키는 혜택을 주었다(McNamara, 1990:42-44).

식민지 정부는 한반도에서 제국의 이해를 대변했다. 정부는 경제에서 '강한 국가'의 역할을 했으며 국가 소유의 금융제도를 통해 경제에 깊숙이 관여했다. 이러한 가운데 식민지 특유의 '국가와 기업 관계 유형'이 나타났는데 여기에서 식민지 정부는 일본 본토에서의 전형적인 권위주의 정부인 메이지 정부보다 더욱 강력하게 경제에 대해 간섭했다. 식민지 국가의 사업 우선순위 및 프로젝트와 경제계와의 연계는 극소수 한국인 기업의 급성장을 가져왔고, 식민지 당국은 이들 사례로 국가의 지도 및 국가보조에 의한 성장의 경제적 이익을 선전했다. 이 과정에서 정부의 신용을 얻은 극소수 한국인 기업가들은 국가로부터 기업활동을 위한 막대한 경제적 지원을 받을 수 있었고, 그 결과 극소수 한국인 대기업들에게로의 자본집중이 이루어졌다(McNamara, 1990:42-44).

식민치하에서 한국인 자본가들은 식민지 정부 및 일본 재벌들과 폭넓고 깊은 관계를 발전시켰다. 이는 이들 한국인 자본가들의 성장에 지대한 공헌을 했다. 1930년대 중반에 김연수 일가와 같은 산업자본가들은 한국 역사상 처음으로 근대 사회의 새로운 핵심 계급으로 급부상했다. 이제 한국은 역사상 처음으로 농업경제에서 산업경제로의 변화를 시작했으며 그러한 변화의 최전선에는 이들 산업자본가들이 위치해 있었다. 1945년까지 김연수의 경성방직은 만주와 북중국 같은 일제의 후배지를 원료 공급지뿐만 아니라 중요한 시장이요 사업 확충의 장으로 보았으며 이들 지역에의 투자를 통해 경성방직은 대표적인 한국인 재벌로 급부상했다(Eckert, 1991:186-7).

3. 일제하 한국인 산업자본가의 성격

그러나 한국인 자본가들의 이러한 변신 즉 식민지 정부 및 일본 재벌과의 협동 및 공생적 관계는 한국 사회에서 이들의 입지를 더욱 보잘것없는 것으로 만들었다. 일본 자본과의 경쟁이라는 어려운 조건하에서 성장한 대부분의 한국인 자본가들은 한국인 노동자들에 대해 물질적 양보를 거의 할 수 없었다. 실제로 한국인 기업은 일본인 기업 못지않게 한국인 노동자들을 착취함으로써 번성하였다.

일제의 공식적인 식민지 산업정책은 식민지의 노동자들에게 합법적인 정치적 권리를 인정하지 않은 채 저임금으로 노동력을 착취하는 것이었다. 한국인 기업들도 국가로부터 어떤 보호도 받지 못하는 한국인 노동자들의 저임금을 착취하였다. 식민지하의 모든 가업은 일인 기업이든 한국인 기업이든 가릴 것 없이 같은 경제체제 원리에 따를 수밖에 없었다. 식민지 시기

대표적인 한국인 기업인 경성방직의 노동자들도 대부분의 일본 기업 노동자들과 마찬가지로 저임금, 장시간 노동, 열악한 노동 환경 등으로 착취당하였다. 식민지 하에서 산업자본가들에게 있어서의 천당은 대부분 한국인 노동자들에게는 지옥이었다(Eckert, 1991:192).

식민시기의 한국인 기업들 중 경성방직과 같이 극히 예외적인 경우를 제외하고는 대부분 영세한 중소기업이었으며, 그들 한국인 자본가들의 계급적 이해관계는 궁극적으로 식민지 정부의 목표와 일치하였다. 그들의 뒤에는 탄압적이고 착취적인 일본 식민지 정부가 버티고 있었기 때문에 그들이 다수 한국 민중과 민족주의적 타협을 하는 것은 거의 불가능했다. 노동분쟁에서 식민지 정부는 언제나 자본가의 입상을 지지하고 지원한다고 확신하고 있던 당시의 자본가들은 노동자들과의 관계에서 비타협적인 입장을 견지하였고 이는 더욱 더 한국인 노동자들을 쥐어짜게 만들었다(Eckert, 1991:204-205).

식민지 자본가들은 급격히 증가하는 한국인 노동자들의 불만과 기본적인 요구 사항에 대해 묵살하는 것을 관행처럼 여겼다. 따라서 일제 식민지 기간 동안 자본가와 노동자들의 이해관계는 항상 첨예화되었으며, 그 과정에서 파업과 폭력이 수시로 일어났다. 이에 한국인 기업가들은 현상을 유지하기 위해 일본 경찰력의 간섭과 보호에 더욱 더 의존하게 되었다. 식민지하의 한국의 산업화 과정은 억압과 탄압으로 일관되었으며 산업 민주주의는 결코 중요한 요소가 되지 못했다(Eckert, 188-189).

실제에 있어서 1919년 한국에서 자본가 계급이 처음으로 등장하기 시작될 때부터 한반도 내의 자본주의는 식민지 정부의 보호와 지원 아래에서 성장할 수 있었다. 따라서 한국 자본주의는 그 시작부터 매우 권위주의적이었으며 민주주의적 방향과는 거리가 멀었다. 이러한 현실에서 한국인 자본가들은 기본적으로 식민지 정책에 심각하게 도전할 수 없었으며, 이들에게서 민족주의적 요소들은 점차 멀어져갔다. 일제 식민지 시기 말기에 이르면 한국인 자본가들은 이념적으로 또 물질적 차원에서 자기 존재의 바탕이 되는 한국 민중들과 투쟁하는 계급으로 변화되었다. 이런 상황에서 한국인 자본가들은 한국 사회에서 대중의 이념적 지도자의 위치를 결코 가질 수 없었다(Eckert, 1991: 190).

1930년 말에 이르러 경성방직과 같은 한국인 재벌들은 일본 재벌과의 협력 및 그들의 자금지원으로 사업의 확충을 꾀할 수 있었다. 이러한 협력관계는 1930년대 만주와 북중국이라는 새로운 경제적 신천지가 열리면서 더욱 진전되었다. 과거 어느 정도 민족주의적 성향을 지니고 있었던 한국인 기업들은 일본 재벌 및 식민지 정부와의 협력관계가 진전되자 자연스럽게 한국 민중들에게 등을 돌렸으며 이에 따라 한국인 기업들과 한국 민중들 간의 계급적 간격이 더욱 커졌다. 이들 한국인 기업가들은 더 이상 일제와의 투쟁이라는 민족적 과제를 수행할 여유가 없었으며, 그들은 오로지 경제적 이윤만을 우선적으로 고려하게 되었다.

4. 일제하 산업화에 대한 평가와 의의

조선총독부는 1919년 이후 한국의 민족 감정을 어느 정도 존중하는 문화정책을 써왔다. 그에 따라 식민지 정부는 문화적으로 민족주의를 어느 정도 용인해 왔는데 이는 한국인의 민족주의를 고양시키려는 의도가 아니라 한국인들이 공개적으로 식민지 정부에 대항하려는 의도를 잠재움으로써 한국인들의 민족주의를 경감시키고자 하는 목적에서 이루어졌다. 그러나 이러한 정책은 1937년 중일전쟁 반발과 함께 종말을 고했다. 한반도는 병참기지화 되었으며 한국인의 황국신민화를 목적으로 하는 내선일체 정책이 강도 높게 실시되었다. 이를 통해 일제는 한국인의 민족적 정체성을 말살시키려 하였다.

이러한 내선일체 정책에 대한 한국인 자본가 계급의 반응은 일반 대중과 매우 달랐다. 그들은 내선일체의 확산과 실행에 적극적으로 참여했다. 한국인 자본가들에게 있어서 중일전쟁과 태평양 전쟁 등 전쟁 특수는 그들이 이미 획득한 특권을 확장시키는 수단이었으며, 산업 과정에서 나타난 문제점들을 한꺼번에 해결할 수 있는 계기가 되었다. 전쟁과 그에 따른 내선일체 정책이 주는 잠재적 이익이 너무 거대했기 때문에 한국인 대기업들은 그나마 조금 갖고 있던 민족주의와의 연결고리를 완전히 끊어버리고 내선일체 정책의 실행에 적극적으로 가담하였다. 따라서 경성방직이 내선일체 정책에 적극적으로 참여함으로써 김연수는 민족주의와 영원히 결별하였다. 식민지 하에서 한국인 자본가 계급의 창출은 그의 이해관계나 정수(精髓) 모두의 측면에서 한국인이라기보다는 일본인 자본가들과 전혀 다르지 않은 부르주아 계급의 창출을 의미했다.

1세대 한국의 산업화는 1차 세계대전 이후에 시작되었고, 1930년대 초 만주사변 발발과 함께 세력화 되었으며, 중일전쟁을 통해 만개하였고, 제2차 세계대전 동안에 급성장 하다가 제2차 세계대전의 종식과 함께 갑자기 소멸되었다. 이러한 일제하 산업화의 불완전성이 식민지라는 역사적 상황과 결부되면서 식민지하 산업화의 중요성을 평가절하 시켰다. 식민주의는 한국 산업발달의 촉매요 요람으로 이의 연구를 통해 우리는 근대 한국 산업화의 기원을 찾아볼 수 있다(Eckert, 1991:253).

Ⅴ. 식민지 유제

한국의 산업화 즉 근대로의 행진은 1930년대 일본의 식민지적 수탈과 함께 본격화되었다. 이것은 일제 식민지시기를 애써 부정하고 잃어버린 시기로 간주하려는 한국인들이 인정하기 매우 힘든 사실이다. 일제 식민지 경험은 한국의 근대화 및 산업화에 어떤 영향을 미친 것일까? 미국은 필리핀 사람들에게 독립이라는 목표를 성취하는 방법을 가르쳐주었고 영국은 인도에 자유민주주의가 어떤 것인지를 가르쳐주었다. 일본은 한국에게 무엇을 가르쳐 주었을까?

일본은 한국의 재벌들에게 산업화를 위해 강력한 국가를 이용하는 법을 가르쳤고, 동시에 급속한 산업화와 근대적 산업구조가 무엇인지를 가르쳤다. 일본은 산업화를 위해 국가, 중앙은행, 그리고 재벌집단의 3자가 연합할 수 있음을 가르쳤다(Cummings, 1984:486).

식민지 기간 동안에 한반도에 자생적인 한국인 자본가 계급이 나타났다. 그러나 그것은 식민지 정부의 간섭과 지원에 익숙해진 계급이었고, 더욱 선진화된 자본주의 체제인 일본 본토의 내기업들로부터 내내적인 후원을 받는데 익숙해진 기업이었다. 식민지 산업화의 유산은 자생적인 자본가 계급의 창출에 국한된 것만이 아니었다. 식민주의는 전후에 성공적인 자본주의 성장모델의 기초를 마련하였다. 우선적으로 식민지 경험은 국가의 강력한 경제지배의 선례가 되었다. 식민지시기에 국가-기업의 관계는 매우 기능적인 관계였다. 기업들은 일반적으로 민간부문에서 국가의 경제적 역할을 수행하면서 국가로부터 충분한 보상을 받는 시녀였다. 두 번째로 들 수 있는 것은 한국 자본주의의 일본 자본주의에의 종속이라는 것이다. 이는 일본 자본주의의 선진적 상태와 일본의 식민지라는 한국적인 상황에서 필연적인 결과였다. 이는 해방 후에 한국 자본가들이 미국이라는 더욱 선진화된 자본주의에 종속되는 계기를 마련했다. 다음으로 중요한 것은 자본가들의 사회적 역할이다. 식민지 시기의 한국인 자본가들은 민중을 배반하고 식민지 권력과 동맹을 맺었다. 실제에 있어서 한국의 산업 자본주의는 일본 식민주의의 요람 안에서 태어난 것이다. 이는 한국인 자본가 계급이 일제의 보호 및 일제와의 밀접한 협력 하에서 성장하였음을 말한다 (Eckert, 1991:255-257).

또 하나 지적할 것은 일제하에서 성장한 한국인 대기업가들이 해방 후까지 가지고 들어온 정치적 상식으로, 이는 독재가 경제적으로 능률적이고 이익을 남긴다는 것이다. 식민지시기에 조선총독부의 독재는 기업가적 성공에 전혀 방해가 되지 않았다. 도리어 한국 산업자본주의의 첫 번째 번영은 이 억압적인 국가구조 하에서 이룩되었으며, 식민지 조선은 1945년 8월 일본의 패망으로 갑자기 중단되기 전까지 지속적인 고도성장을 이룩하였다. 이러한 식민지 유제는 한국인 대기업가들의 성향을 권위주의적이면서 비민주적인 태도로 고착시켰다. 일제 식민지 산업화 과정에의 참여는 한국인 자본가들로 하여금 자신의 동족으로 이루어진 노동자들을 착취하는 것뿐만 아니라 궁극적으로는 한민족의 민족적 정체성을 분열시키고 근절시키려는 일본인들의 의도에 동참하는 것이었다. 이에 따라 한국 사회 내에서 그들의 정치적 지위는 더욱 위태로워졌으며, 그들은 더욱 더 독재적인 총독부의 권위에 의존했다. 따라서 독재는 한국인 자본가들의 자본축적을 위한 정치적 수단이었을 뿐만 아니라 생존을 위한 정치적 전제조건이었다(Eckert, 1991:258).

강력하고 고도로 통제된 식민지 권력은 식민지 조선의 경제활동 전반에 깊이 관여하고 경제의 방향을 결정하였다. 일제 치하에서 한국인들은 정치적으로는 거의 숨쉬기조차도 힘들었지만 경제적으로는 크게 성장하였다(Cummings, 1997:148). 그러나 이러한 성장의 혜택이 식민지 한국인들에게 고루 미친 것은 아니다. 일제하 경제성장이 당시 지배층인 지주 및 대자본가들에는 크게 혜택을 주었지만 인구의 다수를 점하고 있던 노동자와 농민은 더욱 헐벗고 굶주리고 탄압받았다. 이러한 사실은 일본 식민지 시기 경제성장의 한계와 허구성을 잘 말해준다(김동노, 1998).

해방 후 식민지 기업 엘리트들은 제1공화국 하에서 새로운 정치적 정체성을 획득하고 정부로부터 긍정적인 대우를 받기 위해 투쟁해야 했다. 김연수와 박흥식과 같은 기업인들은 1948년 식민지 기간 동안에 행한 '반민족적 범죄'로 인해 구속되었고, 1961년 다시 한 번 기소되었다. 이러한 불안정한 경제 환경은 이들 기업인들로 하여금 정부와의 효율적인 관계구축을 필요로 했다. 일본 제국주의의 식민지 정권 하에서 급성장한 대기업들은 이승만 정권에 적응하는데 많은 시간이 걸리지 않았다. 식민지 기간 동안 그들이 배운 것은 시장경제의 경쟁을 통한 기업운영 못지않게 국가와 기업 간의 관계를 맺어가는 방법이었다(McNamara, 1990:127-128).

일제 식민지 기간 동안에 경험한 강력한 식민지 국가, 거대한 관료집단, 경제에 대한 행정지도, 국가 간섭하의 새로운 산업 추진, 산업 우선순위를 통한 선별적 지원, 노조와 반대자에 대한 강력한 탄압은 1945년 해방 이후 한국발전모델의 원형을 제공해주었다. 또한 일본 식민지 정부는 한국 산업화의 특징인 "관료적 권위주의" 경로의 초기 모델을 보여줌으로써 한국에 정치적 독재를 통한 경제성장의 길을 가르쳐 주었다(Cummings, 1997:150). 이들 식민지 모델의 모든 중요한 요소들은 1960년대 경제발전 지향적인 박정희 정권 하에서 함께 작동하기 시작했다.

전후 한국 자본주의의 발달 유형에서 명백한 것은 다른 어떤 것보다도 가까운 과거의 식민지 경험을 따라갔다는 것이다. 식민지 경험들은 한국인 자본가들의 살아있는 유산이 되었고 해방 후 자본주의 발전과정에서 수정된 형태로 소생되었다.

1960-70년대 한국의 산업화를 주도한 박정희는 그 자신이 식민치하에서 고도의 일본식 훈련을 받은 사람이었다. 박정희 정부가 산업발전을 위한 경제계획을 시작했을 때 그는 식민지 하에서 경제수업을 한 기업가들을 활용하였다. 이들 기업가들은 1930년대 후반에서 1940년대 전반에 이르는 일제 식민지 기간 동안의 급속한 산업성장 과정에서 성장하였고 1950년대 경제재건에 참여하면서 경험을 쌓은 기업인들이었다(Eckert, 1991:254).

이 과정에서 일제 식민지 시기의 국가-기업 관계가 수정 복원되었고 정부는 상위 파트너로서 강력하게 정책을 입안하고 실행할 수 있었다.

식민지 시기의 한국인 대기업가들은 한국 사회와 결별하고 일제에 협력한 관계로 민중적인 지지를 얻지 못하였고, 해방 후에도 민중 속에 뿌리내릴 수 없었다. 이러한 경험은 해방 후 재벌들이 다시 한 번 권력과 밀착하여 민중에게 등을 돌리게 함으로써 사회적 지지를 상실하였다. 이러한 역사적 경험은 반복되어 한국 근대적 산업발달의 주역이라 할 수 있는 한국의 재벌은 고도경제성장 기간 내내 사회적으로 칭송의 대상이 되기는커녕 도리어 비난의 대상이 되었다.

이렇듯 1960-70년대 산업화 과정에서 많은 식민지 경험들이 살아있는 유제로 작동하고 있다. 그러나 그 유제는 그렇게 긍적적이지 못하다. 오늘날 한국인들의 의식 속에 널리 퍼져있는 기업가들에 대한 불신은 바로 이러한 식민지적 유제 속에서 기인한다. 그러나 이러한 정부와 기업 간의 관계가 한국의 초기 산업화에 긍정적으로 작동한 것은 아이러니라 아니할 수 없다. 따라서 오늘날 우리가 행하고 있는 많은 관행들과 20세기 후반에 이룩한 한국의 경제 기적이 식민지 유제인지 아니면 전통사회에서 전해진 유교 문화적 문화유산인지 아니면 20세기 후반에 사회적 필요에 맞춰 새로운 시대에 새롭게 창출된 것인지에 대해 다시 한 번 면밀히 검토해볼 필요가 있다.

참고문헌

강만길, 2000. 『한국 자본주의의 역사』. 역사비평사.

국민호(편), 1995. 『동아시아 신흥공업국의 정치제도와 경제성공』. 전남대학교출판부.

________, 1997. "동아시아 경제발전과 유교." 『한국사회학』 제31집 봄호. 한국사회학회. 29-59쪽.

김동노, 1998. "식민지시대의 근대적 수탈과 수탈을 통한 근대화." 『창작과비평』 1988봄. 112-3쪽.

박병윤, 1982. 『재벌과 정치』. 도서출판 한국양서.

박지향 · 김철 · 김일영 · 이영훈, 2006. 『해방전후사의 재인식 1』. 책세상.

서재진, 1991. 『한국의 자본가 계급』. 나남.

송두율, 1997. "우리에게 근(현)대는 무엇을 의미하는가." 『현대사상』 1997 여름. 100-116쪽.

신기욱, 2001. "농지개혁의 역사사회학적 고찰." 홍성찬편 『농지개혁 연구』 연대출판부. 1-47쪽.

신용하, 1977. "일제하의 「조선토지조사사업」에 대한 일고찰." 윤병석 신용하 안병직 편 『한국근대사론 I』. 지식산업사. 74-166쪽.

______, 1997. "'식민지 근대화론' 재정립 시도에 대한 비판." 『창작과비평』 1997 겨울. 8-38쪽.

유석춘, 1997. "유교자본주의의 가능성과 한계." 『전통과 현대』 여름호(창간호). 전통과 현대.

이한구, 1989.『일제하 한국기업설립운동사』. 청사.

전상인, 1999. "한국의 식민지 근대화."『전통과현대』1999 겨울호. 60-77쪽.

_____, 2001a. "양반과 부르주아." 전상인『고개숙인 수정주의』252-300쪽. 전통과현대사.

_____, 2001b, "부르스 커밍스의 한국현대사 이해." 전상인『고개숙인 수정주의』360-411쪽. 전통과현대사.

_____, 2001c. "미군정기의 농업문제와 토지정책." 홍성찬편『농지개혁연구』연대출판부. 49-89쪽.

장석만, 1997. "한국 근대성 이해를 위한 몇가지 검토."『현대사상』1997 여름. 117-141쪽.

함재봉, 2000.『유교 자본주의 민주주의』. 전통과현대.

Cummings, Bruce, 1984. "The Legacy of Japanese Colonialism in Korea." in Myers & Paettje (eds.) *The Japanese Colonial Empire 1895-1945*. Princeton University Press. pp.478-496.

_______________, 1997. *Korea's Place in the Sun: A Modern History*. W.W. Norton & Company.

Eckert, Carter J., 1991. *Offspring of Empire: The Koch'ang Kims and the Colonial Origins of Korean Capitalism 1876-1945*. University of Washington Press. Seattle & London.

Haggard, Stephan, 1986. Pathways from the Periphery: *The Politics of Growth in the Newly Industrializing Countries*. Cornell University Press. Ithaca New York.

Johnson, Chalmers, 1987. "Political Institutions and Economic

Performance: The Government-Business Relationship in Japan, South Korea, and Taiwan." in Frederic C. Deyo (ed.). *The Political Economy of the New Asian Industrialism.* Cornell University Press. Ithaca and London. pp. 136-164.

McNamara, Dennis L., 1990. *The Colonial Origins of Korean Enterprise, 1910-1945.* Cambridge University Press. Cambridge New york Port Chester Melbourne Sydney.

Wade, Robert, 1990. *Governing the Market: Economic Theory and the Role of Government in East Asian Industrialization.* Princeton University Press. Princeton New Jersey.

제7장 일본의 대만지배와 대만 농업의 산업화

Ⅰ. 문제제기

20세기 후반에 들어와 소위 말하는 동아시아신흥공업국 4인방인 한국, 대만, 홍콩, 싱가포르는 타의 추종을 불허할 정도로 눈부신 경제성장을 이룩하였다. 지난 40여 년간 이들 국가들은 제조업의 비중을 높여 수출시장에서 높은 성취를 이룩하면서 세계 자본주의 역사상 유례가 드물게 수 십 년 간 고도의 경제정상을 지속해오고 있는 것이다. 특히 이들 동아시아신흥공업국들은 전 세계적 경제위기가 닥친 1970년대 초 석유위기와 1980년대 초 석유위기 모두를 슬기롭게 극복하면서 높은 경제성장을 이룩하였다. 이들과 함께 신흥공업국의 쌍두마차를 이루던 남미신흥공업국들은 1980년대 경제위기를 극복하지 못하고 커다란 경제위기를 겪었으면서 그 여파는 오늘날에까지 미치고 있다. 이러한 관심의 한 편에 동아시아 국가들의 경제발전과 식민지 경험과의 관계를 정립하려는 노력이 꾸준히 전개되고 있다.

동아시아신흥공업국 네 나라를 보면 한국과 대만은 상당 기간 동안 일본의 식민지를 경험하였고 홍콩과 싱가포르는 장기간 영국의 식민지를 경험하였다. 따라서 이들 식민지 경험과 이들 국가들의 차후 경제발전과 어떤 연계가 있을까 하는 것이 이들 국가들의 예외적인 경제 성공과 함께 많은 학자들의 중요한 관심 영역으로 부각되고 있다.

필자는 1996년 여름부터 1997년 여름까지 1년 동안 미국 버클리 대학에 방문교수로 갈 기회가 있었다. 거기에서 우연찮게 부르스 커밍스, 펠레, 신기욱 등 미국에서 한국학 연구를 주도하고 있는 한국학 전문가들의 논문 발표회에 참관할 기회를 가졌다. 이들은 미 국무성 문서보관소에 소장되어 있는 막대한 자료와 더불어 미국 각 연구소에 잘 보관되어 있는 일제시기 한국 신문과 각종 기록 등을 면밀히 분석하여 한국의 전근대사 연구에 중요하면서도 논쟁적인 글들을 발표하였다. 이들에 더불어 에커르트나 맥나마라 등 미국 학자들이 국제 사회에서 일제 시기 한국 자본가계급에 대한 연구들 주도하고 있는데 이들 연구에서 한국 근대화 과정에 일본 식민지 경험이 끼친 영향이 중요한 관심사항이다. 이들 미국의 주류 한국학 연구가들의 경향은 한국 현대사가 일본 식민지 경험과 불가분의 관계에 있으며 한국인들이 인정하든 안하든 간에 일본 식민지 유산이 현대 한국 건설에 일정 정도 역할을 했다는 것을 보여주려 하였다.

이러한 관점은 한국에서의 일본 식민지 경험에 대한 연구의 한 축을 이루고 있는 "식민지 근대화론"의 이론적 기초가 된다.

식민지 근대화론에 따르면, 20세기 후반에 이룩한 한국과 대만의 급속한 경제성장은 일제 식민지 기간 동안에 진행된 일련의 사회변동의 결과로서 이는 다른 제3세계에 비해 훨씬 유리한 조건에서 진행되었다는 것이다. 이들 중 일부 학자들은 좀 더 신중하게 접근하여 일제의 식민지 정책보다는 일제시기에 경험한 한국의 사회변동에 초점을 맞추었다. 즉, 이들은 한국사회의 다양한 근대사회의 징표들이 일제 때문이 아니라 일제시기 동안에 이루어졌음을 강조하였다(전상인, 1998). '근대화' 및 근대사회'에 대한 다양한 논쟁들이 있으나(김진균·정근식, 1997: 신용하, 1997: 안병직 1997) 이 글에서 필자는 근대화란 단순히 산업화로의 진행과정이라고 보고자 한다.

이러한 연구에서 자료의 객관성 문제가 언제나 중요한 논쟁거리가 된다. 식민지 근대화론을 주장하는 대부분의 연구들은 일제 식민지 기간 동안 당시 발행된 신문과 잡지, 당시 모아지고 분석된 통계자료, 그리고 일본 제국주의의 전략적 목적에 의해 모집된 당시 자료에 주로 의존하고 있다. 미 국무성 자료 역시 주로 미국 연구가들에 의해 미국의 입장에서 당시 주도적 흐름을 반영하여 작성하고 모아놓은 자료들이다. 많은 시간이 경과하여 이들 자료들을 반박할 만한 다른 반증자료가 부족한 현 시점에서 현재 보존되어 있는 식민지 시기의 각종 기록에의 의존은 결국 한국의 입장을 배제한 채 당시 주된 흐름이던 일본의 입장이나 미국의 이해관계를 객관적이라는 이름으로 대변할 가능성이 높다. 따라서 식민지 시대에 쓰여진 자료들에 근거하여 한국의 근대화와 일제 식민지 경험과의 연관관계를 논한다면 이는 필연적으로 양자 간에 어느 정도 연관관계가 있다는 결론에 도달할 것이라는 점은 미루어 예측할 수 있다. 특히 이들 연구자들이 주장하는 '경험적', '물증적', 또는 '실증적' 자료라는 것은 식민지 시대 당시에 이루어진 농업자본주의의 발전, 초기 산업화 및 사회 기간시설 건설 등을 지적할 수밖에 없는데, 이들은 이러한 물적 증거들을 바탕으로 일본 식민지 지배하에서 오늘날 한국 경제성장의 기초가 닦였다고 주장하고 있다. 그러나 수 십 년의 식민지 기간 동안에 어느 정도의 경제개발이 진행되지 않은 식민지가 얼마나 있을까? 문제는 식민지 유산이 과연 얼마만큼 중요한 것인가 하는 것과 그것을 어떻게 증명할 수 있을까 하는 것이다(허수열, 1999).

소위 말하는 "식민지 수탈론"은 제국 정부의 피식민지의 민족말살정책과 사회경제적 수탈을 강조한다. 즉, 일제는 한국을 일본 산업자본을 위한 식량 및 원료기지로 만들고, 대륙침략을 위한 병참기지로 만들었으며, 그 과정에서 한국인韓國人은 저임금노동자, 징용, 징병, 정신대 등으로 혹사당했음을 강조한다(신용하, 1997). 식민지 근대화론이 식민지 경험의 기능적 측면을 강조한다면 식민지 수탈론은 민중적, 계급적 측면을 강조한다고 볼 수 있다. 최근에 이러한 양극단의 주장에 대해 양쪽 주장을 다 포섭하여 중도적인 입장을 취하려는 노력이 시도되고 있으나(김동노, 1998), 필자는 식민지 정부가 어떤 의도에서 누구를 위해 어떤 정책을 펼쳤느냐 하는 것을 이해하는 것이 식민지배 경험을 이해하는 본질이라고 생각한다.

한편, 또 다른 측면에서 식민지 근대화론에 대해 부정적인 견해를 가진 한국의 학자들은 1960년대 이후 한국의 발전경험과 일본 식민지 유산과의 역사적 연계를 강하게 부정한다. 그들은 해방 후부터 1960년대 사이의 15년 이상의 기간 동안에 나타난 사회적 혼란과 내전은 일제 식민지 유산을 털어버리는 시간으로 이해하였고, 산업화 기간 동안에 주도적 역할을 해온 재벌 집단들이 대부분 1950년대 6.25 전쟁 과정에서 또 60년대 박정희 정부의 경제정책 과정에서 새롭게 등장한 경제 집단임을 강조하고 있다. 사실싱 일제시기에 뿌리를 둔 대부분의 기업들은 극소수를 제외하면 대부분 몰락하거나 군소기업으로 전락하였다(박병윤, 1982). 특히 발전국가론적 관점은 1960년대 이후 한국과 대만의 산업화에 유리한 국제경제적 상황 변화와 경제발전에 대한 국가의 강력한 의지 및 효율적인 경제정책을 강조하였고, 유교의 역할을 중시하는 유교자본주의론적 관점에서는 한국 경제발전의 원동력으로 일제의 경험보다는 그 이전부터 존속해온 유교적 문화유산의 강점을 주장하였다(국민호, 1999; 유석춘, 1997).

식민지를 경험한 국가들이 해방과 독립을 이룩한 이후에 그들의 경제성장을 식민지 경험과 연계시키는 것은 연구자의 관점과 분석자료, 그리고 자료의 해석에 따라 다양한 설명이 가능하다. 본 논문에서는 식민지 대만의 농업발달 과정에 대한 분석을 통해 일본의 대만 식민지 정책 방향과 식민지 정책을 본질이 무엇인지를 밝히고 나아가 대만의 식민지 경험을 한국의 그것과 비교해 봄으로써 일제 식민지 정책의 본질을 밝혀보고자 한다.

Ⅱ. 일제 식민지 지배 이전의 대만의 역사와 농업 발전

중국 대륙을 원과 명이 지배하던 때까지 중국은 대만 섬에 대해 거의 관심을 갖지 않았다. 기껏해야 원나라 때인 1338년 원이 항해의 거점으로 대만해협의 작은 섬인 팽호제도를 점령한 것이 전부다. 특히 대만 원주민인 고산족의 맹렬성과 대만의 풍토병, 그리고 험난한 대만해협의 조류 등이 중국의 대만 원정을 저지시켰다. 따라서 17세기 초까지 대만에는 중국인(漢人)이 아닌 원주민이 거주하면서 주로 사슴사냥과 화전으로 생활하였으며 대만 섬은 종종 해적들의 기지로 이용되어져 왔다. 그 때문에 대만이 처음 세계에 알려진 것은 중국에 의해서가 아니라 세계 정복에 나선 포루투갈인들에 의해서였다(1520년). 그들은 대만 섬을 일리야 포모사(아름다운 섬이라는 뜻)라고 불렀다.

그러나 17세기 초 서구 세력이 침투하면서 대만 섬은 네덜란드인의 지배 하에 들어갔다(1624-1661). 네덜란드는 네덜란드 동인도회사를 통해 대만을 경영하였는데 이들은 중국 대륙에서 노동자들을 모집하여 이들에게 씨앗, 농기구, 마구 등을 제공하여 사탕수수를 재배하기 시작하였다. 이것이 대만 설탕산업의 시원(始原)이며, 이를 통해 중국인들의 대만 이주가 시작되었다. 네덜란드는 중국인들의 경작체제를 지원하고, 원주민들의 공격으로부터 이들을 보호하였다. 이에 대해 중국인들은 네덜란드에 현물로 지대를 지불하고 현금으로 세금을 납부하였다. 대만에 중국인들의 이주가 처음으로 시작된 것은 이때부터 이다.

이 과정에서 대만은 비록 네덜란드동인도회사에 착취당한 바가 크지만 동시에 커다란 진보를 경험한 것도 사실이다. 당시에 쌀 생산은 기본적인 식량으로 경작되었고 사탕수수 재배는 상업작물로 크게 장려되었다. 점차적으로 설탕은 대만의 근간이 되는 수출상품이 되었고, 대만은 네덜란드 식민지 중에서 가장 큰 설탕 수출지역이 되었다(Ka, 1995:13).

그러나 시간이 지나면서 점차적으로 중국으로부터 이주한 사람들의 수가 증가하자 이들 중국 이주민들은 네덜란드의 지배에 대해 반기를 들기 시작하였다. 그리고 17세기 중반에 청조에 쫓겨 대만으로 이주해 온 명의 열사인 정성공(Cheng Ch'ing Kung)이 대만의 네덜란드 지배를 종식시키고 명의 제도를 도입해 대만에 첫 독립 왕조를 세웠다(1662-1683). 이로서 대만 섬에 최초로 중국인에 의한 통치가 이루어졌다. 네덜란드가 대륙에서 모아온 사탕수수 노동자를 별도로 하면 2만 명 이상의 군대를 거느리고 대만해협을 건너온 정성공은 대륙으로부터의 본격적인 첫 이민이었다.

정성공은 청의 타도를 목표로 종종 대륙을 침공하였다. 정성공은 만주 정부인 청을 적으로 간주하고 군사행동을 계속하였다. 이는 만주 정부인 청에게 커다란 도전이며 위협이었다. 당시 만주 정부에 반대하는 많은 중국인들이 대만으로 이주하여 대만 섬의 중국인 수는 계속하여 증가하였다. 그러나 정성공이 죽은 후 곧 권력타툼이 일어났고, 권력타툼으로 힘이 약해진 이들 세력들은 곧이어 청나라 군대에게 패배하였다(1683). 이후 대만은 중국 영토의 일부분으로 귀속되었다.

당시 대만 정부는 중국 정부와 대항하기 위한 군사정권이었던 만큼 통치 과정에서 군사적 목적을 위한 식량생산이 강조되었고, 군대 및 관료들에 의한 토지 수탈이 이루어졌다. 그 과정에서 지주계급이 등장하였다. 대부분의 은퇴군인들은 이들 지주계급의 소작인이 되었다. 이러한 과정에서 상대적으로 사탕수수 생산은 크게 감소하였다(Ka, 1995: 13-16).

1683년 이후 200여 년 동안 대만은 중국의 일부로 귀속되어 청나라에 의해 통치되었다(1683-1895). 그러나 대만이 반청운동의 핵심지였던 만큼 청 왕조는 대만의 발전을 진심으로 바라지는 않았다. 만주 정부는 대만을 하나의 독립적인 성으로 인정하지 않고 복건성의 일부로 편입시켰다. 이후에도 청 왕조는 대만의 중국인들을 크게 두려워하였으며 대만을 중국의 일부로 간주하지 않으려는 경향이 강했다. 그들은 대만인을 게으르고 비능률적이며 부패하다고 간주하고 매우 잔인하게 법과 칙령을 집행하였다. 이는 수많은 반란과 정치사회적 소요를 가져왔고 결과적으로 대만은 '반란과 소요의 땅'으로 인식되게 되었다.

19세기에 들어와 서양의 중국에 대한 관심이 고조되면서 그 교두보로서 대만이 서양인들의 주요 관심사로 떠올랐다. 특히 1839년 아편전쟁 이후 대만의 지형적 위치가 서양인들의 중요한 관심의 대상이 되면서 많은 서양인들이 대만에 몰려들었다. 서양인들은 아편, 장뇌, 차, 사탕수수 등의 산업에 투자하였다. 반면에 중국 정부가 대만의 전략적 위치를 크게 인식한 것은 1880년이 다되어서였다. 중국 정부는 1882년 그 동안 복건성의 일부였던 대만을 독립된 성으로 승격시키고 유능한 관료였던 유명전(Liu Ming Ch'uan)을 지방관으로 임명해 대만의 부흥을 꾀하였다. 유명전은 철도를 가설하고 항구를 건설하고 전기와 전화를 가설하고 농토개간을 장려하는 등 근대화를 위한 정책을 적극적으로 시행하여 대만 지도층과 국민들의 적극적인 지지를 받았다. 그러나 유명전의 야심찬 계획은 청 정부의 비협조로 완성을 보지 못했다(Gold, 1986:29-30). 유명전 이후에 부임해 온 무능한 관료들은 이후 대만의 발전을 후퇴시켰다.

원칙적으로 중국 정부는 세금원을 확대하고 더욱 효율적으로 대만 사회를 통제하기 위해 대만에 5정보(chia) 미만의 농토를 소유한 자가경작자로 구성된 소농경제를 만들려고 했다. 그러나 중앙 정부의 힘이 약한 곳에서 발달한 소규모 자가경작경제는 결코 효율적으로 작동할 수 없었다. 대만에서는 곧 군부와 관료들을 중심으로 한 토지집중이 이루어졌다. 특히 대만과 같이 중앙 정부의 힘이 약한 곳에서 사회질서를 유지하고 적정한 세금을 걷기 위해서는 지주계급의 형성이 필요했다. 이에 정부는 대지주들(K'en-hu)에게 합법적인 토지소유권을 부여하고 그들에게 소작인 모집과 지대수입을 허가하였다. 중국 정부는 대만 사회의 안정을 위해 이들 지주계급과 협조적인 관계를 유지하였다. 대부분의 지주들은 부재지주로 정부의 보호 속에서 도시에 거주하였다(Ka, 1995:18).

그러나 18세기 중엽이 되면서 이들 대지주 세력들의 힘은 점차적으로 약화되기 시작하였다. 산이 많고 경작지가 한정되었던 대만에서 새로운 농지가 계속 개간되면서 실질적으로 농토를 개척한 영구소작인(tien-hu)의 지위가 강화되었다. 이들은 약정된 소작료를 정규적으로 내기만 하면 애매하게 규정된 임차지에서 좀 더 자유롭게 더 많은 땅을 경작할 수 있었다. 나아가 이들은 지주에게 알리지 않고 자신의 영구소작권을 타인에게 넘길 수 있는 특권을 갖게 되었다(Ka, 1995:22). 소작인들은 자기가 경작하는 땅을 대지주의 간섭 없이 다른 소작인에게 하청 줄 수 있었고 정부도 이를 묵인하였다. 이들 영구소작인들은 오늘날 토지소유권과 거의 유사한 권리를 소유하였다(Ka, 1995:24).

Ⅲ. 일본의 대만지배와 대만 농업의 산업화

1. 일본 대만지배의 본질

일본은 1894-5년의 청일전쟁에서 승리한 후 예기치 않게 대만을 식민지로 접수하게 되었다. 준비가 안 된 상태에서 접수한 대만 식민지 운영은 일본에게는 전혀 새로운 경험이었고 그에 따라 많은 시행착오를 겪었다. 일본의 입장에서 볼 때 대만 식민지 운영은 실제로 비용이 많이 드는 커다란 부담이었다. 1896년 1년 동안 일본의 대만 운영에 들어간 국고보조는 1천8백만 엔으로 이는 일본 정부 지출의 11퍼센트에 해당되는 것이었다. 이렇듯 초기 대만 식민지는 일본 재정에 커다란 부담이 되었으며 일본 정부는 식민지의 질서를 재정립하고 식민지의 재정자립을 달성하는 것을 최우선 과제로 두었다.

일제 식민지 정부가 재정자립을 달성하기 위해서는 일본 자본가들의 대만 투자가 절대적으로 필요하였다. 그러나 당시 일본 자본가들도 방금 걸음마를 시작하는 입장으로 자본금이 매우 한정되어 있었으며 또한 대만에 투자하는 것이 위험부담이 될 뿐만 아니라 투자조건도 유리하지 못하였기 때문에 대만의 식민지 기업에 합류하는 것을 주저하였다. 이에 따라 대만 식민지 정부는 일본자본의 대만 투자를 유도하기 위해 먼저 대만 내부의 사회경제 체제를 더욱 상업화하고 경제 하부구조 건설과 사회간접자본에 투자하여야만 했다.

대만의 식민지 정부는 극심한 재정부담을 줄이기 위해 내부적으로 세원개발을 서둘렀다. 당시 대만같은 농촌경제에서 가장 큰 세원은 토지세밖에 없었다. 그러나 청일전쟁은 대만의 농지관계 문건들을 크게 파손시켰다. 이런 상태에서는 세금 징수가 불가능했던 만큼 일제 식민지 정부는 세금 징수의 근거를 마련하기 위해 우선적으로 토지개혁을 실시하였다. 그들은 기초적인 토지대장을 만들고 이에 의거해 농민들의 토지소유권을 보호하고 이들로부터 토지세를 징수하였다. 따라서 토지개혁은 식민지 초기 단계에서 식민지배의 주요 쟁점이었다. 일제 식민지 정부는 더 많은 토지세를 걷기 위해 소유자를 명확히 하고, 토지의 등급을 메기고, 토지의 가치를 산정하고, 근대적 토지소유권을 확립하였다. 이로써 실제 토지 소유주와 경작자로부터의 직접 과세가 가능하게 되었다. 1898-1903년의 대만 토지개혁은 토지소유권을 명확히 하고 수확량, 농사비용, 토지가치 등에 대한 구체적인 정보를 마련하였다(Ka, 1995: 52-62).

표준화된 토지세와 근대적 소유제는 식민지 정부의 새로운 재원이 되었다. 아울러 토지세 개혁에 대한 저항을 막기 위하여 강력한 경찰제도가 창출되었고 경찰은 인구조사, 토지조사, 지세개편을 시행하는데 강력한 통제력을 행사하였다. 1898-1904년까지 대만 식민지 운영에서 경찰에 대한 지출은 민간행정부 전체 지출의 40-48퍼센트에 달했다(Ka, 1995:59). 이후에 비록 경찰에 대한 지출이 점차 감소되었지만 경찰체제의 강력함은 대만 식민지 기간 내내 대만 사회의 곳곳에 강력히 투영되었다.

일본 식민통치 하의 대만 농업혁명은 19세기에 이미 진행되던 경향을 강화시키는 방향으로 나아갔다. 앞에서 살펴보았듯이 19세기에 이미 대만의 대지주는 소멸되어 가고 있었다. 식민지 정부는 영구소작인의 영구보유권을 강화시키고 대지주의 소유권을 약화시켰다. 식민지 정부는 대지주와의 타협을 거부하고 영구소작인의 지위를 합법적 소유자로 확정하고 하부구조 건설을 시작하였다. 일제 식민지 정부는 1904-5년의 토지세 개혁에서 영구소작인의 보유권을 자유로운 절대소유권으로 변경함으로써 농촌에서 근대 사적소유의 사회적·법적 골격을 완성하였다. 이러한 새로운 재산 소유법과 세제로 식민지 정부는 공공투자의 효율적인 기업가적 행정을 추진할 수 있었다. 1901-38년 기간 동안에 토지의 생산력은 81퍼센트나 증가하였다. 식민지 정부의 토지 개혁은 근본적으로 세금을 목적으로 이루어진 것으로, 국가와 실질적 생산의 증가를 고율의 세금으로 보상한 영구소작인간의 견고한 동맹관계에 기초를 제공하였다. 그 외에도 일제 식민지 정부는 공채를 발행하여 자본금을 확충하였고 아편, 장뇌, 소금, 담배, 술 등의 산업에서 외국 무역업자들이 갖고 있던 독점권을 식민지 정부에 귀속시킴으로써 세수의 급등을 꾀하였다. 이러한 과정을 통해 1905년에는 대만 식민지의 재정독립이 달성되었다.

그러나 당시 식민지 정부의 핵심 브레인이었던 고토 박사(Goto Shimpei)는 위에서 언급한 세수 확대와 독점이익권 실현은 단지 식민지배 초기의 재정적자를 극복하는 일시방편임을 강조하고 궁극적으로는 상품생산 증대와 시장 확산을 통해 세수가 증대되어야 한다고 보았다. 이를 위해 근대적인 사적 토지소유제가 확립되어야 한다고 보았다. 궁극적으로 당시의 토지개혁은 이러한 목적에서 진행되었다. 식민지 정부는 토지개혁을 통해 토지의 사적 소유가 보장되고 토지의 효율적 이용이 증대되며 시장생산을 위한 의욕이 증대될 것으로 보았으며, 이것이 농업생산 증대와 설탕수출 증대를 이룩하는데 기여할 것으로 보았다(Ka, 1995: 51-52).

대만에서의 토지조사는 경찰행정력의 강력한 지원과 일본으로부터 유입된 자금에 의해 전국적으로 또 매우 정밀하게 진행되었다. 일본의 대만 경영의 목적은 이러한 과정에서 점차적으로 명확해졌다. 이는 대만을 일본 본국에 식량과 자원을 공급하는 기지로 만드는 동시에 일본 상품의 소비자로 만드는 것이었다. 대만의 농업생산 증대와 설탕수출 증대는 일본 산업생산의 증대를 위해 이용되었다.

2. 식민지 대만의 사탕수수 농업

중국의 대만 지배시기에 외국자본이 대만 상인들의 중재를 거치지 않고 농민들에게 직접 자금을 빌려주는 것은 위험하기도 했고 또 실제로 어려웠다. 오직 대만 상인들만이 대만 설탕 무역의 모든 측면을 통제하였고 사탕수수 경작을 감독할 수 있었다. 독립적인 국내 상인들은 사탕수수 생산업자와 가공업자에게 자금을 미리 빌려줌으로써 사탕수수 생산을 직접 통제할 수 있었고 이들은 매판자본가들로부터 직접 사탕수수를 사들이는 외국인들에 비해 매우 싼 값으로 설탕을 생산할 수 있었다. 대만의 국내 설탕 생산업자들은 사탕수수 생산자들을 통제하면서 외국자본의 강점을 갖고 있는 선진기술의 도입을 거부하여 설탕생산 협상을 저지하였다. 그러나 이러한 과정에서도 대만의 과점적 설탕상인들은 관료들의 수탈로부터 보호받는 매판자본가의 지위를 얻기 위해 외국상인들에게 협조하였으며, 이것이 설탕무역에서 외국상인자본이 오랫동안 지속된 중요한 이유였다(Ka, 1995: 62-65).

그러나 일본의 대만지배가 시작되면서 일본은 대만과 여타 국가들과의 무역을 금지시켰다. 1908년에 이르면, 76퍼센트에 달하던 대만과 중국과의 설탕무역이 10퍼센트로 준 반면 일본과의 설탕무역은 10퍼센트 미만에서 72.4퍼센트로 증가하였다. 이렇듯 일제 식민지 정부와 일본 자본의 도움으로 일본의 설탕자본은 대만 국내 매판자본가들의 협조관계를 서구로부터 그들의 대리인에게로 옮겼다. 더 나아가 일본 상인들은 중간상인의 매개 없이 생산자로부터 직접 사탕수수를 사들였다. 일본 수출회사들은 일본 은행의 도움으로 국내 자본가들보다 더 낮은 이

율로 생산자들에게 대부해줌으로써 생산자들을 끌어들였다. 1909년에는 식민지 정부의 적극적인 지원 속에서 일본인 설탕 카르텔이 만들어졌다. 이는 대만에서 일본 설탕자본의 능력을 더욱 강화시켜 외국자본가들을 물리치고 나아가 강력한 국내 설탕동업조합을 굴복시켰다. 더 나아가 일본자본은 대만인들이 독점 통제하던 제분과 정제산업에도 직접 참여하였다.

일본 설탕자본가들은 서구의 전임자들과 비교해볼 때 식민지 정부와 일본 독점자본들로부터 강한 지원을 받는 유리한 위치에 있었다. 1910년이 되면서 외국 설탕상인들은 사실상 모두 대만에서 철수하여 일본자본의 독무대가 되었다. 이후 일본 설탕자본은 식민지 정부의 적극적인 협조 아래, 대만 국내 상인들의 저항을 제거한 후, 대만경제의 상업화를 극대화하는 동시에 대만 농업을 일본의 소비 욕구와 산업적 필요에 맞게 변모시켰다.

이렇듯 일본 제국의 대만 식민지 경영은 주로 설탕산업에 집중되었다. 일본 정부는 대만에서의 설탕생산이 식민지 대만이 일본의 재정지원에서 벗어나 재정독립을 이룩하는 길이며 나아가 일본의 막대한 외환부족을 메우는 중요한 수단이라고 보았다. 일본 정부는 대만의 설탕생산을 적극 장려하고 대만과 선진국간의 설탕 생산비 격차를 줄이기 위해 보호관세를 책정하여 이들을 보호하였다. 이러한 일본의 식민지 정책에 발맞추어 대만 식민지 정부는 일본에 설탕을 수출하여 더 많은 세원을 확보할 목적으로 설탕생산발전에 전력투구하였다. 1910년에 이르면 설탕은 대만 전체 산업생산량의 70퍼센트 이상을 점했으며 1920-30년대에도 60퍼센트 대를 유지하였다(Ka, 1995: 65-69).

위의 논의에서 볼 때, 대만에 있는 일제 식민지 정부의 임무는 일본자본을 유인하여 이들이 일본의 이익에 도움을 주는 방향으로 식민지 건설에 참여시키는 한편, 일본인 투자자들에게 유리한 사회 하부구조를 건설하는 것이었다. 1906년 설탕생산을 격려하기 위한 일제 식민지 정부의 지출은 2천5백만 엔에 달했는데 이는 1906년 대만 식민지 정부 전체 예산과 거의 맞먹는 것이었다. 식민지 정부는 설탕산업에 일본이 투자자를 유치하기 위해 초기 투자자에게 관개, 수송, 천연자원을 지원하는 이외에도 처음 5년 동안 약 6퍼센트라는 평균이익률을 보장하였다. 이러한 호조건 하에서 대만에 최초의 근대적인 대규모 일본인 설탕회사가 세워졌다. 이런 식민지 정부의 노력에 힘입어 러일전쟁이 끝난 1906년부터 일본자본이 대만에 적극적으로 투자되기 시작했다(Ka, 1995:76).

한편 식민지 정부는 일본인 소유 기업에는 여러 방향으로 특혜를 준 반면 대만 국내기업들에 대해서는 항상적인 제재를 가함으로써 대만 기업가들의 국내 산업기반을 약화시켰다. 특히 1912년에는 "중국인들은 회사를 운영할 능력이 없다"는 이유로 순전한 대만인 소유의 주식회사 설립을 금지시켰다. 대만인에 대한 경영권 박탈로 인해 대만 국내자본가들은 주식회사의 경영자가 될 수 없었으며 단지 주주가 될 수 있었을 뿐이었다(Ka, 1995:80).

3. 식민지 대만의 쌀 농업

1925-39년 사이에 일본 본토에서의 쌀 수요가 급증됨에 따라 대만의 쌀 생산이 급속히 신장되었다. 1925년 이전에는 일본인 자본이 지배적으로 사탕수수 재배와 설탕 생산에 초점을 맞추었기 때문에 쌀 생산은 상대적으로 침체되어 있었다. 그러나 1918년 일본에서 발생한 쌀 폭동은 급속히 산업화되고 도시화되는 지역의 식량부족의 급박성을 극대화시켰다. 이에 대해 일본 정부는 일본 내에서 고비용의 쌀 생산을 확대하기 보다는 일본에서의 수요증대에 부응하면서 쌀값을 낮추고 외화손실을 피하기 위해 1920년대 초부터 1939년까지 식민지(조선과 대만)에서 쌀을 수입하였다. 쌀 수입은 무엇보다도 일본 도시노동자들에게 값싼 쌀을 풍부하게 공급함으로써 이들의 생활비를 낮추었고, 결국에는 일본 내 산업생산의 비용을 낮추었다(Ka, 1995:133-134).

쌀 수출에 따른 대만에서의 쌀 생산 확대는 대만 국내 쌀 생산자들을 부유하게 하면서 농민들의 전반적인 생활수준도 향상시켰다. 반면, 식민지로부터의 대규모 쌀 수입은 일본 농업의 정체를 가져왔고 일본 본토에서 농가 수입증대를 억눌렀다. 1930년대 발생한 일본의 경기침체는 일본에서의 쌀 소비신장을 제한시켰으나 일본에서 유지되던 높은 쌀값은 식민지로부터의 쌀 수입을 지속시켰다. 농업위기로 촉발된 정치불안정에 대응하여 일본 정부는 일본 국내에서 과잉공급 된 쌀을 정부가 사들임으로써 쌀값을 올려 일본인 쌀 생산농을 보호하려 하였다. 그러나 이러한 조치는 오히려 식민지로부터의 쌀 수입을 가속화시켰다. 이러한 일본의 쌀 가격 보호정책의 결과, 식민지의 쌀 생산자는 어느 정도 이익을 공유할 수 있었다. 결론적으로, 1925-39년 기간 동안에 대만 농민들의 실질소득은 향상된 반면 일본 농민들의 소득은 상대적으로 감소하였다. 그럼에도 불구하고 대만 노동자들의 평균 임금은 일본 노동자들의 50-60퍼센트에 불과 했다(Ka, 1995:139).

이러한 상황 전개는 일본 제국주의가 기대하는 방향이 아니었다. 벼 재배 농민들의 소득증가는 사탕수수 재배농으로 하여금 주종목을 벼농사로 변경하도록 고무시켰고 나아가 쌀 생산농민과 비교되는 수입을 얻기 위해 더 높은 사탕수수 수매가격을 요구하도록 하였다. 이는 설탕 제조회사의 생산비용을 늘리고 사탕수수 공급의 안정성을 위협함으로써 일본인이 지배적인 대만의 설탕산업을 위협했다. 이에 따라 1925년 이후에 그 동안 사탕수수 가격을 낮게 유지하고 사탕수수의 공급을 안정시키던 일본인 설탕회사들의 독점력이 약화되었다. 따라서 대만인 지주들(1920년대 쌀 수출 붐과 함께 토지의 사적소유권을 바탕으로 한 새로운 지주계급의 등장)과 그 동맹세력이 주축이 되어 주도한 쌀 부문의 경쟁력 향상은 일본인이 주축이 된 설탕자본 잉여추출기제의 존속에 심대한 문제를 안겨주었다. 일본인들은 사탕수수 생산가격을 낮추기 위해 쌀 가격을 낮추어야만 했다

(Ka, 1995:145-146). 1937년 중일전쟁이 발발하자 일본 정부는 정부의 가격정책에 반대하는 지주계급과 그 연합세력에 효율적으로 대응하도록 식민지 정부에 더 많은 권한을 부여하였다. 식민지 정부는 일본 설탕자본의 이익을 위해 경제행위에 깊게 관여하기 시작했고, 이런 정부정책에 대응해 대만의 지주계급과 그 동맹세력은 1939년 정부의 쌀 무역 독점이 취해지기 전까지 쌀 무역을 효율적으로 관리하여 쌀 가격을 높게 유지시켰다.

이에 대해 식민지 정부는 쌀 가격을 약화시키기 위해 더욱 강력한 기제를 사용하였다. 1939년이 되자 식민지 정부는 자가소비를 제외한 모든 쌀 수매를 독점하였다. 정부가 쌀 무역을 독점하자 1939년의 쌀 가격이 13퍼센트 이상 떨어졌다. 이는 대만의 사탕수수 생산가격을 낮추는데 공헌하였다. 이 과정에서 식민지 지주들의 역할은 급격히 약화되었다. 식민지 정부는 지주들의 중개를 거치지 않고 농민들로부터 직접 쌀을 수매하였고, 이에 따라 농민들은 곡식대신 현금으로 지주들에게 지대를 지불하였다. 이제 지주계급은 시장에서 쌀을 사는 소비자가 되었고, 정부의 쌀 수매 독점에 따른 쌀 가격 하락에 따라 지주들의 수입도 격감하였다(Ka, 1995:173).

식민지 정부는 지주계급과 그 동맹세력의 중개 없이 경작자인 농민들로부터 직접 쌀을 수매하게 됨에 따라 과거 동맹자인 지주들보다는 직접생산자인 소작인들을 보호하려는 경향이 강해졌다. 그 결과 식민지 정부가 지주의 경제적 기능을 대신하게 되었고, 지주가 약해지고 자가경작토지가 급증하면서 소작인이 경작하는 토지 또한 감소하였다. 이렇듯 대만 식민지 정부는 일본 정부의 이해관계를 대변하여 지주계급을 약화시키고 소작인을 지원함으로써 대만의 토지분절화 경향을 강화시켰다. 그 결과 1940년 이후 지대의 가격하락과 함께 토지가격도 하락하였다. 1941년 이후 정부는 작목선택에까지 직접 간섭하면서 경제개입을 강화하였다. 한편 분절화된 농민들은 더 이상 식민지 정부의 정책에 대항할 수 없었다. 농민들은 시장이익에 따라 작목을 선택할 수 없게 되었고, 정부의 이해관계에 따라 시장유인이 결정되었다(Ka, 1995:175).

결론적으로 볼 때, 1930년대 후반 이후 식민지 정부의 경제간섭은 쌀 가격을 낮추기 위한 것이었고, 이는 더 근본적으로는 국내 벼 재배 농민들에게 불리한 무역조건을 강요하는데 저항하는 국내 지주계급과 그 동맹세력을 약화시키기 위한 것이었다. 식민지 정부의 경제정책은 토지분절하의 오랜 경향을 더욱 가속화시켰다. 이 과정에서 식민지 정부의 전통적인 동맹자인 대만인 지주계급 세력은 크게 약화되었다. 이러한 전시경제의 시장통제는 농민들의 협상력을 약화시켰고, 궁극에는 소규모 가족농의 발전을 이끌었다(Ka, 1995:177-178).

요약해보면, 1차 세계대전 이후 일본에서 산업화와 도시화가 가속화되면서 일본 내에 쌀 수요가 급증하였고 이는 대만의 쌀 생산과 쌀 수출을 가속화시켰다. 이러한 과정에서 대만 쌀 재배 농민들의 실질소득이 향상되었다. 식민지 정책과는 반대가 되는 이러한 쌀 재배 농민들의 생활수준 향상은 본의 아니게 사탕수수 구입가격을 향상시키는 결과를 가져왔다. 이렇듯 식민지 농민들의 생활수준 향상은 일본의 설탕자본가들의 이익에 위협이 되었다. 당시 일본인 설탕자본가들은 값싼 사탕수수 공급에 의존하여 이익을 얻고 있었고 일본의 산업자본가들은 싼 쌀값과 그에 따른 저노동 임금으로 이익을 얻고 있었다. 따라서 농민들의 생활수준 향상은 사탕수수 공급가격에 영향을 주었고 이는 식민지에서의 일본 자본 축적에 장애기 되었다. 이에 대해 일제 대만 식민지 정부는 강압적으로 대만의 쌀 수출을 독점하여 쌀값을 낮춤으로써 일본인 설탕자본의 이익 창출에 봉사하였다.

Ⅳ. 종합 및 토론

식민지 대만에서 대만인 지주들에 의해 주도된 쌀농사와 일본인 자본에 의해 주도된 사탕수수 재배는 상호 독립된 영역이 아니었다. 그들은 일본 자본주의에 통합되어 주변적 경제를 구성하는 상호연관된 요소들이었다. 식민지 국가는 근본적으로 일본 자본의 이해에 적합하게 식민지를 운영하려고 하였다. 따라서 이에 따라 1920년대 중반 이후의 식민지 쌀농사 부분의 발전과 이에 따른 농민들의 생활수준 향상은 식민지 정책에 어긋나는 것이었다. 이에 따라 식민지 정부는 이들의 소득을 감소시키고자 정부가 강압적으로 시장에 간섭하였다. 이러한 대만의 식민지 정책은 결코 식민지 민중들에게 긍정적으로 이해될 수 없는 것이다.

일본의 대만 식민지 운영은 전적으로 일본 자본의 이익에 봉사하는 것이었다. 식민지에서는 일본인 설탕자본이 주도적인 자본주의 수출부문의 발전과 대만인이 주도권을 잡고 있는 수익성이 낮은 쌀농사 부문의 저발전이라는 두 부문 사이의 불균형 발전이 오랜 동안 지속되었다. 그리고 양쪽 모두에서 대만 농민과 노동자들의 임금은 매우 낮게 유지되었다. 여기서 일본인 설탕자본의 잉여추출 자체의 성공을 위한 중요한 조건은 쌀 가격을 낮게 유지시키는 것이었다. 식민지 정부는 근본적으로 일본인 설탕자본가들의 이익을 위해 행동하였다. 식민지 정부는 설탕산업의 원가비용을 줄이도록 쌀값을 낮게 유지시키는 정책을 추구하였고 나아가 식민지 민중의 생활수준이 향상되는 것을 억제하였다. 식민지 정부는 쌀값을 낮추고 식민지 주민들의 소득을 낮춤으로써 사탕수수 구입비용을 낮추도록 하는데 행정력을 동원하여 대만에서 일본인 설탕산업의 자본축적에 공헌하였다.

이러한 대만의 식민지 경험을 한국의 그것과 비교해보자. 일제 초기에 실시된 조선의 토지조사사업은 다양한 전근대적 중층적 토지소유 형태를 소유주가 명확한 근대적인 배타적인 소유형태로 바꾸는 작업이었다. 이렇게 하여 법적으로 제도화된 토지소유권은 토지의 상품화를 촉진하여 농업자본주의를 발전시켰다. 그러나 이에 대한 해석은 관점에 따라 매우 다르게 내려지고 있다.

착취론적 관점에서 볼 때, 일제는 토지조사사업으로 봉건적인 지주-소작관계를 지속시키고 불확실한 토지소유 개념을 이용하여 전국 농토의 40퍼센트 정도를 식민지 정부에 귀속시켜 일본인들에게 불하했다는 것이다. 나아가 새로운 지세제도의 수립은 법정 지가를 실제 지가보다 높게 책정하여 고율의 착취구조를 형성하고 조선 농민들로부터 대규모 착취를 하였다고 본다. 그러나 식민지 근대화론자들은 토지조사사업은 단지 농업자본주의로 가는 단계일 뿐이고 이들의 전체적인 법정 지가는 시가보다 낮게 책정되어 실질지세증가율은 오히려 감소되었다고 주장한다. 그러나 근래에 위의 두 관점 모두가 서구의 경험에 따른 농업자본주의 발전이라는 단선론적 역사인식에 기인한다는 비판이 제기되었다(김동노, 1998; Ka, 1996). 서구의 자본주의 경험은 정치와 경제의 분리로 특징지어지는데 한국이나 대만과 같은 제국주의하의 식민지 개척은 정치와 경제가 결합된 전형적인 식민지 자본주의의 발전이라는 것이다. 따라서 식민지 경제는 일본 제국주의의 의도와 이해관계 및 식민지 정부의 실체와 본질에 대해 올바른 분석 위에서 이해될 수 있다고 본다(김동노, 1998).

대만과 마찬가지로 일본의 한국지배 초기에 식민지 정부의 정치적 고려에 의해 대지주가 보호되었다. 국가와 대지주의 동맹관계 속에서 이들이 상호간에 날카롭게 대립할 이유가 별로 없었다. 반면에 지주와 소작인은 계급적 착취와 생존권 보호라는 차원에서 상호 투쟁할 수밖에 없었다. 이러한 지주와 소작인의 양극화 현상은 계급관계의 악화를 가져왔고 식민지 통치에 대한 민족 내부의 결속은 민족 내부에서 지주와 소작간의 계급투쟁으로 대치되었다(김동노, 1998). 그러나 일제시대 후반기의 전시농정에 이르러 지주의 소작료의 현물수취권이 대납금으로 변경되면서 지주의 수혜적 특권이 크게 약화되었다. 소작쟁의와 소작입법에 따라 소작인의 권리가 강화되면서 지주들은 위로부터는 식민지 국가의 공업화정책으로부터 소외되고 아래로부터는 소작 농민들로부터 도전받게 되었다(전상인, 1998).

대만의 경우, 갈등은 한국처럼 지주-소작간의 계급갈등으로 나타난 것이 아니라 대만인 중심의 쌀 생산자와 일본의 중심의 설탕산업 자본가 사이에서 나타났다. 대만에서는 정책적으로 식민지 시기 초기부터 쌀 생산 농가의 소득이 낮게 유지되어져 왔다. 따라서 1920년대 일본에로의 쌀 수출로 대만 지주들의 힘이 강화되었을 때 식민지 정부는 쌀 무역의 독점을 통해 강제적으로 쌀값을 하락시켰다. 이 과정에서 지주들은 보호받지 못하였고 농촌사회는 분절화되었다. 따라서 한국의 경험과는 다르게 대만에서는 지주-소작인간의 갈등이 크게 부각되지 않았으며 오히려 대만인이 주축이 된 쌀 생산 농가와 일본자본 및 식민지 정부의 적극적인 지원을 받은 설탕생산업자들 간의 갈등이 핵심적인 갈등이 되었다. 설탕산업은 주로 싼 쌀값에 의존하여 발전하였다. 따라서 쌀 생산의 확대와 그에 따른 농민들의 소득 향상은 설탕산업에 커다란 장애가 되었다. 이에 식민지 정부는 강제적으로 쌀값을 낮추어 일본자본이 주축이 된 설탕산업을 지원한 것이다.

이렇듯 그 구체적인 내용은 다르지만 한국과 대만 모두에서 일본 제국주의의 식민지 경영의 목표는 식민지를 원료 및 식량 공급 기지로 만들어 일본 산업자본 발전에 공헌하도록 하는 것이었다. 식민지 국가는 이에 장애기 되는 지주세력을 국가 권력을 동원하여 억압하였으며, 식민지 주민들의 생활수준을 가급적 낮게 유지시켜 일본 산업생산에 공헌하도록 하였다. 이것이 한국과 대만에 대한 일본 식민지 지배의 본질이다.

이러한 과정에서 우연적으로 나타난 초기 산업화 요인들에 대해 그렇게 커다란 의미를 부여할 필요가 없으리라 본다. 일제 식민지 유산이 한국과 대만의 근대화 과정에 일정 정도 작용했을 수는 있다. 그러나 그 영향이 긍정적이었는지 부정적이었는지는 좀 더 많은 연구들이 진행되어야 알 수 있을 것 같다. 그러나 일본의 식민지 한국과 대만지배의 본질이 일본 자본주의 발전에 공헌하도록 이용하는 것이고 그 과정에서 식민지 주민들을 수탈한 것은 부정할 수 없는 사실이다. 해방 후 한국과 대만이 이룩한 경제성장은 과거 역사를 교훈 삼아 가난을 극복하고 부국강병을 이룩하려는 국민들의 노력의 결실이지, 일제 식민지 유산의 결과 또는 혜택은 결코 아닌 것이다.

참고문헌

국민호, 1999. 『동아시아 국가주도 산업화와 유교』. 전남대학교출판부.

김동노, 1998. "식민지시대의 근대적 수탈과 수탈을 통한 근대화" 『창작과 비평』 봄. 112-132쪽.

김진균·정근식, 1997. 『근대주체와 식민지 규율권력』. 문화과학사.

박병윤, 1982. 『재벌과 정치』. 도서출판 한국양서.

신용하, 1997. "'식민지근대화론' 재정립 시도에 대한 비판" 『창작과 비평』 겨울. 8-38쪽.

안병직, 1997. "한국근대사 연구의 새로운 패러다임" 『창작과 비평』 겨울. 39-58쪽.

유석춘, 1997. "유교자본주의의 가능성과 한계" 『전통과 현대』 여름호. 74-93쪽.

전상인, 1998. "식민지근대화론에 대한 이해와 오해" 『동아시아 비평』 창간호. 124-137쪽.

허수열, 1999. "'개발과 수탈'론 비판－식민지산업화와 해방 후 산업화와의 연관성 비교" 『역사비평』 가을(통권 48호). 127-167쪽.

Copper, John F., 1996. *TAIWAN: Nation State or Province,* Westview Press. A Division of Harper Collins Publishers.

Cumings, Bruce, 1984. "The Legacy of Japanese Colonialism in Korea", in Roman H. Myers and Mark R. Peattie (eds.) *The Japanese Colonial Empire, 1985-1945.* Princeton University Press. Princeton, N. J. pp.478-496.

______________, 1997. *Korea's Place in the Sun: A Modern History.* W.W. Norton & Company. New York Londern.

Eckert, Carter J., 1991. *Offspring of Empire: The Koch'ang Kims and the Origins of Korean Capitalism.* University of Washington Press. Seattle.

Gold, Thomas B., 1986. *State and Society in the Taiwan Miracle.* M. F. Sharpe. Inc. Amnok, New York/Londen.

Ho Samuel Pao-San, 1984. "Colonialism and Development: Korea, Taiwan and Kwantung." in Myers & Peattie, eds. pp.347-398.

Ka, Chih-ming, 1995. *Japanese Colonialism in Taiwan: Land Tenure, Development, and Dependnecy, 1985-1945.* SMC Publishing Inc. Taipei.

Peattie, Mark R. 1984. "Japanese Attitude Toward Colonialism." in Myers & Peattie, eds. pp.80-127.

Roman H. Myers and Mark R. Peattie (eds.) 1984. *The Japanese Colonial Empire, 1985-1945.* Princeton University Press. Princeton, N. J.

제8장
사회주의 시장경제와 중국의 경제발전

Ⅰ. 문제제기

중국은 광대한 영토와 여러 민족, 다양한 언어, 그리고 거대한 인구가 혼재하는 사회다. 따라서 예전부터 중국에서 강조되어 온 것은 강력한 중앙통제였다. 이러한 중앙의 통제력이 상실될 경우 항상 혼란이 뒤따랐다. 역사적으로 볼 때, 중국인들은 언제나 이러한 혼란을 두려워했다. 따라서 중국에서는 다른 어느 것보다도 정치·사회적 안정이 강조된다.

시장경제와 민주주의에 대한 이해와 훈련이 전무한 사회주의 국가인 중국에 1970년대 후반 어느 날 갑자기 개혁·개방과 함께 경제열풍과 배금주의 현상이 불어닥쳤다. 그리고 사반세기가 지났다. 그 과정에서 경제력이 급성장함에 따라 중국사회에는 경제적 동기에 따른 지역 이기주의와 이에 따른 지방분권적 속성이 강하게 대두되었다. 수백 년 동안 지속되어 온 중앙집권적 정부형태가 위협을 받기 시작한 것이다. 이제 중국사회는 하나의 커다란 분수령을 향해 다가가고 있다. 중국의 중앙당 지도부는 지방분권화 속성에 대해 어느 정도나 또 언제까지 양보를 할 있을까? 시장경제는 어디까지 진척될 수 있고 배금주의 현상은 얼마나 오랜 동안 지속될 것인가? 개혁·개방은 과연 중국을 하나의 건전한 시장사회로 탈바꿈시킬 수 있을 것인가 아니면 중국 대륙의 혼란과 분열을 불러일으킬 것인가?

본고에서는 우선적으로 중국의 사회주의 시장경제로의 전환과정과 그 특징을 살펴본 다음 현재 중국이 추구하고 있는 「사회주의 시장경제」의 성과와 문제점을 살펴보고자 한다. 이를 통해 중국의 정치문화 속에 과연 경제적 개혁·개방이 어느 정도까지 진행되고, 또 오래 지속될 수 있는지에 대한 예측과 전망을 해보았다.

Ⅱ. 사회주의 시장경제로의 전환과 그 특징

중국의 시장사회로의 변화는 1978년을 기점으로 시작되었다. 1978년 중국 공산당 11기 3중전회에서 덩샤오핑을 중심으로 한 실용주의자들이 덩샤오핑 체제를 출범시키면서 새롭게 제시한 이론적 구상이 「중국적 특색을 지니는 사회주의 건설」이었다. 이를 위한 실천적 프로그램이 소위 말하는 개혁·개방이었다. 이후 거의 10년에 가까운 대규모 개혁을 실험해본 후 중국 지도부가 내린 결론은 중국의 사회발전을 위해 가장 필요한 것은 생산력의 급속한 발전이라는 것이었다. 1987년 10월 중국 공산당 제13차 전국대표대회에서 중국 공산당은 현재 중국이 사회주의 초급단계에 처해있음을 스스로 고백하고, 앞으로 중국은 무엇보다도 생산력 발전에 매진하겠다고 공언하였다.

그러나 그 결과로 점증하는 빈부격차와 지역격차, 실업, 부패 등은 사회적 불만을 고조시켰고, 이는 1989년 천안문 사태로 이어져 개혁·개방과 시장경제로의 진로에 커다란 시련을 가져왔다. 그러나 이러한 위기는 1992년 덩샤오핑이 선전과 주하이 등 경제특구와 상하이를 순방하면서 행한 이른바 남순강화南巡講話를 계기로 개혁·개방의 불꽃이 다시 지펴졌다. 1978년 개혁·개방이 시험적으로 실시된 후, 개혁·개방은 중국의 새로운 이데올로기 및 신념체계로 변화하였고 이에 따른 시장경제로의 변화 및 발전은 거스를 수 없는 대세가 되었다. 개혁·개방 이후 중국의 경제와 사회는 하루가 다르게 변화해가고 있으며, 생산력 해방이라는 구호 속에서 경제개혁을 시도한 중국의 경제발전 속도는 더욱 빨라지고 있다.

오늘날 중국의 눈부신 경제발전은 '21세기의 떠오르는 해'라고 부를 수 있을 정도로 급속하게 진행되고 있다. 중국 곳곳에 거대한 초현대 도시가 하루가 다르게 들어서고 있으며, 이들 대도시는 유럽이나 미국의 선진 도시만큼 화려하고 깨끗해졌으며, 도로에는 벤츠나 BMW 같은 고급 외제 승용차가 넘쳐나고 있고, 길을 걷는 사람들의 발걸음에는 활기가 넘쳐난다. 지난 몇 년간 중국의 연평균 경제성장률은 7-8퍼센트였지만, 그것은 중국 전체의 평균지수일 뿐이고, 중국의 발전을 주도하는 상하이나 선전과 같은 연안 대도시의 경제성장률은 40퍼센트에 육박한다. 이러한 분위기 속에서 중국이 불과 4반세기 전에 그렇게 가난하고 못살던 나라라는 것은 상상이 가지 않는다. 그렇다면 이러한 표면적 현상이 오늘날 중국의 실체이며 전부일까? 과연 중국의 실체는 무엇인가?

중국의 경제 및 사회 변화에 대해 바르게 이해하는 것과 중국의 미래에 대해 좀 더 정확한 전망을 한다는 것은 결코 쉽지 않은 문제다. 오늘날 많은 중국 전문가들이 나름대로의 자료와 기준에 근거하여 중국 사회를 여러 각도로 진단하고 전망하고 있지만, 그 견해는 너무나 상반되게 제시된다.[1)]

중국은 13억의 인구와 다양한 언어·종족으로 구성된 나라인 동시에 서구적 의미의 민주주의적 전통이 전무한 사회다. 이러한 사회에 사회주의 혁명이 일어났다고 해서, 또 서구적 경험에 근거한 시장경제를 받아들인다고 해서 일시에 수천 년의 역사와 문화적 전통에서 형성된 사람들의 가치관과 생활습관이 급속히 바뀔 것을 기대하기는 쉽지가 않다. 사실에 있어서 사회주의 혁명 이후에 중국이 얼마나 변화했는지에 대한 판단은 매우

---

1) 최근에 쓰여진 한국과 일본의 여러 책들은 이러한 중국의 눈부신 경제성장을 경계하면서도 칭찬하고 부러워하는 차원에서 쓰여졌다(매일경제 국제부, 2001; 이나가키 기요시, 2002; 중앙일보 특별취재팀, 2002; 홍하상, 2002). 반면에 일부 중국학자나 서양의 학자들은 중국의 발전과 미래에 대해 부정적이거나 회의적인 견해를 보였다(마크 블래치, 2001; 예건중, 1996; 제스퍼 베커, 2001; 피터 놀란, 2002).

어려운 것으로 어느 측면에서 보느냐에 따라 다를 것이고, 또한 사회주의 정치체제에서 개혁·개방의 경제적 상승효과가 얼마나 오래 지속되고 또 어디까지 진행될지도 미지수이다.

따지고 보면 오늘날 중국이 추구하고 있는 '생산력 해방을 통한 사회주의 발전'이라는 개혁정책은 1978년에 갑자기 시작된 것이 아니다. 이는 1949년의 중국 사회주의 혁명의 성공 이후 사회주의 건설을 위한 노력 과정에서 계속 논의되어온 일관성 있는 주제다. 단지 권력투쟁 과정에서 그 방법과 실시시기에 대해 이견이 나타나면서 늦춰졌을 뿐이다. 따라서 중국식 사회주의 건설을 위한 마오쩌둥의 실험이 실패했다고 하여 중국 사회의 본질이 크게 변화했다고 말하기 어려우며, 또 덩샤오핑의 개혁·개방을 통한 중국식 사회주의 건설이 어느 정도 성공을 거두었다고 하더라도 중국 사회의 본질이 크게 변할 것이라는 보장도 없다.

중국을 이해하는데 우리가 꼭 알아야 될 기본적인 인식이 있다. 그것은 중국의 정식 국가명칭이 「중화인민공화국」이라는 것이다. 즉, 중국의 정치체제는 공산당에 의해 지배되고 있는 사회주의 국가라는 것이다. 그러나 이와는 상반되게 중국의 경제체제는 계획경제에서 탈피하여 시장경제로의 이행을 목표로 삼고 있다. 1992년 10월 중국 공산당 제14차 전국대표대회에서 중국 지도부는 사회주의 경제의 본질에 대한 인식전환을 표명하였다. 이 회의에서 행한 장쩌민 총서기의 보고 내용에서 「사회주의 시장경제」라는 문구가 처음으로 공식적으로 등장했다. 「사회주의 시장경제」란 사회주의 국가의 거시조절통제 하에서 시장으로 하여금 자원배치에 대한 기초적인 작용을 일으키게 한다는 것이다(최익만, 1995:202). 「사회주의 시장경제」의 또 다른 특징은 정치는 좌左를 지향하고 경제는 우右를 지향한다는 것이다. 이처럼 정치는 공산당에 의한 일당 독재체제를 유지하면서도 경제는 경쟁적 시장원리를 도입하여 발전시켜 나가는 중국의 현 체제를 싱가포르의 수상 고척동은 '중국의 얼굴을 가진 자본주의 국가'라고 불렀다. 중국은 분명히 시장경제를 추구하고 있지만, 그것은 어디까지나 수단이다. 중국 지도부의 궁극적인 목표는 수단에 관계없이 사회주의 일당독재체제를 유지하면서 국력과 국민 생활수준의 향상을 꾀하는 것이다. 이를 위해 자본주의 시장원리를 받아들이고 있지만, 막대한 적자를 보이고 있는 국영기업에 대해서는 대규모의지원을 계속하고 있다. 이는 다른 말로 '중국식 자본주의'라고도 부를 수 있다(이나가키 기요시, 2002:18-20).

1. 마오쩌둥이 시도한 중국식 사회주의

중국 공산당이 사회주의 혁명을 이루기 위해 노력하던 시기의 중국 대륙은 독립적이지도 않았고 또 단일 정권만이 존재하지도 않았다. 대륙 내부에는 전근대적인 봉건제도가 횡행하고 있었고 외부에서는 제국주의의 압박이 매우 심한 가운데 민족의 존립 자체가 매우 위태로운 상황이었다.

지주, 관료 및 학자로 구성된 중국의 전통적 지배층인 신사紳士 계급은 지난 2천년 동안 중국의 경제, 사회, 정치, 문화 등에 대해 강력하고 완벽한 힘을 행사해왔다. 신사계급은 자신들의 권력에 도전하는 어떠한 세력들도 효과적으로 차단할 수 있었다. 1911년 중국 제국이 붕괴된 이후에도 중국 전역에서 이들의 지배적 성격은 계속 유지되었다. 이러한 신사계급의 존재는 중국에서 자본가계급이 생기는 것을 사전에 방지하였으며, 또 여러 가지 방식으로 산업 현대화를 주도할 근대적인 국가의 형성도 방해하였다. 1911년 국가는 사라졌지만 신사계급은 지방의 통제 수단을 계속 장악한 가운데 시간차를 두고 서서히 몰락해갔나. 이 과정에서 중국 인구의 대다수를 차지하던 농민층은 더욱 가혹하게 수탈당했으며, 이들 신사 지주 계급의 끈질긴 생존력은 결국 내전과 항일전쟁 시기에 농촌의 계급의식과 객관적인 투쟁의 기반을 약화시켰다(마크 블래치, 2001:66-68). 따라서 1911년 신해혁명이 성공한 뒤, 신사계급, 자본가계급, 농민계급 어느 세력도 국가 재건을 위한 주도적 세력이 되지 못한 가운데, 중국 대륙에는 10년이 지나도록 안정적이고 정통성 있는 통일정부가 성립되지 못했다. 중국은 점차적으로 지역에 기반을 두고 있는 군벌들에 의해 분열되어 갔다.

이런 상황에서 시작된 중국 공산주의 혁명의 길은 그 시작부터 매우 독창적인 것이었다. 중국 혁명은 마르크스의 예견과는 다르게 무산 노동자계급에 의해 주도되기보다는 농민동원에 의해 이룩되었다. 마오쩌둥을 중심으로 한 당시의 중국 공산당 지도부는 중국에서의 혁명은 평화적일 수 없다고 보고, 무력으로 정권을 탈취하고 전쟁으로 문제를 해결할 것을 강조하였다. 투쟁방식도 장기적인 합법적 투쟁 양식인 도시봉기를 통한 도시 점령 후 농촌을 점령해가는 것이 아니라 먼저 농촌을 점령하여 혁명의 근거지를 만든 후 도시를 포위해가는 방식이었다(중국 공산당 중앙문헌연구실, 1990:482-4).

그 결과 사회주의 국가 탄생 이후 중국 지도부는 군중동원을 중시하게 되었고 이러한 경험 속에서 중국 특유의 「중국식 사회주의」가 탄생하게 되었다. 중국혁명 시기에 나타난 대중주의와 주지주의(voluntarism: 노력과 헌신성만 있으면 무엇이든 해낼 수 있다는 신념)는 마오쩌둥주의적 발전방식을 형성시켰다. 이러한 조직화되고 헌신적인 대중의 힘에 대한 신념은 대약진 운동이나 문화대혁명과 같은 중국 사회주의 실험에 중요한 요인이 되었다(마크 블래치, 2001:75).

중국 공산당사에서는 1956년부터 문화대혁명이 시작된 1966년까지를 '전면적으로 사회주의를 건설'하기 시작한 시기로 보고 있다. 1956년 9월의 제8차 전국인민대표대회에서 당은 중국에서는 이미 사회주의 제도가 기본적으로 건설되었기 때문에 자본주의적 착취가 최종적으로 소멸되었다고 보고, 국내의 주요 현안은 더 이상 노동자계급과 자산계급 간의 계급투쟁이 아니라 경제와 문화의 급속한 발전을 바라는 인민의 요구와 이러한 요구를 채워주지 못하는 현재의 경제 및 문화 현상 사이에 가로놓인 모순을 조속히 해결하는 것이라고 보았다(중국공산당 중앙문헌연구실, 1990:28).

그러나 혁명투쟁 기간 동안 일치단결된 모습을 보여주었던 중국 공산당 지도부는 혁명이 완성된 이후 보다 나은 사회주의 건설이라는 대명제 하에서 점차적으로 분열되어 가는 모습을 보여주었다. 이는 이념적인 사회주의 건설과 낙후된 경제현실 사이에 존재하는 모순을 풀어 가는 과정에서의 의견 상충이었다. 문제의 핵심은 중국이 이미 이룩한 선진 사회주의 생산관계와 이를 따라가지 못하는 낙후된 생산력 간의 격차에서 생기는 문제를 어떻게 풀어 가느냐 하는 것이었다. 이러한 견해차는 이후 생산력과 생산관계 사이의 모순으로 발전하여 생산력과 생산관계 중 어느 것이 더 중요한가 하는 논쟁과 실천의 문제로 발전하였다(육정균, 1991).[2)]

---

2) 생산력 낙후를 주된 모순으로 보는 견해에 따르면, 중국의 사회주의 혁명은 생산력이 낙후된 후진 상태에서 진행된 것이므로 비록 현재 중국에서 사회주의 혁명이 완수되었다고는 하나 생산기술의 혁명은 이제 시작단계에 머물러 있다고 본다. 따라서 사회주의 완성 후 점증하는 국민들의 경제·문화적 욕구를 만족시켜주기 위해서는 무엇보다도 먼저 생산력 증대가 요구된다는 주장이다. 이에 반해 생산관계가 주요 모순이라는 주장에 따르면, 중국의 사회주의 건설은 아직 완결된 상태가 아니고 생산력 발전의 저해 요인이 도처에 상존해 있기 때문에 이를 끊임없이 개조해나가는 것이 우선과제라고 본다(육정균, 1991:36-38). 전자는 생산력의 변화·발전을 비롯하여 사람들의 생산 경험이나 노동 기능의 모든 것이 생산도구의 변화·발전에 의해 지배

1956년부터 이후 문화대혁명 기간까지의 20년 동안은 마오쩌둥식 중국식 사회주의를 위한 실험의 시기라고 볼 수 있다. 계급투쟁에 대한 마오쩌둥의 사상변화는 1957년의 반反우파투쟁 이후에 발생했다. 1957년 4월 중국 공산당은 이른바 「정풍운동에 관한 지시」를 발표하여 국민들의 건설적인 비판을 수용하려 하였다. 이에 각계각층의 인사들이 당 중앙의 호소에 적극 호응하여 당과 정부사업 및 당과 간부의 기풍에 대해 많은 유익한 비판을 내놓았다. 그러나 당 간부와 군중의 단결을 강화시키기 위해 각자가 자유롭게 의견을 제출하게 했던 「대명대방大鳴大放」에서 일부 자산계급과 우경적 인사들이 당과 신생 사회주의를 비판하자 마오쩌둥은 심한 위기의식을 느꼈다. 정풍운동 과정에서 마오쩌둥이 가장 힘들었던 것은 비판받은 당 간부들의 무능과 부패가 거의 다 사실이었다는 점이다. 마오쩌둥은 공산당

된다는 논리로 이를 위해서는 하루 빨리 공업화와 근대화를 통한 경제발전을 이룩해야만 한다는 주장이다. 이는 류샤오치를 중심으로 한 과거 당권파의 주장이며 동시에 덩샤오핑을 중심으로 한 실용주의자들의 의견으로, 이를 흔히 '전(專)의 노선'이라 부른다. 후자는 인간의 정치사상과 각오가 생산력 발전에 결정적인 작용을 한다고 보고 생산력 발전을 위해서는 노동자의 교육과 훈련이 무엇보다도 중요하다고 보았다. 이는 노동자 개개인의 계급적 각성 즉 정치선행을 강조하는 것으로, 이같은 정신적 자극은 단기간에 끝나는 것이 아니라 부단히 지속되어야 한다는 것이다. 이러한 주장은 마오쩌둥과 문화대혁명 기간 동안의 4인방으로 대변되는 혁명 세력이 주장하던 노선으로 이는 흔히 '홍(紅)의 노선'이라 불린다. 이는 물질적 기초보다는 간단없는 정신적 자극을 통해 노동의욕과 적극적인 창조 정신을 고취시켜 정신혁명을 이룩해야 가능하다는 견해이다. 이는 인간 정치 중심의 좌경 혁명노선이라 말할 수 있다(육정균, 1991:42, 47-48).

정권을 지키는 정치적 선택을 하기에 이르렀고, 그 결과 애국심이 가득한 비판적 지식인들을 우파로 몰았다(루이링거, 1995:202). 마오쩌둥의 지시를 받은 당은 대대적인 '반우파투쟁'을 전개하였고 이에 따라 정상적이고 선의의 비판적 건의를 한 많은 지식인과 애국적 인사 및 당내 간부들이 우파분자라고 낙인찍혀 추방당하는 '좌경오류'가 행해졌다(중국공산당 중앙문헌연구실, 1990:30-31,293).

마오쩌둥의 좌경오류는 1958년에 실시된 '대약진운동'과 '농촌인민공사화운동'에서 더욱 심해졌다.[3] 대약진운동과 인민공사화운동은 전문가나 기술자보다는 군중의 주관적 능동성만을 강조함으로써 비체계적으로 진행되었다. 그 결과 무책임한 평균주의의 과도한 집중, 가족의 파괴, 무임승차적인 공산풍소를 가져와 농민들의 노동의욕 저하와 생산량 감소를 가져왔다. 이러

3) 1958년 1월에 실시된 대약진운동은 공산당이 공산혁명을 위해 군중을 동원한 것처럼 경제성장과 공업화 추진에 있어서도 군중을 동원한다는 것이었다. 그러나 실제를 초월하는 너무 높은 목표를 설정하고 이를 모험적이면서도 조급하게 달성하려 하였기 때문에 전 과정에서 합리적이기보다는 맹목적이고 과장적인 경향이 대두되었다. 또한 1958년 8월에 실시된 인민공사화운동은 농촌에 공사 또는 대형합작회사를 건립하는 것으로 그 주된 특징은 '크고', '공평한' 것이었다. 그 진행과정을 보면, 시작한지 불과 몇 개월이 지나지 않아 전국 74만개의 농업합작사를 2만6천여 개의 인민공사로 개조하였는데, 이는 전체 농민의 99%가 참여하는 등 매우 급속하게 진행되었다. 인민공사는 물질적 인센티브를 이념적·정신적 인센티브로 대치하였고 소비물자와 식량을 일률적으로 평균 분배하는 정책을 추진했다(중국공산당 중앙문헌연구실, 1990:64, 294-302).

한 마오쩌둥의 좌경오류는 1960년에 들어와 비판되었고 그 동안 우파분자로 낙인찍힌 사람들도 복권되었다. 이후 1962년부터 1966년까지의 국민경제는 순조롭게 진행되었다.

그러나 철저히 시정되지 않았던 좌경오류는 경제면에서 시작하여 점차 정치, 사상, 문예면으로 확산되어갔다. 마오쩌둥은 사회주의 내에도 계급투쟁이 존재한다는 생각을 점차적으로 발전시켜 종국에는 당시 중국에서의 주요 모순은 아직 무산계급과 자산계급 사이의 모순이라고 보고 이를 해결하기 위해서는 계급투쟁을 전개해야 한다고 주장했다. 이는 곧 문화대혁명으로 발전했다.

문화대혁명은 마오쩌둥이 일으키고 영도한 것으로 그 지도사상은 "무산계급 독재 하에서의 계속 혁명 이론"이다.[4] 즉, 무산계급이 정권을 획득하고 사회주의 제도가 건립된 후에도 자산계급이 존재하기 때문에 하나의 계급이 다른 계급을 뒤집어엎는 정치대혁명이 계속되어야 하며, 문화대혁명은 이런 계속혁명의 가장 중요한 방식이라는 것이었다(중국공산당 중앙문헌연구실, 1990:353-354).

1966년 문화대혁명의 발발로부터 시작되어 마오쩌둥이 사망한 1976년까지의 10년 동안은 마오쩌둥의 주장인 '홍의 노선'[5]

4) 마오쩌둥이 문화대혁명을 일으킨 근본 원인은 공산당 내에서 자본주의의 길을 걷는 집권파인 주자파(走資派)를 제거하기 위함이었다. 주자파란 경제성장을 옹호하는 노선과 그 노선의 추종자들이다. 마오쩌둥은 당내 관료층을 하나의 계급으로 간주하고 이를 철저히 배격하였다(루이링거, 1995:194).

을 실험한 시기였다. 그러나 그 결과는 참담한 실패였고 이러한 실패는 경제면에서 더욱 두드러졌다. 마오쩌둥이 고도의 중앙 집권적 관리방식으로 경제를 운용한 관계로 사회 전반에는 경제의 비효율성과 경직성이 증대한 반면 민간의 창의성은 하락하였다. 이러한 잘못된 정책의 실험은 중국의 사회발전을 10년간 정체시켰을 뿐만 아니라 더 나아가 이전의 성과마저 위태롭게 만들었다. 따라서 중국 사회주의 성립 후 4반세기 동안 실시해온 고도의 집중적인 계획경제 하에서 인간정신 개조를 추구했던 마오쩌둥식의 중국 사회주의 실험은 실패했다고 말할 수 있다.

마오쩌둥이 주창한 대중노선식 정치방식에는 개인의 권리에 대한 어떠한 개념도 없었다. 이에는 이진의 진제주의 중국과 레닌주의적 정치 모두의 기본 특징인 엘리트주의와 권위주의의가 그대로 남아있었다. 결과적으로 대중노선은 계급이익을 형성시켜주고 이를 더욱 명료하게 해주긴 하였지만, 이것이 시민 개인의 권리를 보호해 줄 수 있는 민주정치로는 결코 성장해갈 수 없었다(마크 불래치, 2001:76).

---

5) '홍의 노선'이란 인간의 정치사상과 각오가 생산력 발전에 결정적인 작용을 한다고 보고 생산력 발전을 위해서는 노동자의 교육과 훈련이 무엇보다도 중요하다고 보았다. 이는 노동자 개개인의 계급적 각성 즉 정치선행을 강조하는 것으로, 이 같은 정신적 자극은 단기간에 끝나는 것이 아니라 부단히 지속되어야 한다는 것이다. 이러한 주장은 모택동과 문화대혁명 기간 동안의 혁명세력이 주장하던 노선이다(육정균, 1991:42).

2. 덩샤오핑이 시도한 중국식 사회주의와 사회주의 시장경제

덩샤오핑 지도부는 비범한 업적을 보인 마오쩌둥주의의 이념, 정치, 정책, 제도 등을 바꿔야만 했다. 마오쩌둥주의 이념은 중국 혁명과정에서 만들어져 30여 년간 중국 국가사회주의를 지도해온 원칙이자 가치체계였다. 1978년의 11기 3중전회에서 덩샤오핑 지도부는 중국 사회주의 지도원칙을 계급투쟁에서 사회주의 현대화로 방향전환을 했다(마크 블래치, 2001:149-151). 덩샤오핑의 새로운 통치이념은 개혁·개방을 시작으로 이데올로기 중심적 지배에서 벗어나 실리를 추구하는 것이었다. 중국의 현 사회발전은 일반적으로 「중국식 특색을 지닌 사회주의」[6)]와 「사회주의 시장경제」라는 말로 표현된다.

그러면 마오쩌둥 사상과 덩샤오핑의 「중국식 특색을 지닌 사회주의」와의 차이는 무엇일까? 마오쩌둥 사상은 근본적으로 계급투쟁을 우선시하는 정치 결정주의를 기본으로 하고 있는데 반해 덩샤오핑의 「중국식 특색을 지닌 사회주의」는 생산력 발

6) 덩샤오핑의 「중국식 특색을 지닌 사회주의」라는 말이 무엇을 의미하는지를 살펴보자. 마오쩌둥 시대가 막을 고한 뒤 1978년 12월에 열린 11기 3중전회에서 덩샤오핑을 중심으로 한 실용주의자들이 덩샤오핑 체제를 출범시키면서 이론적 구상으로 제시한 것이 「중국적 특색을 지닌 사회주의」였다. 여기서 공산당은 문화대혁명을 비롯한 이전의 좌경오류에 대해 전면적이고 진지하게 수정을 시작했고 동시에 문화대혁명의 중심 구호인 무산계급 독재 하의 계속적인 계급혁명론을 단호히 배격하고 사업 중점을 사회주의 건설로 옮기는 전략을 채택했다(중국공산당 중앙문헌연구실, 1990:43-44).

전을 강조하는 경제결정주의를 기본전략으로 하고 있다. 이는 사회주의 건설이 기본적으로 달성된 중국의 상황에서는 생산력의 향상을 통해 인민의 낙후된 물질적 생활을 개선하는 것이 시급한 당면과제라는 인식에 기초한 것(전의 노선)[7]으로 마오쩌둥이 제기한 계급투쟁에 의한 계속혁명론(홍의 이론)을 사실상 포기한 것이다. 「중국식 특색을 지닌 사회주의」는 인간의 정신과 의지보다는 실사구시에 바탕을 둔 객관적 환경의 변화, 다시 말해 낙후된 경제문제의 해결이 보다 중요한 과제라고 보았다. 마오쩌둥 사상은 평균주의를 주장하고 있는데 반해 덩샤오핑은 노동에 따른 분배를 주장하고 있으며, 일부 지역이나 기업 또는 개인이 먼저 부유해지면 나머지 대다수 인민들도 이에 자극을 받아 인민전체가 점차 부유해질 수 있다는 선부先富 사상을 강조하였다(월간중앙, 1993:220-221).

이로써 중국적 특색을 지닌 사회주의가 출현하게 되었다. 여기서 덩샤오핑은 누차 사회주의에는 불변의 모델이 있을 수 없음을 역설하면서 중국 특색의 사회주의 노선을 「1중심 2기본점(1中心2基本點)」으로 규정했다. 이는 곧 「4개 현대화」를 중심으

7) 11기 3중전회를 계기로 권력을 장악한 덩샤오핑은 「4개 현대화」와 개혁 · 개방정책의 실현을 당면한 급선무로 내세웠다. 「4개 현대화」란 1975년 1월 저우언라이가 전국인민대표대회에서 "금세기 중에 농업, 공업, 국방, 과학기술 분야에서 현대화를 실시한다"는 요지의 현대화 정책을 보고한데서 유래한다. 덩샤오핑은 사회주의가 자본주의보다 노동생산성 면에서 뒤떨어짐을 인정하고 자본주의 경제운영 방식과 선진과학기술을 적극 도입하여 다시 한번 「4개 현대화」의 실현을 국가의 최우선 과제로 채택하였다(월간중앙, 1003:229-231).

로 생산력을 발전시키기 위해 한편으로는 개혁·개방 정책을 하나의 기본점으로 삼고 다른 한편으로는 사회주의 통치원칙인 「4항 견지원칙」을 또 다른 하나의 기본점으로 고수해가야 한다는 것이다. 여기서 말하는 「4항 견지원칙」이란 프롤레타리아 독재, 공산당 지도원리, 사회주의 노선, 마르크스-레닌주의 및 마오쩌둥 사상의 견지를 말한다(장송자, 1993:9). 결론적으로, 덩샤오핑이 말하는 「중국식 특색을 지닌 사회주의」란 경제는 좌경으로 가지 않고 정치는 우경으로 가지 않는다는 이른바 '경제반좌 정치반우(經濟反左 政治反右)'로의 정책옵션을 의미하였다(장송자, 1993:10).

1984년 10월에 열린 중공 12기3중전회에서 채택한 「경제체제 개혁에 관한 결정」은 중국식 사회주의의 개념을 보다 명확히 보여준다. 이 문건은 경제활성화를 위한 상품경제와 시장경제 메커니즘을 도입하고 기업경영에 대한 정부간섭을 대폭 수정하여 기업과 개인 간의 경제체제를 확립하는 것을 주요 골자로 하고 있다. 이 결정에서 사회주의가 발전하기 위해서는 상품경제가 충분히 발전하는 단계를 거쳐야 한다고 주장하고, 중국 사회주의 경제는 공유제를 기초로 한 계획적 상품경제이고, 경제체제 개혁의 총 목표는 대외개방을 촉진시켜 사회주의 상품경제를 힘껏 발전시키는 것임을 명확히 제시하였다(최익만, 1995:200).

그러나 개혁·개방이 본격적으로 추진되면서 중국은 국가가 가격을 통제하는 방식을 탈피하여 1992년에 과감한 가격자유화 조치를 취했고, 이후에 자본주의의 잔여물이라고 비난해왔던 주식제도를 도입했으며, 일부 국영기업의 민영화도 실시되었다. 이 때문에 정치적으로는 공산당 1당 독재를 유지하면서도 경제적으로는 자본주의 시장경제를 접목시키는 작업이 「중국식 특색을 지닌 사회주의」해석에서 주류를 이루고 있다.[8)]

개혁·개방정책을 통한 중국식 사회주의 만들기 노력은 1989년 천안문 사태로 커다란 위기에 봉착하였으나 1992년 덩샤오핑이 행한 남순강화(南巡講話)로 다시 불붙기 시작하였다. 덩샤오핑은 남순강화를 통해 "시장경제는 자본주의에만 있는 것이

8) 사회주의 시장경제 건설을 목표로 하는 개혁의 가장 기초가 되는 이론이 현재의 중국경제를 사회주의의 초급단계로 보는 소위 「사회주의 초급단계론」이다. 「사회주의 초급단계론」이란 무엇인가? 건국 후 이어진 일련의 공산당 정책의 오류는 바로 생산력 발전에 소홀한 결과라고 인식한 덩샤오핑 체제는 증가하는 인민들의 물질적 욕구와 이를 충족시켜주기 어려운 낙후된 생산력 간의 차이가 중국사회의 가장 중요한 모순임을 인지하였다. 당 지도부는 현재의 낙후된 생산력 문제를 해결하기 위해서는 자본주의적 요소의 도입에 의한 상품경제의 발달과 노동생산성 제고를 통한 「4개 현대화」를 이룩하면서 정치 및 경제를 개혁해야 한다고 보았다(중국편람, 1992:78-79). 이러한 일련의 생각들이 정리된 것이 1987년 10월 중공13차 전국대표대회에서 당의 공식 입장으로 발표된 "중국적 특색을 지닌 사회주의 노선을 따라 전진하자"라는 보고서에서 나타난 「사회주의 초급단계론」이다(방려지, 1992:111; 중국편람, 1992:78-79; 이은호, 1993:180). 이는 두 가지 의미를 지니는데 하나는 중국사회가 엄연히 사회주의 사회라는 것이고, 다른 하나는 중국의 사회주의가 아직 초기단계에 있다는 것이다. 즉, 중국은 성숙된 자본주의 단계를 거치지 않은 상태에서 직접 사회주의로 넘어왔기 때문에 생산력 수준이 낮다는 솔직한 시인이다. 이는 지금까지 공산당이 시행해온 사회주의가 중국에서 실패했다는 사실을 정식으로 인정하고 한 걸음 뒤로 물러섬을 의미한다(방려지, 1992:118).

아니라 사회주의에도 시장이 있으며 계획과 시장은 모두가 경제수단"임을 강조하면서 개혁·개방의 일백 년 불변을 천명하였다(장송자, 1993:11). 이는 두 가지 '부등우不等于'에 대한 명제로 정리되었다. 즉, 계획경제가 사회주의와 동일한 것이 아니며, 시장경제가 자본주의와 동일한 것이 아니라는 것을 말한다. 이 명제는 중국식 사회주의 시장경제론의 이론 및 사상적 기초가 되었다(한중사회과학연구회, 2003:61).

1992년 10월에 열린 중공 14차 전국대표대회는 자본주의 시장경제의 전면 도입을 승인함으로써 중국 사회주의 체제에 역동성을 부여하였다. 특히 주목할 점은 '중국식 사회주의 시장경제체제'를 기본 강령으로 공식 채택한 점이다. 이로써 10여 년간 지속되어온 계획경제와 시장경제의 논리가 종식되었고, 시장 중심의 경제운영을 공식화하게 되었다. 그러나 이것은 사회주의의 포기가 아니라 중국식 특성을 바탕으로 한 사회주의의 강화를 위한 것이었다. 전반적으로 이는 마르크스 원칙을 중국 특유의 사회주의 건설에 결합시키는 것이었다. 중국 지도부는 생산력 발전의 가속화를 위해서는 자본주의 요소의 거의 무제한적 도입을 허용하되 당의 영도 아래 사회주의 건설의 길로 나아간다는 원칙은 바뀌지 않았음을 공식 확인한 것이다(오룡, 1993:169-172).

1993년 3월에 열린 제8기 전인대회 제1차 회의는 「사회주의 시장경제」를 국시로 수용하기 위한 헌법개정과 국가 및 정부

지도부 개편을 했다. 수정헌법에서 국영경제와 국영기업이라는 개념을 국유경제와 국유기업으로 수정했다. 이는 국가의 소유권과 기업의 경영권을 분리하고 기업의 자주적인 경영권을 보장하기 위해 국가소유 경제라는 용어를 국가관리 경제로 개정했음을 뜻하였다. 또한 헌법 15조의 "국가는 사회주의적 공유제의 기초 위에서 계획경제를 실시한다"는 부분이 개정헌법 제7조에서는 "국가는 사회주의 시장경제를 실행한다"로 변경되었다. 이는 국가 경제체제를 계획경제에서 사회주의 시장경제로 전환시킴으로써 시장경제체제의 확립을 법적으로 보장함을 의미했다. 또한 집단경제조직의 운영에서 "국가계획의 지도를 받고"라는 부분이 삭제됨으로써 집단소유경제가 경영상 자주권을 행사하게 되었다(장송자. 1993:13). 이렇듯이 헌법 개정은 앞으로 계획경제에서 탈피하여 사회주의 시장경제가 국가경제체제의 근간이 될 것임을 보여주었다.

1997년 덩샤오핑 사후에 개최된 중공15차 전국대표대회에서는 덩샤오핑의 중국적 특색을 지닌 사회주의 건설이론을 '덩샤오핑 이론'이라는 개념으로 명명하고, 덩샤오핑 이론을 중국공산당의 지도이념, 즉 이론적 기치로 수립한다는 공식 결정과 동시에 "중국공산당은 마르크스-레닌주의, 마오쩌둥 사상, 덩샤오핑 이론을 자신의 행동지침으로 삼는다"는 내용을 중국공산당 장정에 삽입시켰다. 이는 마오쩌둥 사상이 변화된 역사조건 하에서 새롭게 계승·발전되었음을 보여주는 것이고 나아가 마르크스주의가 새로운 이론적 성과인 덩샤오핑 이론으로 중국이라는 토양과 환경에서 탄생했음을 의미하는 것이다(한중사회과학연구회, 2003:57).

이후 덩샤오핑의 이론은 「3개 대표사상」으로 발전하였다. 장쩌민은 2000년 2월 광둥 시찰시의 담화에서 처음 「3개 대표사상」을 발표했다. 그 주요 내용은 중국공산당은 중국의 선진적인 사회생산력의 발전요구를 대표해야 하며, 문화의 전진방향을 대표해야 하며, 중국의 광범위한 인민의 근본이익을 대표해야 한다는 것이다. 「3개 대표사상」의 집대성은 2001년 7월 1일에 개최된 중국공산당 창건 80주년 기념식상에서의 강화이다. 이는 통상 '7-1강화'라고 불리는데, 「3개 대표사상」에 대한 시대적 의의와 중국공산당의 정체성 문제, 그리고 구체적으로 중국공산당의 선진성과 집권지위의 유지와 공고화 문제에 대해 과학적인 체계를 갖추어 논술하고 있다. 2003년 베이징에서 열린 중공 16차 전국대표대회에서 당과 국가의 새로운 대표이론으로 「3개 대표 중요사상」이 공식적으로 채택되었다.

여기서 중국공산당의 선진성과 집권지위의 유지/강화의 문제는 당의 계급성 문제와 직접적으로 연관된다. 「3개 대표사상」의 중요한 내용은 중국공산당이 중국 노동자계급의 선봉대이고, 그 계급적 기초는 중국 사회의 선진적인 생산력을 대표하는 노동자계급임을 강조한다. 주요 논지는 중국의 발전과 더불어 이미 중국의 노동자는 지식화 되었고, 중국의 지식계층 역시 노동자계급의 일부분으로 변화되었다는 것이다. 21세기 중국의 현재와 미래를 이끌어가기 위하여 중국공산당은 당연히 실사구시적인 사고를 통해 새로운 노동계층을 입당시켜 이를 통해 중국사회에 대한 영향력 확대와 응집력 강화를 이룩해야 한다는 것이다.[9)] 「3개 대표사상」의 관점은 다음과 같다. 첫째, 사회주의 국가 중국에서의 기업주 혹은 관리자의 위치에 있는 자는 결코 노동계급을 착취하거나 억압하지 않기 때문에 자본주의 사회의 자본가나 고용주와는 본질적으로 구별되는 것이고, 둘째 새로운 사회계층에 속한 자들의 대다수는 성실한 노동과 합법적인 경영을 통해 성장하였고 이를 통해 중국 사회주의 발전에 기여하고 있다는 것이다. 결론적으로 그들은 중국공산당과 중국 사회의 핵심구성원인 노동자·농민·지식계층·간부·해방군과 함께 개혁·개방과 현대화 건설로 대변되는 중국식 사회주의 건설을 이끌어온 '건설자'라는 견해이다(한중사회과학연구회, 2003:63-66).

종합해볼 때, 중국 특색을 지닌 사회주의는 사회주의나 자본주의 중에서 무조건 어느 하나만을 신봉하여 그것을 강조하는 것이 아니라 두 가지 중에 나타나는 장점만을 추출하여 유효적절하게 활용하는 절충식의 자세이다. 현재 중국의 사회주의가 지향하는 바는 개혁·개방과 현대화 건설과정을 통해 비약적

9) 새로운 노동계층이란 구체적으로 과학기술 관련 민영기업의 창업주와 기술관리직 종사자, 외자기업의 관리자와 기술직 종사자, 자영업자, 사영기업주, 중개업 종사자, 자유직 종사자 등이다.

경제발전과 중국식 사회주의를 동시에 발전시켜나가는 것이다. 이 과정에서 노동자 개념을 확대하여 모든 직업 종사자를 포함시켜 경제 및 사회발전에 동참시키자는 적극적인 의지를 읽을 수 있다.

Ⅲ. 사회주의 시장경제의 경제발전과 문제점

중국은 개혁·개방 이전에 형성된 재산권 구조를 비롯한 체제의 근본적인 변화 없이 경제성장을 도모해왔다. 기업적 측면에서 볼 때, 기존의 국유기업을 사유화시키기보다는 그대로 둔 채 집체기업이나 사영기업, 외자기업 등 여타 소유제 부문의 성장을 독려해왔다.10)

1980년대 초 개혁·개방을 주도하던 국유기업과 향진기업은 1990년대에 들어 문제가 심각해졌다. 국유기업의 적자와 자산

---

10) 중국의 기업을 분류해보면 크게 네 가지 유형으로 나뉜다. 첫 번째로 전인민소유제 기업인 국유기업으로 이는 중앙소유 국유기업과 지방소유 국유기업으로 나뉜다. 둘째는 집단소유의 집체기업으로 이는 주로 향진기업들이다. 그 외에 개인기업을 포함한 사영기업과 외자기업, 합작기업, 합변기업들로 구성된 기타 기업들이 있다. 1998년 현재 중국기업 수로 볼 때 75.7%가 사영기업이고, 22.5%가 집체기업인 반면, 국유기업 비중은 0.81%, 기타기업은 0.99%다. 그러나 종업원 수로 비교해볼 때 국유기업 비중은 52.7%로 급증한 반면, 집체기업은 16.9%, 기타 기업은 25.9%이고, 생산량으로 비교해보면 국유기업 28.2%, 집체기업 38.4%, 사영기업 17.1%, 기타 22.9%다. 전반적으로 볼 때, 국가나 집단이 소유하는 국유기업과 집체기업의 합은 종업원 수에서 74.1%, 생산량에서 66.6%를 점유하여 다수를 차지하고 있다(이나가키 기요시, 2002:61-66).

유실이 심각해지고 향진 집체기업 역시 경영부실이 심각해졌다. 1990년대 공유제 기업들의 경영부진은 더욱 격렬해진 중국 내 시장경쟁이 그 주요 원인이다. 1992년 남순강화 이후 폭증한 외자기업의 중국에 대한 투자는 시장경쟁을 격화시켰고 이는 자금과 기술부족을 국가와 지방의 보호주의로 메꾸던 공유제 기업들의 경쟁력을 악화시킨 것이다(정환우, 2005:42-46). 이러한 상황이 전개되자 1990년데 후반에 들어와 당 지도부는 기업개혁을 적극 추진하였다.

기업개혁은 크게 두 방향으로 추진되었다. 하나는 소유제 개혁으로 주식제를 도입하는 한편, 국유기업 부문에서 큰 기업을 제외한 작은 기업의 사유화 정책을 추진하였다. 다른 하나는 큰 국유기업도 공적으로 소유하나 정부-기업 관계는 분리하는 '공유자산관리체제의 개혁'을 실시하였다. 1997년 제15차 당 대회에서 천명된 "큰 것은 틀어쥐고 작은 것은 놓는다"는 방침에 따라 국유기업의 경우 대체로 대형기업은 주식제 및 유한책임회사로 전환되고 중소형 기업의 경우에는 개인사업주에게 매각되거나 임대 경영되는 경로를 밟았다. 향진 집체기업의 경우는 더욱 급속한 소유제 개혁이 실시되었다. 향진기업의 문제는 권한은 공유하되 책임은 아무도 지지않는 공동소유제 성격에 기인한 것으로 이의 민영화가 더욱 강도 높게 추진되었다(정환우, 2005:39-40).

중국 정부는 2003년 봄 전인대 10차대회에서 국유자산관리위원회를 설립하였다. 이는 과거에 부처별로 관리되던 국유자산을 신설된 국유자산관리위원회로 통합 관리하는 것이었다. 여기에서 중앙기업들의 자산은 국유자산관리위원회가 관리·감독은 하지만 경영에 직접 간섭하지는 않는다는 원칙이 성립되었다. 지방정부의 국유자산에 대해서는 지방에 따라 다소 상이하게 형성되었다. 집체자산의 경우, 대부분의 소형 및 적자 기업은 매각되었지만 70% 정도를 차지하는 중대형 기업들은 향진급 공유자산관리위원회가 관리하였다.

그러나 이러한 개혁에도 불구하고 실제에 있어서는 정부의 간섭과 통제가 여전하였다. 국유기업의 경우 국유자산관리공사나 지주회사가 해당 기업에 대한 경영과 간부 임면권을 행사하는데 이 관리공사와 지주회사의 실질적인 대표는 정부이기 때문이었다. 향진 집체기업의 경우, 민영화 이후에도 공장부지와 건물은 해당 지역의 집체자산으로 남아있기 때문에 이 자산을 통해 지방정부가 민영화된 기업에 계속 통제력을 행사할 여지가 크다. 일반적으로 토지 이용료는 기업 자산의 10퍼센트 정도인데 이는 현지 관료들의 중요한 수입원이 되는 동시에 향진정부와 관료가 민영화된 기업에 통제력을 갖는 계기가 된다(정환우, 2005:51-59).

실질적으로 현재 중국에서 규모가 큰 국유 대기업은 국가의 통제와 감시 하에 놓여있어 기업발전이 저지당하고 있다. 기업을 관리하는 관련 당국은 이들 기업이 독자적으로 성장하면 자신들의 힘이 약해질까 봐 전전긍긍하고 있다. 따라서 국유 대기업에 대한 국가의 지분 축소는 엄격하게 관리된다. 국가는 대기업들이 주식시장에서 자금을 조달하는 것을 억제했으며 국가의 지분이 50퍼센트 이하로 떨어지지 못하도록 엄격히 규제하였다(피터 놀란, 2002:305-306).

중국 국유기업의 가장 큰 문제는 규모와 자산에 비해 너무나 거대한 종업원 수이다. 중국의 국유기업에는 현재 9,000만 명이 일하고 있다. 이들 국유기업들이 살아남기 위해서는 대대적인 구조조정이 필요한데 이 과정에서 많은 사람들이 일자리를 잃을 것이다. 따라서 국영기업을 관리하고 그 과정에서 권력의 정통성을 창출하고 있는 사회주의 정부가 대규모 종업원 감축이라는 구조조정을 하기는 결코 쉽지 않은 문제다. 실제로 1990년대 말 국유기업이 구조조정을 하기 시작하자 상당수의 시위와 폭력이 일어난 경험이 있다. 대안은 현재 중국의 경제성장을 주도하고 있는 중소기업 부문의 고용기회를 빠르게 증대시키는 것이다. 그러나 이 부문의 고용은 이미 1억 2000만 명을 넘어서서 이미 포화상태에 와 있다. 그리고 농촌의 거대한 예비 노동자들이 이 부문의 취업을 기다리고 있다. 따라서 국유기업에서 해고된 일자리 경쟁은 매우 치열해질 것이고 이는 장차 사회불안의 원인이 될 것이다. 이런 사정은 국유기업 구조조정의 한계로 작용하고 있다(피터 놀란, 2002:348-351).

한편, 대규모 사영기업의 발전 전망도 그리 밝지만은 않다.

중국에는 1990년대 말부터 하이얼, 메이디, 렌샹, 화웨이, 바이윈산 등 비교적 강력한 대규모 사영기업들이 등장하여 급성장하고 있다. 이들 기업들은 카리스마를 지닌 CEO들이 경영을 맡고 있다. 이들은 상대적으로 낮은 기술 부문에서 시작하여 국내에서 큰 브랜드 인지도를 쌓고 일부는 국제시장의 저부가가치 산업 부문에 거센 도전장을 내놓았다. 이들은 정부로부터 세세한 간섭을 받지 않고 문자 그대로 독립적인 경영을 하면서 다국적 기업들과 격렬하게 경쟁을 벌이고 있다. 그러나 이들 기업들의 성장 과정을 자세히 살펴보면 이들 대부분은 국내시장에서의 정부 보호, 저리의 장기 융자를 통한 정부 지원, 정부구매, 안정적인 마케팅 채널의 수혜 등의 덕을 톡톡히 보고 있다. 이러한 엄청난 성과에도 불구하고 이들 기업의 총매출, R&D 투자, 전 세계 시장점유율은 세계적인 기업에 비해 한참 뒤쳐져 있다. 중국이 WTO에 가입한 이상 이들 기업들은 경쟁자들과의 도전에서 살아남아야 하는 거센 경쟁에 직면해있다. 정부의 계속적인 지원과 혜택이 없다면, 이들 기업의 성과 중 상당 부분이 없어질 것이며 해당 부문에서 세계적인 거대기업의 도전은 심각한 위협이 될 것이다(피터 놀란, 2002:309-311).

지난 사반세기에 걸친 개혁·개방정책은 성과와 문제점을 동시에 가져왔다. 개혁·개방의 가장 큰 성과는 두말할 필요 없이 급속한 경제성장이다. 이제 중국은 세계가 주목하는 경제 대국이 되었다. 그러나 이는 동시에 많은 문제점을 도출했다. 가장 현실적인 문제는 급증하는 빈부격차와 지역격차, 그에 따른 부정부패와 실업문제이고, 그리고 급격한 시장변화를 따라가지 못하는 제도의 문제가 있다.

이러한 상황에서 개혁·개방정책의 성공과 지속적인 경제성장, 그리고 체제안정을 위해 중국 정부가 취할 수 있는 선택은 많지가 않다. 하나의 대안은 경제발전만을 일방적으로 추구하는 것이다. 그러나 이미 나타났듯이 지역 간 발전격차와 극심한 빈부격차라는 또 다른 문제를 불러와 체제안정에 위협을 가할 수 있다. 또 다른 대안은 민주화와 같은 체제의 급진적 개혁을 통해 변화를 추구하는 것이다. 그러나 이것은 사회주의 체제의 근간을 흔드는 것으로 현 지도부가 받아들일 수 없는 대안이고, 사회의 불안을 염려하는 국민들로서도 선호할 수 없는 대안이다. 남겨진 유일한 길은 현 체제에 큰 변화를 주지 않는 가운데 경제발전을 추구하면서 동시에 정치적 안정을 도모하는 것이다. 이것이 현 지도부가 채택한 발전방향이기도 하다(김재철, 2005:17-21).

발전과 함께 안정을 병행적으로 추구하려는 노력은 1980년대 중반 자오쯔앙 시대부터 논의된 것으로 1990년대에는 당 지도부뿐만 아니라 지식인들로부터도 널리 지지를 받으면서 '신보수주의'라는 개념으로 정착되었다. 이는 경제발전이 모든 문제를 해결하는 근원이라고 보고 이를 위해서는 안정이 필수적이라는 사고이다. 발전과 함께 안정을 병행적으로 추구하려는 노력은 1990년대 후반부터 구체화되었고, 이러한 정책 방향은

2000년대 초 후진타오와 원자바오로 대변되는 제4세대 지도부의 중심적 전략이 되고 있다. 그러나 안정을 강조하는 정책은 결국 대중과 권력을 공유하기보다는 대중의 처지를 돌보아준다는 온정주의적 시도로, 실질적 정책 결정은 대중보다는 당 지도부와 전문가가 결정한다는 측면에서 권위주의적인 속성을 강하게 갖는다(김재철, 2005:22-23).

Ⅳ. 맺는말

개혁·개방이 상당 정도 진척된 현 시점에서도 중앙권력에 대한 순응이라는 전통적인 중국인의 생활양식은 아직 강하게 영향을 미치고 있다. 개혁을 이야기하는 것은 쉽다. 그러나 중국사회는 아직도 일당 독재의 사회주의 국가이고 그 가운데 중앙집권화된 권력 체제가 굳건히 자리잡고 있다. 덩샤오핑 이후 중국 지도자들은 시장경제로의 성공적인 전환을 위해서는 분권화가 필수적이라는 것을 잘 인식하고 있다. 그러나 정치 대국·경제 후진국으로서 강력한 산업정책을 추진하고 낙후된 국유기업 문제를 해결하기 위해서는 강력한 중앙권력이 요구된다. 나아가 한층 높아진 국제적 위상과 주변국과의 긴장 관계, 개혁·개방 과정에서 나타난 지역간·도농간 발전 격차와 더욱 커지는 빈부격차, 이에 따른 물질만능풍조의 확산과 더욱 대규모화되는 부정부패, 지방 분권의 확산에 따른 중앙권력의 약화 문제는 중앙정부의 분권화 노력에 커다란 걸림돌이 되고 있다.

가까운 장래에 나타날 중국 근대화의 길은 정치적으로 강력하게 중앙집권화되고, 도덕적 이데올로기에 의해 훈련되고, 지도자의 권위에 전적으로 의존하는 한편 경제적 차원에서는 더욱 개방화된 시장경제체제로의 전환이라는 목표를 추구해갈 것으로 기대된다. 즉 개인의 경제행위에 대해서는 상당 정도 자율을 보장하면서도 정치적 행위에 대해서는 엄격한 통제 및 제재를 가하는 정책이 진행될 것이다. 개혁·개방의 물결에도 불구하고 중국 국민들은 아직 중앙권력의 절대적 권력에 따르고 심지어는 계속 의존하려는 경향을 보일 것이다.

참고문헌

고든 G. 창/형선호 역, 2001.『중국의 몰락』. 뜨인돌.

김재철, 2005. "국제적 요인과 중국의 국내적 변화: 발전과 안정을 중심으로", 김재철 편.『새로운 중국의 모색 I: 발전과 안정의 병행』. 폴리테이아.

루이링거, L./최평·김용권 역, 1995.『중국을 보는 제3의 눈』. 소나무.

마크 블래치/전병곤·정한우 역, 2001.『반조류의 중국』. 돌베개.

매일경제국제부 외, 2001.『차이나 쇼크 -중국의 시대가 왔다』. 매일경제신문사.

방려지, 1992.『중국 어디로 가고 있는가-중국의 망명 천체물리학자 방려지 박사의 정치평론집』. 예풍.

예건중/이필주 역, 1996.『중국의 분열-중국은 분열로 가는가』. 대륙연구소출판부.

오 룡, 1993. "14대 전대회 이후 중국정치 전망",『중국연구』1993년 봄 창간호. 대륙연구소.

월간중앙, 1993.『중국의 비밀-300문 300답』신년호 별책부록. 중앙일보사.

육정균, 1991.『중국-사회주의 건설이론』. 도서출판 주류.

이나가키 기요시/신현호 역, 2002.『2시간만에 이해하는 중국』. 국일증권경제연구소.

이은호, 1993. "개혁개방 가속화와 중국경제."『중국연구』1993년 봄 창간호. 대륙연구소.

장송자, 1993. "제8기 전인대 헌법의 특징."『중국연구』1993년 여름호(1권2호). 대륙연구소.

정환우, 2005. “소유제 개혁과 새로운 자산관리체제의 모색”, 김재철 편. 『새로운 중국의 모색 I: 발전과 안정의 병행』. 폴리테이아.

중국공산당 중앙문헌연구실 편/허원 역, 1990. 『정통중국현대사－중국공산당의 역사문제에 관한 결의』. 사계절.

중국편람, 1992. 『중국편람』. 내외경제정책연구소(KIEP) 부설 북방지역센터.

중앙일보 특별취재팀, 2002. 『니하오 중국경제』. 중앙 M&B.

최익만, 1995. “중국특색의 사회주의 시장경제 연구.” 『중국연구』 1995년 봄호(3권1호). 대륙연구소.

피터 놀란/임정재 역, 2002. 『중국과 세계경제』. 함께읽는 책.

한중사회과학연구회, 2003. 『현대 중국의 이해 2－중공 16차 당대회와 중국 사회의 동향』. 한울아카데미.

홍하상, 2002. 『중국을 움직이는 10인의 CEO』. 국일증권경제연구소.

제9장
한국의 산업정책과 IMF 외환위기

Ⅰ. 문제제기

1960년대 초까지만 해도 세계에서 가장 가난한 나라 중 하나였던 한국이 오늘날에는 GDP가 세계 11-13위를 오르내리는 경제 강국이 되었다. 1960년대 초 한국인의 1인당 국민소득은 겨우 80달러를 오르내리고 있었는데 오늘날에는 거의 2만 달러에 육박하고 있다. 이러한 경이적인 경제성장은 세계 역사상 드문 것으로 사람들은 이를 '한강의 기적'이라 부르면서 치하하였다.

이러한 한국의 경이적인 경제성장을 설명하는 이론이 '발전국가론'이고 그 정책의 핵심에는 산업정책이 자리하고 있다. 한국의 산업정책은 1962년 제1차 경제개발5개년계획으로부터 시작하여 발전국가의 핵심 정책으로 한국의 경제성장에 지대한 공헌을 하였다. 한국의 산업정책은 1993년 김영삼 정권 하에서 경제개발5개년계획이 공식적으로 폐지되고 산업정책의 중요한 선도기구였던 경제기획원이 재무부와 함께 재정경제부로 흡수통합됨으로써 공식적으로 종말을 고했다.

이 글에서는 동아시아 발전국가의 선두 주자인 한국의 산업정책의 내용이 무엇이며, 산업정책이 어떻게 결정되고 집행되었는지, 그리고 그것이 어떻게 종말을 고했는지를 살펴보고자 하였다. 나아가 1997년 한국의 경제위기와 산업정책의 관계를 재조명해 봄으로써 한국의 외환위기가 일반적으로 비판되듯이 잘못된 산업정책에 기안한 것인지에 대해 논의해보고자 한다.

Ⅱ. 발전국가와 산업정책

한국의 경제성장과 산업발전은 국가가 주도하는 방식으로 이루어졌다. 한국과 같은 후발 산업국가의 산업화 과정에서 나타난 국가의 주도적 역할을 설명하는 이론이 소위 말하는 '발전국가론'이다. 발전국가란 국가가 전략적 개입을 하여 경제발전을 이끄는 국가를 말한다. 일반적으로 발전국가에서는 경제발전에 정책의 최우선을 두고 이를 성취하기 위해 국가가 적극적으로 시장에 개입하고, 다양한 정책기구를 통해 민간부문을 지도하고 규율하고 조정하였다. 이러한 전략과 경제개입은 정치적·사회적 제반 압력으로부터 자유로운 자율적이고 유능한 경제관료들에 의해 주도되었다(윤상우, 2005:46).

발전국가를 설명하기 위해서는 몇 가지 부가적 설명이 필요하다. 우선적으로 발전국가의 산업정책이 근본적으로 사유재산의 보장과 자유주의 시장경제라는 자본주의의 기본원칙 내에서 이루어졌다는 것이다. 다음으로 이들 국가들은 한편으로는 선진 산업국들을 추격하고 다른 한편으로는 선진 산업국들의 경제적 팽창으로부터 자국을 방어해야 한다는 두 가지 과제에 봉착하였다는 점이다. 이들 국가들은 부국과 강병을 동시에 추구하는 '방어적 근대화'를 목표로 삼았다. 마지막으로, 가장 핵심적인 내용으로, 발전국가는 시장에 대해 국가가 장기적으로 또 전략적으로 개입했다는 것이다(김일영, 2005:31-32).

국가의 전략적 개입은 일반적으로 산업정책으로 표출된다. 이들 산업정책에는 몇 가지 특징들이 나타난다. 우선적으로 국가가 주체가 되어 중점적으로 육성할 전략산업을 결정하였다는 점이다. 국가는 이러한 전략산업을 발전시키기 위해 국내외의 모든 가능한 가용자원을 총동원 한다. 이렇게 동원된 자원은 여러 산업 부문에 골고루 배분되기 보다는 선택과 집중을 통해 특정의 전략산업 부문에 편중 배분된다. 이러한 자원의 편중 배분에 더해 발전국가는 금융지원, 세제혜택, 가격의 왜곡, 선택적 보호주의, 보조금 정책 등을 통해 전략산업을 집중 지원한다. 이러한 정책을 펴기 위해 국가는 금융기관을 통제하여 국가가 원하는 전략 부문에 금융을 집중적으로 배분한다. 그러나 국가는 이들 전략산업에 무조건적인 특혜를 배분하기보다는 주기적인 체크 과정을 거쳐 그들이 이룩한 경제적 성과에 따라 자원을 배분함으로써 경제성장을 유도하였다(김일영, 2005:32-34).

이러한 산업정책을 수행하는데 있어서 특히 중요한 것이 이러한 전략적 산업정책의 정책형성과 정책집행을 추진할 관료집단과 선도기구의 존재여부이다. 당시 박정희 정권에 의해 새롭게 형성된 관료집단은 크게 테크노크라트 집단과 퇴역장성, 전문 기업경영인, 전문 행정관료로 구성된 정책관료집단으로 구성되었다. 이들 관료집단의 공통점은 이들이 고도의 자격을 갖춘 전문가들로 강한 자제력과 효율성을 바탕으로 경제성장이라는 목적 달성에 전념하였다는 것이다. 그들은 대통령의 개발 의제를 잘 파악하고 있었고 지도자와의 관계에서 자신들의 역할과 한계를 잘 인지하였다(김형아, 2005:137).

다른 한편으로 1961년 7월 22일 신설된 경제기획원(EPB)은 공식적으로 가장 강력한 위상과 권한을 가진 선도기구였다. 경제기획원의 업무는 경제개발계획의 수립, 예산과 외자 등 개발에 소요되는 자원동원 및 운용, 그리고 제반 경제정책의 종합석 조율에 집중되었다(윤상우, 2005:54-55). 경제기획원은 재무부의 강력한 저항에도 불구하고 재무부를 금융자본의 이익을 위한 대변기구로 작동하기보다는 성장을 위한 산업기금의 공급처로서의 기능을 하도록 재정립하였다(김세중, 2005:76). 이들 국가관료집단 및 선도기구는 박정희 대통령의 정치적 보호아래 여론과 재계 및 각종 사회적 압력으로부터 상대적으로 자유로운 상태에서 관료적 합리성에 따라 강력하게 경제정책을 집행할 수 있었다.

5.16 혁명주체들에 의해 추진된 발전국가의 산업발전 전략은 크게 두 가지로 대별되는데 하나는 대외지향적 정책으로,

이는 수출지향정책과 외자도입정책으로 구성되었다. 다른 하나는 1973년에 실시된 중화학공업 추진정책이다. 중화학공업정책은 경제적 필요성에 더하여 당시 북한의 대남 침투 공작과 닉슨 독트린에서 시작된 미군철수라는 절박한 국가안보 위기상황과 결부되어 실시되었다. 따라서 발전국가의 산업정책은 단지 경제발전이라는 하나의 목표만을 위해 추진된 것이 아니라 변화하는 세계정체 속에 능동적으로 대처하고 경제건설과 자주국방을 통해 민족의 생존을 지키려는 전략 수립 과정과 깊게 결부되어 추진된 것으로 이해할 수 있다.

Ⅲ. 한국의 산업정책에 대한 이해

1. 산업정책의 내용과 성과

한국의 산업정책은 1960년대 초부터 본격적으로 시작되었다. 한국의 산업정책의 기조는 경제발전과 직결된 자립적인 산업화였다. 1961년 5.16 군사쿠데타를 통해 집권한 박정희 정부의 새로운 경제전략은 수출을 통한 국가건설(수출입국)을 이룩하는 수출지향적산업화(Export-Oriented Industrialization: EOI)로 대변되었다. 한국은 박정희 대통령의 강력한 지도력을 바탕으로 1962년부터 매 5년 간격으로 경제개발5개년계획을 수립하여 공업화 정책과 수출주도형 산업화정책을 지속적으로 추진하였다.

1960년대 산업화 초기부터 국가는 사회의 전 영역에 걸쳐 주도권을 쥐고 경제발전에 총력을 기울였다. 제3공화국 지도부는 한국 사회 내의 제반 사회세력과는 단절된 군부엘리트에 기반을 둔 세력이었다. 그들은 자본가나 노동자, 지주, 농민, 그 어느 사회 세력으로부터도 심각한 도전에 직면하지 않은 상태에서 강력한 경제정책을 수행할 수 있었다. 한국의 국가는 일제 식민지시기에 이미 후기 식민지 권력으로 과잉 발달한 상태로 해방을 맞이하였다. 이어 1950-53년 기간의 한국 내전과 1950-56년 기간의 농지개혁은 전통적 지배계급인 지주계급의 영원한 소멸을 가져왔다. 또 다른 지배계급인 자본가 층은 일제 시기부터 이미 국가의 특혜에 전적으로 의존하며 성장해온 관계로 국가에 도전할 만한 독립적인 사회세력이 될 수 없었다. 농지개혁 과정에서 농민들은 상대적으로 혜택을 받은 수혜층이었고, 산업이 발달하지 못한 당시에 노동자층의 수와 세력은 극히 미미하였다. 이에 군부 엘리트들로 구성된 집권 세력에 도전할 만한 사회세력이 존재하지 못한 가운데 국가는 강력한 추진력을 갖고 경제발전 계획을 실행에 옮길 수 있었다. 따라서 당시 집권층인 군부엘리트는 국가안보와 경제번영이라는 두 가지 당면 목표를 수행하는데 있어 특정 이해를 가진 제 사회집단의 참여를 배제한 채 정책을 수행하는 이른바 '강한 국가-약한 사회'의 관계를 창출하였다. 이러한 배경 하에서 정부는 산업화에 대한 명확한 목표를 설정하고 억압과 유인을 효율적으로 행사하여 강력한 통제를 통한 경제 성장을 추진하는 한편 대기업인 재벌에게도 억압과 유인을 통해 경제발전에 적극 동참시켰다. 나아가 국가는 경제발전에 필요한 각종 기구들을 창설하고 실용적인 경제정책을 실시하였다(Kim and Leipziger, 1997:190).

한국의 산업화 역사는 크게 세 단계로 구분될 수 있다. 제1기는 1962-1972년에 이르는 도약단계로 이 시기는 정부의 적극적인 수출정책과 국내산업 보호로 특징지어진다. 수출에 대한 지원은 정부 통제 하에 있는 금융기관을 통해 이루어졌다. 정부의 목표는 정책금융을 통해 수행되었는데 당시 각 기업들의 수출정도 자체가 곧 신용평가의 기준이 되었다.

1962-66년에 이르는 제1차 경제개발5개년계획 기간 동안에 제3공화국 정부는 자주적인 공업화의 기반구축을 목적으로 기초산업을 육성하고 사회간접자본을 정비하였다. 이때 집중육성된 산업은 전력, 비료, 정유, 시멘트, 합성섬유, PVC 등이었다. 1967-71년에 이르는 제2차 경제개발계획 기간 동안에는 대외지향적 산업정책을 추진하여 원자재의 수입대체화 노력과 함께 경공업 수출전략을 폈다. 당시의 중점 전략산업은 합성섬유, 전자기기, 석유화학 등이었다. 이 기간 동안에 정부는 오직 수출지향을 목표로 하였을 뿐 산업간 차별을 두지 않았다.

제2기는 1972-1979년에 이르는 기간으로 이 시기는 중화학공업 집중 육성단계로 특징지어진다. 1972-76년에 이르는 제3차 경제개발계획 기간 동안에 국가는 수출주도형 중화학공업 건설과 산업구조 고도화 전략을 통해 철강, 석유화학, 조선, 기계 등을 집중 육성하였다. 이는 커다란 산업 전환으로 이 기간 동안 경공업의 희생 속에서 대부분의 자본과 신용이 특정 분야의 중화학공업에 집중되었다. 이는 전반적인 수출지향적산업화의 기조를 유지한 채 중화학공업 부문을 수입대체화 하고자 한 것이다(Woo, 1991:119). 한국의 중화학공업화 정책 추진에는 당시 대미관계가 반영되어 있는 것으로 정부는 자주국방과 정치적 정당성 창출을 위해서도 이 전략이 필요했다(Woo, 1991:118-147; Kim, 1997:140-41).

1973년 1월 12일 중화학공업정책에 대한 대통령 발표가 있은 후에 정부는 구체적이고 세밀한 계획을 세워 이를 집행하였다. 중화학공업의 추진은 자주국방태세를 갖추기 위한 불가결한 과제였다. 따라서 중화학공업정책은 자주국방과 밀접한 관련이 있는 철강, 비철금속, 조선, 기계, 전자, 화학 등 6개 업종에 집중되었다(김세중, 2005:78-80). 그리고 6대 중점 산업을 설정하고 각 산업마다 거대 산업단지를 조성했다. 이에 따라 여천에 석유화학단지, 창원에 기계단지, 포항에 제철소, 옥포에 조선소, 구미에 전자단지, 그리고 온산에 비금속기계단지가 만들어졌다(Woo, 1991:129). 이들은 자본비율이 높고 이윤 회수기간이 긴 위험부담이 큰 사업들이었던 만큼 초창기에 대부분의 민간기업들이 이에의 참여를 꺼려했다. 이에 정부는 아낌없는 정책지원과 정책금융 지원을 통해 민간자본의 참여를 유도했고 이 과정에서 오늘날 한국을 대표하는 대재벌이 만들어졌다.

제3기는 1979년 이후로부터 1993년 김영삼 정권 등장 이전까지의 시기이다. 이 시기는 중화학공업에 대한 과잉/중복투자와 제2차 석유위기에 따라 경제정책이 급변한 시기다. 당시 새로운 경제정책은 금융자유화와 수입개방으로 대변된다. 이 시기는 정부의 경제에 대한 간섭이 약해지는 가운데 경제가 국제경제정책에 더욱 깊숙이 편입되어간 시기다. 이 기간 동안 정부는 신용할당자로서의 역할을 점차로 줄여갔고 중화학공업 부문에 대한 특혜도 철회하였다. 정부는 특정 정책분야에 계속적으로 영향력을 행사하고 있었지만 경제 간섭의 방향은 특정 산업 지원에서 기술발전 보조와 경쟁력 강화 쪽으로 변했다(Kim and Leipziger, 1997:184-5). 따라서 1982-1986년의 제5차 경제개발계획 기간 이후 정부는 비교우위에 입각하여 국제적으로 경쟁력 있는 기술집약형 정보/기술산업을 집중적으로 육성하여 선진국형 산업화를 이룩하고자 하였다.

이러한 산업정책의 성과가 반영된 것이 바로 산업구조의 변화이다. 한국은 지난 1960-1995년 사이에 1차산업의 비중이 39.9퍼센트에서 6.6퍼센트로 현저하게 줄어든 반면 2차산업의 비중은 18.6퍼센트에서 43.5퍼센트로 괄목할만한 성장을 보였다. 2차산업의 발달은 주로 제조업과 건설업에 의해 이루어졌다. 고용구조를 볼 때, 같은 기간 동안 1차산업은 58.6퍼센트에서 12.5퍼센트로 줄어든 반면 2차산업의 고용구조는 18.6퍼센트에서 32.9퍼센트로 늘어났다. 같은 기간 동안 3차산업의 산업비중은 41.5퍼센트에서 49.9퍼센트로 늘어났고, 특히 고용비중은 28.1퍼센트에서 54.6퍼센트로 크게 증가했다(Song, 1997:109-110).

산업 발전의 핵심인 제조업 부분만을 따로 살펴볼 때, 1960년대 한국 산업의 주축을 이룬 것은 음식료품과 섬유/가죽으로 1960년 현재 이들의 비중은 전체 제조업의 61.7퍼센트를 차지하였다. 이들의 비중은 1970년에도 51.3퍼센트로 매우 높았다. 그러나 중화학공업화 이후 이들의 비중은 계속 낮아져 1980년에는 37.9퍼센트, 1990년에는 24.7퍼센트, 그리고 1993년에는 19.9퍼센트로 계속 낮아지고 있다. 반면에 중화학공업의 비중은 1960-1993년 기간 동안 22.7퍼센트에서 67.6퍼센트로 높아졌는데 이의 주축을 이루는 것이 금속/기계와 화학제품이었다(Song, 1997:108 <표 7-3>참소). 이는 지난 70년대 중화학공업와 정책의 결과로 이루어진 것이다.

그렇다면 같은 기간 동안 기업체 수와 고용의 비율은 어떻게 변모해갔는가? 1998년 노동부에서 발간한 <사업체노동실태보고서 1997>에 따르면(26-29쪽 <표 4>), 1970-1995년 기간 동안에 기업체 수는 15,469개에서 178,051개로 10배 이상 증가하였으며, 이에 종사하는 노동자 수도 108만 명에서 617만 명으로 늘어나 거의 6배 가까이 증가하였다. 이 기간 동안 종업원 수가 30인 미만의 소규모 기업체 비율이 56.7퍼센트에서 79.8퍼센트로 늘어났고 고용 비율도 12.8퍼센트에서 30.9퍼센트로 증가한 반면, 500인 이상 고용규모를 가진 대기업은 2.0퍼센트에서 0.5퍼센트로 줄었고, 고용 비중도 32.8퍼센트에서 19.1 퍼센트로 감소하였다. 그러나 대기업은 기업체 수에 비해 많은 고용 효과를 보이는 것으로 나타났다.

2. 산업정책과 국가의 역할

후발산업국인 한국이 빠른 산업화를 이룩하는 과정에서 국가는 매우 중요한 역할을 하였다. 1960년대 초 한국이 산업화를 시작할 때 국제사회에 대항하여 경쟁력을 가질 수 있는 부문은 오직 풍부한 저임금 노동력뿐 이었다. 그러나 저임금만을 갖고서는 정부가 추구하는 수출주도산업화를 이룩할 수 없었다. 이에 정부는 정치, 사회적 안정을 도모하고 이를 바탕으로 외국자본과 기술을 끌어들이는 전략을 추구했다. 이중 특히 자본조달이 중요했는데, 한국 산업화에 필요한 초기 자본은 주로 해외에서 빌려오는 차관에 의존하였으며, 어느 정도 국내 산업성장이 이루어진 후에는 국내 자본축적을 독려하였다. 자본조달을 위해 정부는 한편으로는 정부보증 하에 해외자본을 끌어들였으며 다른 한편으로는 모든 시중은행을 국유화하고 이자율을 높게 통제하여 국내 자본축적을 유도하였다. 이렇게 하여 축적된 자본은 정부가 선택한 특정 전략 산업분야에 집중적으로 투자되었다. 또한 정부는 국내산업을 보호하기 위해 무역장벽을 세우고 기업 보조금을 지급하는 등의 적극적인 경제개입을 시도하였다. 정부는 특정 산업의 투자기회를 창출하기 위해 물가체계를 일부러 왜곡시키고 참여기업들에게 각종 유인책을 제공하였다. 이런 정책을 통해 정부는 투자가들의 욕구 및 시장 요소를 조정하였다(암스덴, 1990:24-5).

박정희 통치 시기(1962-1979)에 한국 정부는 수출실적에 따라 정부의 지원과 보조를 조정하는 방식으로 재벌에 대한 통제를 강화하였다. 당시 정부는 여러 측면에서 기업가적인 역할을 수행했다. 정부는 산업면허 정책을 구상하여 무엇을 언제 얼마만큼 생산할 지에 대한 투자결정을 유도하고 정부 보호와 정부 보조금을 받을 수 있는 신규 사업체 수를 제한함으로써 기업에 대한 강력한 통제력을 행사할 수 있었다(암스덴, 1990:29). 한국의 산업화에 대한 이정표는 거의 전적으로 국가에 의해 결정되어져 왔으며 1960-70년대 대기업들의 산업전략과 기업 다각화는 거의 모두가 국가개입의 산물이었다.

수출주도산업화 전략을 효율적으로 추구하기 위해 정부는 대기업들과 특별한 동맹관계를 맺었다. 정부는 당근과 채찍 전략을 유효적절하게 구사하여 민간 대기업부문을 전략의 하위 파트너로 만들었다(Kim, 1997:97). 정부는 경제 경쟁력 강화를 위해 규모의 경제(economies of scale)를 추구하였고 이를 이룩하기 위해 특정 산업 분야의 대기업들을 집중적으로 지원하고 육성하였다. 이들 대기업들은 점차 재벌들로 성장하였다. 특히 1973년의 중화학공업 육성방안 발표 이후 정부는 특정 산업분야의 기업들을 선별하고 이들에게 막대한 금융지원을 하는 한편 더욱 더 이들을 주축으로 한 경제발전 전략을 추구하였다 (Woo, 1991; Fields, 1995). 오늘날 한국의 재벌 집단은 이러한 정부 정책 결과의 소산이라 볼 수 있다.

〈표 1〉 재벌의 제조업 상품 판매와 고용의 변화, 1977-1994(%)

재벌	제조업 상품 판매비율				고 용 비 율			
	1977	1980	1985	1994	1977	1980	1985	1994
상위 5	15.7	16.9	23.0	27.2	9.1	9.1	9.7	8.1
상위 10	21.2	23.8	30.2	34.1	12.5	12.8	11.7	10.3
상위 20	29.3	31.4	36.4	38.3	17.4	17.9	15.5	11.9
상위 30	34.1	36.0	40.2	41.5	20.5	22.4	17.6	12.8

출처: Song, Byung-Nak (1997), 115쪽, <표 7-8>에서 인용.

지난 30년간의 산업정책 기간을 통해 재벌의 경제력 집중이 크게 강화되었다. 위 <표 1>에서 보듯이, 1977-1994년 사이에 재벌이 한국 전체 제조업 판매와 고용에서 차지하는 비중이 크게 변화되었다. 상위 30대 재벌이 전체 제조업 상품 판매에서 차지하는 비중은 34.1퍼센트에서 40.2퍼센트로 증가하였으나 이들의 고용 비율은 20.5퍼센트에서 12.8퍼센트로 도리어 감소하였다. 이들 중 특히 상위 재벌로 갈수록 경제력 집중이 심해 1994년 상위 5대 재벌이 30대 재벌의 제조업 상품 판매에서 차지하는 비중이 65.5퍼센트, 고용 비중은 63.5퍼센트였다. 이로 볼 때, 한국의 산업화 기간 동안에 상위 소수 대기업(재벌)들로의 경제력 집중이 심화되었음을 볼 수 있다. 이는 또한 1980년대 초 경제자율화 조치 실시 이후에 정부가 재벌의 경제력 집중을 억제시키고자 노력했음에도 불구하고 도리어 재벌의 경제력 집중이 강화되었음을 보여준다. 1985-1994년 기간 동안 상위 30대 재벌이 GNP에서 차지하는 비중은 9.7퍼센트에서 15.2퍼센트로 높아졌고, 자회사 수도 270개에서 623개로 급증하였다(Song, 1997:116). 이는 1980년대 경제자율화 조치 이후 재벌의 경제활동이 정부 통제로부터 점차 벗어나고 있음을 말해준다.

한편, 한국의 산업화 과정에 대한 분석에서 빼놓을 수 없는 부분이 노사관계다. 박정희 시기 한국의 산업화와 경제성장은 철저한 노동통제와 억압적 산업평화 속에서 이루어졌다. 전반적으로 국민의 생활수준과 교육수준이 크게 향상된 1980년대에도 군부 권위주의 정권 하에서 군대식 경영스타일과 억압적 노사관계는 지속되었고, 이것은 노동자들의 커다란 불만의 대상이었다(Bello & Rosenfeld, 1990:26-30). 이러한 누적된 불만들은 1987년 민주화운동 과정에서 한꺼번에 분출되었다. 이후 노사갈등과 급진적 노조운동은 한국 산업발전의 가장 중요한 이슈가 되었다. 1987년을 계기로 한국의 노사분쟁이 급속도로 확산되었고 이후에도 많은 인원이 지속적으로 노동분쟁에 참여하였다. 1987년 이후 한국에서 경험한 노사분규 건수와 노동손실 일수의 규모는 다른 동아시아신흥공업국에 비해 월등히 많다.[11]

11) 1970년대 이후 1997년 IMF 이전까지 홍콩과 싱가포르는 거의 노사분규를

이는 그 동안 한국 정부와 재벌의 극심한 노동탄압과 노동배제에 따른 결과라고 말할 수 있다.[12)]

결론적으로 볼 때, 한국의 산업화 과정은 국가에 의해 계획되고 집행된 산업정책의 연장선상에서 이해될 수 있다. 이는 집중과 선택으로 요약될 수 있고 그 진행과정은 중소기업과 노동자의 희생 하에 정부가 선택한 특정 산업부문의 대기업을 집중 육성하는 것이었다. 그 결과 한국은 괄목할만한 경제성장과 산업구조 변화를 이룩하였다.

3. 수출드라이브 정책의 성립과 발전

1962년 1월 13일에 시작되는 제1차 경제개발5개년계획은 1961년 12월 말에 완성되어 1962년 1월 5일에 발표되었다. 이는 국가가 민간부문인 시장에 적극 개입하여 국가주도적 경제개발을 추진하려 했던 것으로 이는 단순한 시장자유화가 아닌 정부개입의 강화를 통한 경제개발이었다. 이는 민간의 창의와

경험하지 않고 있으며, 대만의 경우 비록 1987년 이후 많은 건수의 노사분규를 경험하고 있지만 한국과 같이 소모적인 대규모적인 노사분규는 거의 발생하지 않고 있다.

12) 그러나 1990년대 중반 이후 한국은 중국, 인도 및 ASEAN 등의 저임금 후발 산업국가들과 더 이상 저임금으로 경쟁할 수 없는 처지가 되었다. 이제는 기존의 억압적 노사관계, 정부의 노동탄압, 또 이에 따른 극심한 노사대립으로는 국제시장에서 경쟁할 수 없는 상황이 되고 있다. 자율적 노사관계를 통해 노동자들의 적극적인 산업 참여와 자발적인 동의를 통한 산업평화 없이는 기업들이 국제경쟁에서 살아남기가 더욱 힘들어지고 있다.

자유를 존중하는 자유기업의 원칙을 토대로 하되 기간부문과 그 비중이 중요한 산업 부문에 대해서는 국가가 직간접적으로 관여하는 「지도받는 자본주의 체제」였다(이완범, 2005:179-180). 당시 경제기획원의 안은 대체적으로 자주적 공업화를 지향하는 것으로 수출지상주의적 표현은 전혀 없었다. 제1차 경제개발5개년계획의 목표를 보면, 첫째 산업구조의 현대화와 경제자립을 위한 사회간접자본 및 기초공업을 건설하고, 둘째 식량과 공업원료에 대한 수요를 충족시키기 위한 농업 및 광업의 진흥, 그리고 마지막으로 외자조달과 국제수지의 호전을 위한 수산업, 광업 및 제조업에의 집중적으로 투자를 배정하는 것이었다(이완범, 2005:183).

경제개발계획 수립 과정에서 당국자들은 민간 전문가들의 자문을 받았지만 미국 정부 당국자와는 상의하지 않았다. 따라서 미국은 이 안에 대해 냉담했다. 경제발전에서 핵심 과제는 외화와 국내자본을 조달하는 것이었다. 따라서 대일수출을 통한 자금의 확보, 차관도입과 외국인 직접투자의 유치, 국내지본 동원을 위한 화폐개혁과 금리현실화 등 일련의 정책들이 구상되고 추진되기 시작했다. 미국은 이 안이 막대한 신규투자와 재정적자, 그리고 통화량 팽창을 가져와 경제적 안정을 저해시킨다고 보았다. 특히 미국은 막대한 외자를 도입해야 하는 제철소 건설에 부정적이었다(김정렴, 1995). 미국은 입안이 끝난 직후부터 계획변경을 권고했다. 미국의 반대 속에 미국의 대한원조를 중심으로 하는 외자도입이 계획대로 이루어지지 않았고 화폐개혁을 통한 내자동원도 실패하였다. 특히 화폐개혁은 5개년개획에서 최고의 중점사업으로 화폐개혁 때 노출되는 음성자금을 장기적축 형식으로 흡수하여 이를 투자재원으로 동원한다는 것이 그 추진 목적이었다. 그러나 이러한 중요한 개혁이 미국과 사전 협의가 없이 이루어졌다. 미국의 입장에서 볼 때 거액의 원조를 제공받는 한국 정부가 미국의 의사와 관계없이 멋대로 행동하는 것에 대해 커다란 배신감을 느끼고 통화개혁을 백지화하지 않으면 경제원조를 유보하겠다는 통보까지 하는 등 과도한 압력을 행사했다(이완범, 2005:194-197). 이러한 경제적 시련 속에서 정부는 경제개발 초기에 추진했던 정부주도의 경제자립화를 포기하는 대신 경제개발에 민간기업 주도권을 보장하고 한일회담 등을 통해 외국자본을 적극적으로 도입하는 정책으로 전환할 수밖에 없었다(이완범, 2005:183-204).

이러한 미국의 압력과 비협조 하에서 초기 경제계획은 계획대로 진행될 수 없었고 이어서 1962년 11월부터 보완작업이 실시되었다. 보완계획 작성은 경제개발계획 뿐만 아니라 경제정책의 일대 전환점이었다. 수정안에는 미국의 입김이 크게 작용할 수밖에 없었다. 수정안의 내용을 보면 주요 경제정책 수립에서 국가 주도보다 민간기업 주도가 강조되어, 민간기업의 자발적 경제활동을 존중하는 방향으로 수정되었다(이완범, 2005:210-211). 또한 이전에 다소 강조되었던 중농주의적 기조가 후퇴하고 공업 우선으로 방향을 잡았다. 원래 수출계획상 산업별 구성에서는 1차산업 상품의 수출 69퍼센트, 공업제품 13퍼센트, 보세가공무역 수출이 15퍼센트였다. 그러나 1962년 실제 수출 실적에서 공산품 수출이 원 계획보다 2배나 많았고 보세가공품 수출은 극도로 부진했다. 이 때문에 보완계획에서 수출 중점품목이 1차산품에서 공산품으로 변경되었다(이상철, 2003:106-108). 보완작업에서 공산품수출 촉진정책으로 바뀌게 된 더 큰 계기는 당시의 외환위기였다. 1962년부터 외환보유액이 감소세로 돌아섰는데 1962년 말에는 1961년에 비해 3,900만 달러가 감소한 1억 6,700만 달러였고 1963년에 들어와서도 계속 감소하는 추세에 있었다. 이에 대해 1963년부터 정부는 대대적인 수출입링크제를 실시하였는데 이는 수출업자에게 수출대금 전액을 수입에 사용할 수 있는 권리를 부여해주는 것이었다. 이때 수입권은 양도가 가능해져서 수입권 프리미엄 시장이 형성되었다. 수출입링크제는 수출증대에 크게 공헌하였다(이상철, 2003:108).

재정조달 면에서 외자의존형 모델을 채택하면서 정부주도의 경제자립화가 포기되었다. 수정안은 민정 이양 후인 1964년 1월에 발표되고 2월에 확정되었다. 이 때 미국은 수출을 통한 국제수지의 개선을 정책 전환방향으로 제시하였다. 그러나 수정안 목표중 하나가 '자립경제 달성을 위한 기반구축'이므로 자립적 공업화 전략이 전적으로 포기된 것은 아니며 수출드라이브도 본격적으로 시작되지는 않았다(이완범, 2005:212-213).

박정희 정권의 모토인 '수출입국'을 명확히 한 것은 1962년 경제개발계획이 시작된 시점이 아니라 1964년 후반 이후였다. 박정희 대통령이 1964년 10월 5일 「무역진흥공사 수출 센터 국내전시관에 상시 개설할 메시지」를 통해 자립경제의 기초를 확립하는 제1과제로 수출진흥을 통한 외화획득을 제시하고 경제시책의 주요 목표를 '수출 제1주의'로 삼은 이후에 수출입국이 명확해졌다. 수출드라이브가 본격적으로 가동된 것은 1965년 한일회담 타결 이후부터이다(이완범, 2005:218). 박정희는 수출 1억불 달성 기념으로 1964년 12월 5일을 수출의 날로 제정하고 이후 수출주도형 개발정책을 본격적으로 추진했다. 이후 '수출은 성장의 엔진', '수출만이 살길'이라는 구호가 등장하면서 수출드라이브가 본격적으로 가동하기 시작하였다. 이후 국시는 '수출제일주의', 정책은 '공업입국'을 목적으로 하는 박정희 시기의 산업정책이 본격적으로 시작되었다(이완범, 2005:223).

1964년 중반 재정위기를 수출주도산업정책으로 타개하고자 한 박정희 정부는 수출만이 살길이라면서 나리 전체적으로 수출제일주의를 국가의 최우선 정책으로 삼고 매진하였다. 박정희는 수출 산업분야의 모든 회사들에 대한 감독을 직접 지휘하고 각 부서의 계획이 국가의 수출주도산업건설 정책과 전략에 잘 부흥하는지를 개인적으로 체크하였다. 이런 과정에서 1964년 1억 달러 수출 목표를 달성한 후 1967년 3억 달러, 그리고 1971년에는 10억 달러 수출 목표를 달성했다.

4. 한일국교정상화와 베트남 파병

1960년대 한국 산업화의 추진력은 크게 두 가지 사건에 의해 결정되었다. 한일국교정상화 협정과 베트남 파병이 그것이다. 한일협정은 한국의 외환위기를 타개하고 이 과정에서 자본주의 세계체제에 좀 더 깊숙이 편입됨으로써 경제발전을 이룩하고자 하는 의도에서 추진되었다. 점차 줄어드는 미국 원조와 함께 재정적으로 거의 파탄상태에 있었던 박정희 정권에게 있어서 일본은 제1차 경제개발계획을 추진하고 정치적 생명을 보장해줄 수 있는 새로운 경제적·재정적 원조처였다. 한일회담에 대한 한국 정부의 관심은 전적으로 경제적인 차원에 있었다. 한국 정부에게 있어서 한일국교정상화는 정치와 경제 모두에서 중요한 문제였다. 특히 1962-64년의 외환파동과 국내 경제사정 악화는 한일국교정상화의 필요성을 더욱 고조시켰다.

한편 미국은 한국 정부 성립 초기부터 한일국교정상화를 추구하였다. 동아시아에 강력한 반공주의 세력 구축을 위해 한국과 일본의 화해협력은 미국에게 있어서 매우 중요한 과제였다. 또한 미국은 1946년부터 1964년까지 한국에 약 60억 달러 이상의 군사 및 경제원조를 단행하였는데 이 중 약 39억 달러가 경제원조로 제공된 것이었다. 60년대에 들어와 미국의 국내 사정으로 달러가 고갈되자 미국은 대한경제원조의 부담을 일본에 떠넘기려 하였다. 실제로 미국은 한국에 대한 원조를 감소시켰고 무상원조도 개발차관으로 대체하였다. 1961년 미국의 대한 원조액은 2억 6,580만 달러였으나 1965년에는 1억 9,430억 달러로 감소하였다(유병용, 1999:25). 미국은 동북아시아에서 경제력을 갖춘 일본에게 새로운 위치를 부여하고 그에 따라 동북아지역, 특히 한국의 경제개발 책임을 일본에게 지우려 했다(김형아, 2005:170).

일본의 입장에서 보면, 1950년대 말 이미 중화학공업화를 이룩하여 대외자본수출과 시장 확대가 불가피한 상태로 한국과의 관계정상화는 일본의 자본주의 확장에 절호의 기회가 되었다. 나아가 미국과의 관계협력을 통해 오키나와를 일본의 영토로 회복시키려는 의지가 함께 작용하였고 이는 결국 1972년 5월 오키나와의 일본 반환으로 이어졌다(김형아, 2005:171).

한일국교정상화 비준 통과 과정은 베트남 파병문제와 겹쳐진다. 당시 한국에서는 한일회담 저지 투쟁이 거세게 일고 있었다. 1965년 8월 11일 여당인 민주공화당은 한일국교정상화 비준에 관한 법안을 고도로 조직화된 번개 같은 일격으로 한밤중에 통과시켰다. 다음날 이에 격분한 야당 의원들은 국회의사당을 박차고 나갔다. 그러나 민주공화당은 이 기회를 이용하여 8월 13일 베트남 파병안을 신속히 통과시키고 다음날에는 한일국교정상화 법안도 비준했다. 따라서 1965년 12월 18일 한일국교관계가 수립되었을 때 이미 한국 해병여단 1만 8,000 명이 베트남에 파견된 상태였다(김형아, 2005:376).

한일국교 정상화 과정에서 한국이 일본으로부터 대일청구권 명목으로 받은 대가는 무상원조 3억 달러, 정부차관 2억 달러, 상업차관 3억 달러 등 8억 달러였다. 당시 한국 정부의 총 외환보유고가 2-3억 달러에 불과했다는 점을 감안해보면 8억 달러의 외화는 엄청난 금액이었다. 한일국교정상화는 강력한 권력을 지닌 국가가 시민사회의 강도 높은 반대를 무릅쓰고 급속한 경제개발이라는 정치경제적 목적을 추진한 대표적인 사례라 볼 수 있다(유병용, 1999:47-48). 이 과정에서 국가는 설득과 동의를 배제한 채 국가의 강력한 정책 목표인 경제발전 정책을 추진한 것이다. 한일협정을 통해 박정희 정부의 산업정책이 정상적 궤도에 진입할 수 있는 계기가 되었다.

한국군의 베트남 파병은 박정희의 중요한 전략 중 하나였다. 이는 정치적 기반이 약한 정권이 정당성을 확보하는 기회이자 미국으로부터 경제적 이득과 안보 공약을 얻어낼 수 있는 매우 중요한 수단이었다. 박정희 대통령이 당시 베트남 파병을 강력히 주장한 것은 미국의 주한미군 철수를 차단하기 위한 방편이었다. 실제로 1963년 6월 미국의 케네디 대통령은 주한미군 철수를 심하게 고려하였었다. 베트남 파병[13]을 통해 한국은 미국

13) 베트남 파병 한국군을 보면, 1964년 9월 22일 이동외과병원과 태권도 교관 등 비전투병의 파병을 시작한 이래 1966년까지 총 2만 3,856명의 한국군이 베트남에 파병되었고, 1969-72년 사이에 최대 4만 7,872명의 한국군이 상시 베트남에 주둔했고, 1973년 3월 23일 한국군 후발대가 베트남에서 철수할 때까지 8년 6개월 동안 2만 여 명의 한국군이 베트남에서 복무했으며, 5000명

의 군사적·경제적 원조가 삭감되는 것을 연기시켰을 뿐만 아니라 미국의 한국군 현대화 작업에 박차를 가하는 계기가 되었다.

베트남 참전은 박정희 정권의 시급한 문제들을 거의 모두 해결하는 계기가 되었다. 박정희는 파병을 통해 미국으로부터 전폭적인 지지와 신뢰를 획득하여 그동안 발목을 잡았던 정통성 시비에서 완전히 벗어났으며, 군을 완전히 장악함으로써 정권의 안정을 꾀할 수 있었다. 경제면에서 볼 때 각종 차관의 도입이 유리해졌고, 10억 달러가 넘는 외화를 벌어들였고, 또한 삼각무역 등의 기회를 통해 전쟁특수를 누렸다. 이를 통해 사회간접시설의 확충이 가능해 졌고, 산업화가 본격적으로 추진될 수 있었으며, 수출이 획기적으로 신장되어 급속한 경제성장이 밑거름이 되었다. 연인원 30만 명이 넘는 병력 파병과 각종 건설, 토목, 수송 등에서 한국인 근로자와 기술자들이 새로운 일자리를 얻게 되었고 이들의 경험은 이어 경부고속도로 건설, 중동붐 등으로 이어져 성장 동력이 될 수 있었다. 현대 한진, 대우 등 한국 기업들은 베트남 특수를 통해 세계적인 기업으로 성장하였다(홍규덕, 2005: 320-321).

한국 정부가 베트남 파병으로 얻을 수 있었던 경제적 효과를 살펴볼 때, 미국의 직·간접적 지원과 베트남전쟁 특수의 활용, 그리고 국내기업과 근로자의 베트남 진출에 대한 효과는 대략

이상의 전사자가 발생했다(김형아, 2005:178; 최용호, 2005:372).

50억 달러의 외화소득에 이른다고 추정된다. 나아가 당시 위태로웠던 외환위기 극복 효과, 국내경기 활성화, 그리고 국내기업의 해외진출 경험 획득 등의 효과는 가히 천문학적이라 말할 수 있다(홍규덕, 2005:300).14)

5. 중화학공업 정책과 총체적 개혁

1968년 1.21사태가 발생하고 이어 푸에블로호 피랍사건이 발생하고 이에 대한 미국의 미온적 대처가 이어지자 국방에 불안을 느낀 박정희 대통령은 1968년 4월에 250만 병력의 향토예비군을 창설하였다. 그러나 이에 따르는 문제는 이들 무장시키는데 필요한 무기의 결핍이다. 당시 박정희 정부는 무기공장 건설의 필요성을 절감했다. 그러한 가운데 1968년 11월 울진·삼척에 북한의 무장공비가 침투하자 남북 간 군사적 긴장이 더욱 고조되었다. 이어 1969년 7월에 미국의 닉슨 대통령은 '괌 독트린', 또는 '닉슨 독트린'으로 알려진 새로운 대외정책을 발표했다.15) 곧이어 주한미군 2개 사단 철수 문제가 제기되었고 실제

14) 이러한 외화 총액의 의미는 1963년 우리나라 총수출액이 9천만 달러에 불과했다는 점과, 35년간 일제 지배와 핍박의 대가로 얻어낸 대일청구권 자금이 8억 달러에 불과했다는 점과 비교해보면 더욱 명확해진다(최용호, 2005:300).

15) 핵무기와 관련된 강대국의 위협을 제외한 국제 안보와 군사방어가 관련된 문제에서 미국은 이들 문제를 아시아 국가들이 점차 스스로 해결하고 책임을 지도록 장려하고 기대할 것이라는 내용으로 닉슨이 1969년 7월 29일자 『뉴욕타임즈』와의 비공식 기자간담회에서 발표한 것.

로 1971년 3월 1개 사단 철수가 완료되었다. 1971년 7월 15일, 주한미군 1개 사단이 철수한 후 3개월이 조금 지난 후 닉슨은 역사적인 중국 방문 계획을 발표했고, 1972년 2월 방문이 실현되었다. 이러한 미국의 긴장완화 정책은 역설적이게 아시아 지역에서 군사긴장을 고조시켰다. 미국과 중국의 화해 무드는 한국과 북한 모두에게 압력으로 작용하였고 양국은 1972년 남북공동성명서를 발표하기에 이르렀다. 그러나 남북회담은 곧 성과 없이 결렬되었다. 그러나 당시 북한을 방문했던 한국 방문단은 북한의 정신무장 상태와 중화학공업 발전상에 압도당하였고 그 동안 한국에서 추진해온 경공업중심의 경제발전전략을 수정하는 계기가 되었다(이상철, 2003:123). 이러한 상황에서 안보위기를 느낀 박정희는 급속한 중화학공업 발전을 위한 일대 위험한 모험을 강행하였는데 이것이 우리에게 잘 알려진 1973년의 중화학공업화 정책이다. 이 정책은 근본적으로 1970년대 중반의 안보위기와 직결되는 것으로 이는 대규모 방위산업을 건설을 위한 기반이었다(김형아, 2005:185-188).

박정희는 1973년 1월 12일 신년기자회견에서 정부의 중화학공업화 정책이 유신개혁하의 '밀어붙이기' 프로그램으로 국가계획의 기초가 될 것이라고 선언했다. 경제기획원은 1973년 8월 「우리 경제의 장기전망(1972-81)」을 발표했다. 여기에서는 중화학공업제품의 수출촉진을 통한 산업구조의 고도화에 역점을 두고 있다. 즉 「우리 경제의 장기전망」에서는 기존의 공업화 실적과는 관계없이 철강, 비철금속, 조선, 기계, 전자, 화학의 6개 산업을 중점 산업으로 선정하고 이들 산업 품목별 생신목표를 설정하는데 주안점을 두었다. 이들 6개 산업 육성을 추진하기 위해 박정희 정부는 1973-81년 사이에 총 투자액의 22.1퍼센트, 제조업 부문 투자액의 63.9퍼센트에 해당하는 2조 9,800억 원(1970년 불변가격)의 투자를 계획했다.

이를 위해 1973년 중화학공업추진위원회를 설치하고 그 아래에 중화학기획단이 설치되었다. 중화학기획단은 형식적으로는 총리 직속기관이었지만 실질적으로는 대통령 직속의 강력한 기관이었으며 1980년 해체되기 전까지 중화학공업의 모든 실무를 담당하였다. 그리고 이를 실천하는 핵심부서는 상공부가 되었다.

재정적 측면에서는 중화학공업에 대한 재정융자를 확대하고 국민투자기금법으로 자금을 조성하여 이를 중화학공업에 집중 투자하였다. 조세 측면에서도 조세감면규제법과 관세법을 통해 14개 주요 산업에 대해 70-100퍼센트의 과세감면 혜택을 주었다. 그 외에도 중화학공업에 대한 금융지원이 이루어졌는데 1973-80년 동안 중화학공업에 대한 산업은행의 대출금은 1조 2,302억 원으로 제조업 전체 대출금의 80퍼센트에 해당하는 금액이었다(이상철, 2003:124-25). 그리고 사회간접자본의 확충을 통해 중화학공업에 대한 지원이 이루어졌는데 이는 거의 전부가 재정투자로 이루어졌다. 사회간접자본에 투자금액은 1977-80

년 동안 5조원에 달했는데 당시 총재정투자에서 사회간접자본에 대한 투자가 80.5퍼센트를 차지하였다(이상철, 2003:126). 정부는 중화학공장 건설에 필요한 국내외 자본동원과 이의 배분과정에 직접 개입하고 나아가 각 업종별로 산업공단을 조성하였고 이에 필요한 도로, 항만, 용수 등의 부대시설을 제공함으로써 산업기지를 건설했다.

한국 중화학공업화의 전제조건은 권위주의적이며 그 시행은 밀어붙이기식 이었다. 박정희 대통령의 전폭적인 지원에 힘입어 상공부를 중심으로 한 테크노클라트들은 합의된 계획을 정치적 간섭이나 반대 없이 강력하게 시행할 수 있었다. 이러한 상황에서 유신체제는 고도 경쟁을 위해 지불해야만 했던 대가라고 볼 수 있다. 오원철에 따르면, 중화학공업화가 유신이고 유신이 중화학공업화였다. 하나 없이는 다른 하나도 존재할 수 없었다는 것이다(강현아, 2005).

박정희 시대가 지나고 1980년대에 들어서자 중화학공업화를 통해 산업경쟁력을 갖춘 대기업들의 기업 경영능력이 향상되고 정부와의 관계에서도 대등한 동반자로서의 역할 수행능력을 지니게 되었으며, 기업경영에 있어서도 일방적인 국가의 독점에서 벗어나 상당한 자율성을 지니게 되었다. 전두환 체제의 핵심 경제관료였던 서석준은 상공부가 관리했던 산업통제와 재정통제를 해체함으로써 경제기획원 산하 경제부처의 구조를 개혁하였다. 서석준은 경제에 대한 과도한 정부 통제를 격렬하게 반대하고 시장을 더욱 개방하고 기업들에게 더 많은 선택의 자유를 주고자 하였다. 이 급진적 개혁에는 9개월이 걸렸고 1980년대 중반에는 한국 경제 통제권이 상공부에서 경제기획원 관료들에게 넘어갔다.

국가와 재벌과의 관계를 보면 60년대의 정부 주도적 관계에서 70년대의 공생적 관계로, 그리고 1980년대 이후에는 재벌의 영향력이 정부 통제를 벗어나는 방향으로 발전해갔다(Kim, 1997). 특히 1980년대의 경제자율화 조치 이후 한국 경제가 더욱 깊숙이 세계 자유시장경제에 편입됨에 따라 기업의 자율성은 더욱 신장된 반면 정부의 기업에 대한 영향력은 점점 더 약화되어져 갔다. 1997년 한국이 IMF 금융위기를 맞은 중요한 요인 중 하나도 정부의 통제를 벗어난 재벌들의 방만한 외화차입이었다.

Ⅳ. 한국의 IMF 경제위기와 산업정책

일반적으로 널리 알려진 것과는 달리, 1997년 한국의 외환위기는 산업정책 때문에 일어난 것이 아니라 도리어 산업정책이 폐지되었기 때문에 나타난 것이라고 할 수 있다. 1997년 한국이 경제위기에 이르기 몇 년 전에 이미 한국의 산업정책은 폐지되었다. 박정희 대통령이 서거한 직후부터 한국의 경제정책 과정에서 산업정책의 핵심부서인 상공부의 위상이 급속히 약화되었고 반면에 신자유주의자들이 주축을 이룬 경제기획원 관료들이 경제정책을 이끌었다. 이 시점부터 한국의 산업정책은 점차 소멸되어 갔다고 볼 수 있다(김형아, 2005: 344-350).

1980년대 말에 이르러서는 몇몇 첨단기술산업의 연구개발을 지원하는 것 이외의 모든 산업정책이 해체되었다. 1993년에 집권한 김영삼 정부는 산업정책의 해체와 함께 경제개발 5개년계획의 수행을 공식적으로 종식시키고 그나마 조금이라도 산업정책과 연관이 있는 경제기획원도 재무부와 함께 재정경제부로 흡수·통합하였다. 산업정책의 해체와 함께 발전국가의 전통은 완전히 종말을 맞이하였다. 따라서 1997년 한국의 경제위기 때 산업정책이 한국 경제위기의 배후에 있던 중요한 요인이었다는 주장은 전혀 설득력이 없다. 산업정책은 이미 1993년에 완전히 종결된 것이다. 따라서 한국의 경제위기 과정에서 비난받아야 할 것은 산업정책의 지속이 아니라 오히려 대책 없는 산업정책의 폐지라고 볼 수 있다.

그렇다면 한국의 경제위기는 어떻게 설명될 수 있는가? 한국의 위기는 경기순환론적인 성격이 강하다. 한국 경제는 1996년부터 일시적인 어려움에 처하기 시작했다. 가장 많이 지적되는 것은 무역적자 문제로 1996년 한 해 동안의 무역적자가 무려 237억 달러(국내 총생산의 5퍼센트 이상)에 달했다(1995년의 무역적자는 89억 달러였다). 이는 물론 우려할만한 것이지만 이렇게 무역수지가 악화된 것은 당시 주력 상품이던 반도체와 철강

가격이 하락하였기 때문이었다. 수출악화는 수입둔화로 이어졌지만 1997년 당시 경상수지 적자는 비교적 관리할 수 있는 수준(국내 총생산의 3퍼센트 정도)이었다(신장섭 · 장하준, 2004:71). 따라서 무역수지 적자 자체가 경제위기의 주된 요인이 될 수는 없는 것이었다.

다음으로 당시 경제위기의 중요한 원인의 하나로 지적된 것이 30대 재벌 안에 드는 주요 재벌들의 부도사태다. 그러나 1997년 1월 한보의 부도사태는 김영삼 대통령의 아들이 연루된 고위직 내 부패의 연줄망과 연계되어 발생했고, 1997년 6월 이후 기아의 부도사태는 김영삼 정부의 기아차의 삼성 인수 과정에서 나타난 잦은 정책 변경이 문제를 키웠다. 1997년 당시 이들 재벌들의 부도 사태는 기업 운영상의 잘못 못지않게 정권의 부패 및 정책 실패와 크게 연관되어 발생한 것이었다.

실제에 있어서 1997년 한국의 경제위기를 가져온 가장 직접적인 문제는 단기간에 급속히 불어난 대외부채, 즉 단기 대외부채였다. 한국의 대외부채 총액은 1993년 440억 달러에서 1997년 9월에는 1,200억 달러로 불과 4년 사이에 거의 세 배나 증가했다. 특히 문제가 되는 것은 만기구조(maturity structure)로 총부채에서 1년 미만 만기의 대외부채 비중이 1993년 43.7퍼센트에서 1996년 말 58.3퍼센트로 급증했다는 점이었다(신장섭 · 장하준, 2004:77). 불과 5년 사이에 전체 외채 규모가 거의 3배로 급증한 상태에서 특히 단기외채 비중이 급등한 것은 이후 외환위기가 한국 경제위기로 굳어지는 요인이 되었다.

1997년 외환위기 당시 외국 대출기관들이 이들 단기부채에 대한 만기연장을 거부함으로써 한국의 금융위기가 시작되었다. 당시 정부는 장기차입 계약에는 재경원에 상세한 정보를 제공하고 허락을 얻게 한 반면, 단기차입자들에게는 그러한 절차를 요구하지 않았다. 이러한 정책적 실수는 차입자들로 하여금 간접비용을 줄이기 위해 단기대출 쪽으로 유인하는 결과를 가져왔다(신장섭 · 장하준, 2004:129). 따라서 한국 외환위기의 직접적인 원인이었던 단기 대외부채는 국내적 차원에서 볼 때 김영삼 정부의 정책 부재 및 정책 실패에 기인한 것이지 그 이전의 산업정책이나 발전국가 때문이라고 말하기는 어려운 것이다.

우리가 다시 한 번 생각해보아야 하는 문제는 1997년 아시아를 강타한 경제위기가 아시아에만 나타난 아시아만의 문제였을까 하는 점이다(손호철, 1998 참조). 자본주의 사회에서 경제위기는 이미 1970년대 초반, 미국의 제조업 불황에서부터 시작되었다. 이는 전후 케인즈주의에 입각한 경제체제인 브레튼 우즈 체제와 GATT 체제의 붕괴를 가져왔고, 이에 따른 금태환제의 폐지와 변동환율제로의 전환은 산업 자본주의에서 금융 자본주의로의 이행을 예고하는 것이었다. 영국도 이미 1970년대 말 심각한 경제위기 속에서 IMF의 구제금융을 받았으며, 그 후 격심한 구조조정을 거친 후 미국과 함께 신자유주의의 기수가 되었다. 일본도 1980년대 말 이후 거품경가가 꺼지면서 장기 불황에 빠져들었으며, 1996-1997년 엔저 현상이 발생했을 때와 아시아 경제위기 때 잠시 회복기미를 보이다가 다시 불황에 빠져들었다(최근에 나타난 일본 경제의 호황은 일본 경제의 위기탈출을 조심스럽게 점치고 있다). 서유럽 국가들도 1980년대 이후 복지국가의 과비용에 허덕이는 가운데 지속적인 높은 청년실업률과 낮은 경제성장률로 고통을 당하고 있다. 한편 멕시코를 비롯한 남미 국가들은 1980년대 초 심각한 경제위기를 경험한 후 주기적으로 부도위기를 겪고 있으며, 아프리카 국가들은 아예 경제발전 가능성마저 보이지 않고 있다. 소련을 비롯한 사회주의권 국가들의 경제위기는 1990년대 초에 체제 붕괴로 이어졌고, 이후 새로운 도약을 시도하고 있다. 이렇듯 1970년대 이후 신자유주의가 전 지구적으로 확신되면서 전 세계가 경제위기의 몸살을 앓아왔다.

이러한 측면에서 볼 때 한국(을 비롯한 동남아시아 발전국가들)의 경제 위기는 오히려 때늦은 감이 있다. 아시아 발전모델인 산업정책과 발전국가 모델이 아시아 경제위기를 가져온 것이 아니라 그 반대로 발전국가가 실시한 산업정책의 효율성이 그 동안 이들 국가들을 경제위로부터 구출해준 것이라는 설명도 가능하다. 한국의 경우, 지속적이고 효율적인 산업정책을 쓴 발전국가의 효율성이 위기의 순간순간을 잘 넘기고 30년 넘게 지속적으로 고도 경제성장을 이룩하게 함으로써 국민총생산으로 볼 때 세계 11-13위권에 속하는 경제 강국을 만들었다. 이는

1993년 한국에서 산업정책을 폐기한 후 불과 5년 만에 IMF 경제위기를 겪게 된 데서 잘 설명된다. 만약 1997년의 경제위기가 발전국가의 경제간섭(또는 산업정책) 때문이라면 1998년 이후의 빠른 경제회복은 무엇 때문이라고 설명할 수 있는가? 또한 같은 대표적인 발전국가이면서도 1997년 당시 국가의 금융통제가 강하게 남아있던 대만이 외환위기의 물결에서 벗어날 상대적으로 안전했던 것이나(윤상우, 2005:243-276), 아예 국가가 금융기관을 엄격히 통제하고 있던 중국이 한국의 경제위기 기간 동안에도 계속적으로 고도 경제성장을 하였음을 볼 때(윤상우, 2005:277-305; 이호철, 1999) 국가의 경제통제가 외환위기의 주범이라 볼 수만은 없다.

그렇다면, 한국의 경제위기와 발전국가와의 관계는 어떻게 설명되어야 하는가? 일반적으로 신자유주의는 미국 경제의 위기와 그 대책으로 설명할 수 있다. 1970년대에 극심한 경기침체를 겪은 미국은 1980년 레이건 집권 이후 급속하게 발전한 정보통신의 기술적 우위를 바탕으로 하여 산업자본 우위에서 금융자본 우위로 경제기조를 근본적으로 바꾸면서, 금융산업이 경제를 지배하는 신자유주의의 기치를 높게 쳐들었다. 미국은 막대한 경제력과 정보통신 기술의 선점, 그리고 전 세계 군사력의 거의 절반을 차지하는 막강한 군사력을 바탕으로 이러한 경제기조를 전 세계에 강요하기 시작하였고, 이후 점차적으로 발가벗은 적자생존식 시장경제 논리가 전 세계적으로 보급되었다.

1980년대부터 1990년대 초반까지 아직까지 산업정책과 발전국가적 요소가 강하게 남아있던 한국은 이러한 신자유주의의 공습에 나름대로 효율적으로 대처해왔다. 그러나 1990년대로 들어서면서 전 세계적으로 신자유주의에 맞서던 경제체제들(서유럽의 복지국가, 아시아의 발전국가, 소련 중심의 사회주의 국가)의 세력이 점차적으로 약화되기 시작하면서 하나씩 둘씩 붕괴되기 시작했다. 미국의 신자유주의적 공세에 가장 강력하게 버티던 한국도 1990년대에 들어와 빗장이 풀리면서 발전국가의 정책기조가 서서히 약해져 갔다. 이러한 가운데, 1993년 민중주의적 성격이 강한 김영삼 정권이 들어서면서 1962년 이후 5년 간격으로 지속되던 '경제개발5개년계획'이 폐지되었고, 최후까지 산업정책을 지휘하던 경제기획원(EPB)은 재무부와 함께 재정경제부로 통합되었다. 이를 통해 한국 발전국가의 상징이었던 국가 주도의 산업화정책이 종결되었다. 따라서 한국에서 발전국가 프로젝트는 사실상 1993년에 종결된 것이다.

1993년 이후 1997년 경제위기를 맞을 받을 때까지 5년 가까이 한국 경제는 정책적 혼란의 시기였다. 한국의 국가주도의 산업정책은 발전국가로 대변되는 권위주의적 독재정권인 박정희 체제 하에서 주도적으로 실시된 것으로, 1987년 민주화 대투쟁 이후의 민주화 과정에서 군부 독재정권에 대한 비판과 함께 발전국가 정책 폐지 주장으로 이어졌다. 민주화 과정에서 시민과 노동자 세력의 힘이 강해지면 질수록 발전국가 정책과 재벌 기업은 비판의 대상이 되었다. 한편, 1980년대부터 힘을 키워온 신자유주의적 성향의 경제관료들은 이러한 시민 세력의 요구에 편승해 더욱 강도 높은 신자유주의적 경제정책, 즉 시장 자유화와 금융 자유화를 추진하였다. 또한 그 동안 막대한 자본을 축적하고 거대한 생산설비를 갖추고 기술 진보를 이룩한 재벌 기업들도 점차적으로 정부의 간섭과 규제를 귀찮게 여기면서 경제 자유화를 강도 높게 주장하였다. 다른 한편으로 미국은 한국의 경제 자유화 및 금융 자유화에 대한 압력을 계속하고 있었다. 이러한 가운데 국가의 경제에 대한 감시 및 견제 기능은 극도로 약화되어져 갔다.

발전국가의 성공은 역설적으로 발전국가의 약화 내지는 해체를 낳았다(김대환, 2002; 윤상우, 2005). 민주화·세계화의 진전에 따라 국가의 자율적 잠재력이 크게 상실되면서 사회는 점차 갈등의 장으로 변모해갔다. 윤상우는 발전국가를 해체하는 데 중요한 역할을 한 주요 세력들로 '무덤파는 세력(grave-digger)'을 제시하였다. 전투적 노동자계급과 시민세력, 민간 자본가(재벌), 신자유주의적 경제관료가 그들이며, 이들은 국가의 자율성과 응집성을 쇠퇴시켜 발전국가를 해체시키는 주도 세력이 되었다(윤상우, 2005:107-109).

이렇듯 국가의 경제 간섭 완화 및 경제 자유화를 부르짖는 안팎의 압력 속에 민중주의적 속성이 강한 김영삼 정부는 경제 자유화 및 금융 자유화를 더욱 과감하게 추진하였다. 이 과정에서 차후 한국의 경제위기에 더욱 치명타를 가한 것은 대안 없는(규제장치를 마련하지 않은) 금융자유화 조치였다. 김영삼 정권 이전의 지난 30여 년 간 한국의 발전국가는 산업자본주의로 특징지어지는 것으로, 국가는 산업발전을 최우선 목표로 세우고, 금융기관을 산업정책의 수단으로 동원하였다. 따라서 발전국가 하에서는 금융 자본주의에서 요구되는 세련되고 정교한 금융제도가 발달하지 못했다. 발전국가는 강한 실물경제를 기반으로 한 경제체제로 이 체제 하에서 금융제도는 상대적으로 취약하였다.

따라서 정부가 발전국가를 종식시키고 신자유주의 체제에 적극적으로 동참하기 위해서는 금융개방과 해외자본 유입에서 생겨날 수 있는 리스크 관리 차원의 금융에 대한 감독과 규제 기능을 마련하는 것이 급선무였다. 그리고 이러한 필요성은 김영삼 정권 하에서 꾸준히 제기되어져 왔다. 그러나 당시 김영삼 정부는 경제 및 금융개방에 대한 대비책을 세우기보다는 경제개발 5개년계획의 폐지, 경제기획원 폐지 등 과거 발전국가 정책과의 단절을 통해 문민정부와 과거 권위주의적 독재 정권과의 차별성을 도모하는 한편, OECD 가입 등을 통해 문민정부의 치적 쌓기에 치중하였다. 또한 대안 없는 세계화 과정에서 재벌 기업들이 싫어할 금융에 대한 감독 및 규제 강화에 대해서는 무관심하였다. 당시 정부 관계자들은 OECD 가입과 세계화가 가져다 줄 장밋빛 환상에 사로잡혀 경제 및 금융자유화로부터 나타날 수 있는 부작용에 대해 눈과 귀를 막고 있었다.

따라서 1997년 한국의 경제위기는 발전국가 때문에 나타난 위기라기보다는 세계화에 따른 금융위기와 이에 적절히 대처하지 못한 정부의 정책 실패 때문이라고 말 할 수 있다. 이러한 한국의 금융위기는 발전국가 때문에 온 것이 아니라 산업정책을 폐지하고 대책 없이 장밋빛 환상에 젖어 안일하게 경제자유화 및 금리자유화를 추진한 당시 신자유주의 지향적 정부의 안이한 세계화 정책 추진의 결과라고 볼 수 있다.

Ⅴ. 요약 및 결론

지금까지의 논의를 요약해보자. 지금까지의 논의에서 필자가 주장하고자 하는 바는 명확하다. 1960-70년대 한국의 산업정책은 한국의 산업발달 및 경제발전에 크게 공헌했고 그 과정은 한국의 생존을 위한 자주국방 문제와 깊게 관련되어 진행되었다는 것이다. 아울러 IMF 경제위기 이후 지금까지 비판적 평가되었던 박정희 시기의 발전국가와 산업정책에 대해 좀 더 긍정적인 평가가 내려져야 할 것이라는 생각이다. 그렇다면 IMF 경제위기와 산업정책과의 관계는 어떻게 평가될 수 있는가? 1997년 당시 한국의 경제위기는 강력한 경제 통제력을 가진 국가의 지나친 간섭 때문에 발생한 것인가 아니면 경제에 대한 통제력을 상실한 당시 정부의 무능 때문에 발생한 것인가? 아울러 한국 경제위기의 주요 요인은 국내의 구조적 요인 때문인가 아니면 세계화에 따른 경제 자유화 과정에서 정부 정책의 실패 때문이라고 보아야 하는가?

지난 1997년 한국의 경제위기는 체제 비판자들에게는 울고 싶던 차에 뺨을 쳐주는 효과를 가져왔다. 1987년에 이룩한 민주화운동의 결실 이후 과거 박정희로부터 전두환으로 이어지는 권위주의적 군부 독재정권은 전 사회적인 비판의 대상이 되었다. 군부 독재정권에 대한 비판은 그 시기에 행해진 모든 정치 및 경제 행위에 대한 비판으로 이어졌다. 당연한 결과로 박정희 정권 하에 진행된 경제성장에 대해서도 그 긍정적인 면은 가려진 채 비판점들이 크게 부각되어 강도 높게 비판되었다. 이렇듯 과거 정권의 경제 정책에 대한 비판적 분위기가 상하게 남아있던 상황에서 1997년 말에 한국에서 발생한 경제위기(주로 외환위기)는 모든 비난을 과거 권위주의 정권 탓으로 돌리는 계기가 되었다.

이 과정에서 과거 국가의 경제간섭을 통한 경제발전의 대명사로 불리어지던 국가주도의 산업정책과 박정희 정권 아래서 급성장한 재벌 기업들이 가장 큰 비난의 대상이 되었다. IMF 경제위기 이후에 쓰여진 한국 경제위기에 대한 분석들은 많은 경우에 경제위기의 내적 책임론을 강조하면서 그 책임을 발전국가와 재벌에 돌렸다.

그러나 경제위기 시기로부터 수년이 지난 오늘날 냉정히 되

돌아보면 과거 IMF 경제위기에 대한 국내 학자들의 진단과 처방이 얼마나 옳았는가에 대한 의구심이 든다. 또 한국의 경제위기 이후 지난 10년 가까이 한국의 대기업, 특히 재벌개혁은 비판적 학자들의 충고와는 전혀 다르게 진행되었다. 재벌개혁은 도리어 거대 재벌의 안정화 및 경쟁력 강화의 방향으로 진행되었고, 오늘날 한국 경제에서 재벌이 차지하는 위치는 과거 어느 때보다 강하고 견고해졌다.

본문에서 살펴본 바와 같이 IMF 경제위기가 발생할 당시 한국에서의 산업정책은 이미 몇 년 전에 종료된 상태였다. 따라서 한국의 IMF 경제위기는 발전국가 때문에 발생한 것이 아니라 오히려 당시 정부의 세계화 경향에 대한 대응 실패와 정책 부재, 그러한 실패의 틈새를 공략한 국제 투기자금 때문이라는 것이 더 옳은 설명일 수 있다. 즉 IMF 경제위기의 주요 요인을 발전국가의 산업정책으로 인한 내적인 문제로 보기보다는 오히려 외적인 변화, 즉 세계화에 따른 급속한 금융자유화에 능동적으로 대처하지 못한 당시 김영삼 정부의 정책 실패 때문이라고 보는 것이 더 옳은 진단일 것 같다.

오늘날 전 세계적으로 신자유주의가 지배적인 경제체제로 자리잡았지만, 여러 면에서 취약한 경제구조를 갖고 있는 한국으로서는 정부의 정책과 그 실행에 더욱 신중을 가할 필요가 있다. 한미 FTA를 비롯한 각종 국제 현안에 대한 협상 과정은 국가의 역할을 더욱 중요하게 만들고 있다. 급박하게 변해가는 국제 정세와 치열해지는 국제 경쟁에서 국가가 이념 논쟁에 시간을 낭비할 여유도 없고, 성마른 이념을 경제와 사회에 실험할 만한 시간적 여유는 더욱 없다. 현 노무현 정부가 추구하는 '좌파신자유주의' 정책은 한편으로는 세계적인 추세인 신자유주의 경향에 동참하면서도 다른 한편으로는 시민사회주의의 이념인 분배와 평등의 문제도 동시에 추구하겠다는 전략이다. 그러나 두 마리 토끼를 잡는 정책은 국가경쟁력 차원에서 비효율적으로 작동하고 있다. 오늘날 비능률적인 분배정책에 따른 경제적 시행착오, 정책 혼선에 따른 사회적 불만의 고조, 이에 따른 집권 여당에 대한 낮은 국민 지지도가 이를 잘 대변해준다.

신자유주의는 작은 정부를 선호하지만 국제무역에 전적으로 의존하고 있는 한국의 입장에서 볼 때 정부의 역힐은 매우 중요하다. 정부는 경제를 간섭한다는 차원에서가 아니라 공정한 시장 규칙을 세워가고, 무자비한 환투기 세력으로부터 국내 경제를 보호하고, 격심한 국제 경쟁에서 열악한 환경의 국내 기업들을 보호한다는 측면에서 통제력을 발휘해야 할 것이다. 중요한 것은 좌파 우파도 아니요 신자유주의 비신자유주의도 아니다. 바람직한 정책 방향은 급변하는 국제환경 속에서 국가와 사회가 투명하고 효율적으로 작동할 수 있도록 제도를 정비하는 것이고, 동시에 이에 효과적으로 대처하여 국민적·국가적 이익을 실현하는 것이다. 이 과정에서 국가의 역할은 다른 어느 때보다 중요해진다.

참고문헌

김대환, 2002, "경제변화와 국가의 역할 전환: '발전국가론' 재검토" 김대환·조희연 엮음, 『동아시아 경제변화와 국가의 역할』. 한울아카데미.

김세중, 2005. "5.16－산업화 민족주의 혁명." 정성화편, 『박정희시대 연구의 쟁점과 과제』. 도서출판 선인.

김일영, 2005. "박정희시대 연구의 쟁점과 과제", 정성화편, 『박정희 시대 연구의 쟁점과 과제』. 도서출판 선인.

김정렴, 1995. 『김정렴회고록: 한국경제정책 30년사』. 중앙일보사.

김형아, 2005. 『박정희의 양날의 선택－유신과 중화학공업』. 일조각.

노동부, 1997. <사업체노동실태보고서 1997>.

손호철, 1998. "발전과 위기의 정치경제학: 한국의 'IMF 위기'와 '동아시아 모델'". 한국정치연구회 엮음, 『동아시아 발전모델은 실패했는가』. 삼인.

신장섭·장하준, 2004. 『주식회사 한국의 구조조정 무엇이 문제인가』. 창비.

암스덴저/인근달 역, 1990. 『아시아의 다음 거인』. 시사영어사.

유병용, 1999. "박정희 정부와 한일협정." 한국정신문화연구원 편, 『1960년대의 대외관계와 남북문제』. 백산서당.

윤상우, 2005. 『동아시아 발전의 사회학』 나남출판.

이상철, 2003. "박정희시대의 산업정책" 이병천 역, 『개발독재와 박정희 시대: 으리 시대의 정치경제적 기원』, 창비.

이완범, 2005. "박정희의 장기 경제개발계획 추진과 미국, 1961-1966."

정성화편, 『박정희시대 연구의 쟁점과 과제』. 도서출판 선인.

이호철, 1999. "중국과 동아시아의 위기." 백광일 · 윤영관 편, 『동아시아-위기의 정치경제』. 서울대학교출판부.

홍규덕, 2005. "박정희의 베트남전 참전결정과 한미동맹관계의 변화." 정성화편, 『박정희시대 연구의 쟁점과 과제』. 도서출판 선인.

Bello, Walden and Stephanie Rosenfeld, 1990. *Dragons in Distress: Asia's Miracle Economies in Crisis.* A Food First Book, The Institute for Food and Development Policy San Francisco.

Fields, Karl J., 1995. *Enterprise and the State in Korea and Taiwan*, Ithaca and London: Cornell University Press.

Kim, Eun Mee, 1997. *Big Business and Strong State: Collusion and Conflict in South Korean Development, 1960-1990.* State University of New York Press.

Kim, Kiwan and Danny M. Leipziger, 1997. "Korea: A Case of Government-Led Development," in Leipziger ed. *Lessons from East Asia.* The University of Michigan Press Ann Arbor.

Song, Byung-Nak, 1997. *The Rise of Korean Economy.* Oxford NewYork: Hong Kong Oxford University Press.

Woo, Jung-en, 1991. *Race to the Swift: States and Finance in Korean Industrialization.* New York Columbia University Press.

| 색 인 |

ㄱ

가족공동체주의___135
가족주의___30, 32
가족해체___152
가화만사성___143
강상교의___206, 207
강한 국가___30, 253
개발권___190
경성방직___252, 255
경제적 근대화___170
공업입국___344
관대한 자본주의___251
관료적 권위주의___169, 262
광주민주화운동___125
괴력난신___90
국가주도형 발전모델___187
국민의 정부___71, 110
국유자산관리위원회___317
규모의 경제___337
근대화___159, 162, 234, 236
근대화 이론___230
금융자유화___334, 360
기업개혁___317

ㄴ

남북회담___350
남순강화___223, 297, 311
내선일체 정책___257
농업공황___244
닉슨독트린___349

ㄷ

대동사회___45
대만 농업혁명___279
대만 토지개혁___279
대일통의 사상___205, 207
대외부채___355
동아시아 발전론___158, 231
동아시아 발전모델___28, 187
동아시아 신흥공업국___187, 267, 339

ㅁ

무덤파는 세력___360
문민정부___71, 110
문화대혁명___306
미국식 발전모델___173, 178
미국적 가치___178
미국적인 근대___161
민족주의___188, 257
민중운동___127

ㅂ

박애___44, 101

발전국가(론)__40, 231, 327, 360
방어적 근대화__328
방콕 인권선언__50, 190, 192
별애__44, 81, 101
베트남 파병__346
보편주의__44

ㅅ

사회운동 단체__114
사회적 관계망__154
사회주의 시장경제__296, 300, 308, 312
사회주의 초급단계__297
산업정책__187, 327
3개 대표사상__314
상업자본주의__239
상품화폐경제__239
생명의 연속__86
서구의 근대화__160
서구적 가치__52
서민의 효__99
선도기구__329
선부(先副) 사상__220, 309
선비사상__104
선비의 효__99
성격적 효__100
소극적 자유__119, 182
소작위원회__245
소작쟁의__244
수출드라이브 정책__340, 344
수출입링크제__343
수출제일주의__344
수출지향적산업화(EOI)__330
시민사회__111, 116
시민사회운동__112, 127
식민지 근대화론__233, 268, 290
식민지 수탈론__270
식민지 산업정책__254
식민지 자본가들__255
식민지 자본주의__290
식민지적 유제__263
신보수주의__225
신사(紳士)__203
신사계급__204, 301
신자유주의__34, 365

ㅇ

아사아 경제위기__39
아시아적 가치__33, 38, 41
아시아적 가치 논쟁__34
아시아적 발전모델__37
아시아적 인권__189
아시아적 합리주의__66
연고주의__133, 149
영구소작인__276
OECD 가입__361
유교자본주의(론)__75, 232
유교의 효 사상__77
유명전__275
유신체제__124, 352
6월 항쟁__126
6.29 선언__126
일리야 포모사__272

일본적인 근대__161
일제 식민지 정책__163
일제하 한국의 산업화__164, 258

ㅈ

자생적인 자본가 계급__167
재야민주화운동__126
적극적 자유__120, 183
전통과 근대의 부조화__172
절대개인__180
절차적 민주주의__111
정서적 모델__29
정성공__273
정책관료집단__329
조선회사령__248
중국식 사회주의__302, 308
중국식 자본주의__300
중국의 혁명 개념__213
중화학공업정책__330, 333, 349
지도받는 자본주의__341
직분__48

ㅊ

차별주의__44
참여정부__71, 110, 113
천도설__206
초혼복백__88
초혼의식__87
초혼재생__88, 89
최소 국가론__66
친친지쇄__96, 142

ㅋ

큰 집의 효__99

ㅌ

테크노크라트 집단__329
토지의 상품화__241
토지조사사업__240

ㅍ

평등사상__121

ㅎ

한국 산업화의 기원__258
한국의 경제위기(IMF 외환위기)__353
한국의 근대화__160, 235
한국의 산업정책__326, 330
한국인 공업말살정책__250
한국인의 행동규범__138
한일국교정상화__345
한 집의 효__99
향토예비군 창설__349
혁명적 농민조합운동__244
현물수취권__291
현세지향적 성격__27, 32
화폐개혁__342

| 저자 약력 |

국민호(鞠敏鎬)

연세대학교 사회학과 졸업
미국 University of Illinois at Urbana-Champaign 사회학 석 · 박사
1988년부터 전남대학교 사회학과 교수로 재직 중
단독 저서로는 『동아시아 신흥공업국의 정치제도와 경제성공』,
『동아시아의 국가주도 산업화와 유교』가 있고
공저로는 『유교문화와 동아시아 경제』,
『동아시아의 성공과 좌절』 등이 있다.

동아시아 발전과 유교 문화

인쇄 | 2007년 8월 20일
발행 | 2007년 8월 30일

저 자 | 국민호
발 행 | 강정채
발행처 | 전남대학교출판부

등록 | 1981. 5. 21. 제53호
주소 | 500-757 광주광역시 북구 용봉동 300
전화 | (062) 530-0571~3
팩스 | (062) 530-0579
홈페이지 | http://altair.chonnam.ac.kr/~cnup

값 13,000 원

ISBN 978-89-7598-628-4 (93330)

이 도서의 국립중앙도서관 출판시도서목록(CIP)은 e-CIP홈페이지(http://www.nl.go.kr/cip.php)에서 이용하실 수 있습니다. **(CIP제어번호: CIP2007003248)**